见识城邦

更新知识地图　拓展认知边界

DAVID CHRISTIAN

ORIGIN STORY

A Big History of Everything

起 源

万物大历史

［美］大卫·克里斯蒂安 著
孙岳 译

中信出版集团 | 北京

图书在版编目（CIP）数据

起源：万物大历史 /（美）大卫·克里斯蒂安著；孙岳译 . -- 北京：中信出版社，2019.4（2025. 1 重印）

书名原文：Origin Story: A Big History of Everything

ISBN 978-7-5086-9932-5

Ⅰ . ①起… Ⅱ . ①大… ②孙… Ⅲ . ①世界史—研究 Ⅳ . ① K107

中国版本图书馆 CIP 数据核字（2019）第 010669 号

起源：万物大历史

著　　者：[美] 大卫·克里斯蒂安
译　　者：孙 岳
出版发行：中信出版集团股份有限公司
　　　　　（北京市朝阳区东三环北路 27 号嘉铭中心　邮编　100020）
承 印 者：北京通州皇家印刷厂

开　　本：787mm × 1092mm 1/16　　印　　张：21.25　　字　　数：248 千字
版　　次：2019 年 4 月第 1 版　　印　　次：2025 年 1 月第 8 次印刷
京权图字：01-2018-7472
书　　号：ISBN 978-7-5086-9932-5
定　　价：68.00 元

目 录

终身学习者一定会喜欢这部万物大历史

比尔·盖茨

我们人类都有各自的起源故事。在某些人群中，起源故事以创世神话的形式出现，而在另外一些人群中，起源故事更像是教科书。比如，我出生在美国，从小就被人告知美国的缔造者是一群反抗英国统治者的英雄。人类总是好奇自己究竟从哪里来，而起源故事赋予人们一种共同的历史、共同的目标，从而实现内部团结。

假如整个人类拥有一个共同的起源故事，那又会是怎样一种情形呢？这一故事会是什么样呢？大卫·克里斯蒂安在《起源：万物大历史》一书中以史学家的身份试图为此作答。

作为大历史——也是我一直以来最喜欢的课程——的创立者，大卫当然是为此作答的不二人选。大历史讲述的是包括宇宙大爆炸、生命诞生和人类社会日益复杂的历程在内的贯通故事，以通俗易懂的叙事融会多个学科的创见和证据，说明万事万物都是彼此关联的。

《起源：万物大历史》一书其实是大历史课程教材的缩写本。138亿年的万物史依据几个关键的转折点被划分成克里斯蒂安所谓的“节点”，比如太阳系的形成、最初人类的出现等。早期的几个节点侧重物理和化学，而后来的几个更多是生物学及人类学的线索，讲述单细胞生物如何进化成更复杂的生物体。

如果你还没学过大历史，那么《起源：万物大历史》一书会带你径直接触大历史的一些核心概念，而且通俗易懂。大卫文笔极佳，他总能使复杂的课题变得轻松有趣。如果你已经上过大历史课，那么《起源：万物大历史》一书同样会令你再次轻松回味。这本小书把有关宇宙起源的最新成果融会其中，我本人在书中就学到了很多新知，这在最初的大历史课中是没有的。

本书的最后一章对人类及宇宙的未来进行了展望。相比而言，大卫对未来似乎比我更悲观。他对当前西方经济和政治的萎靡不振颇感焦虑，而我却希望他多谈一些有关创新能够阻止气候变化对人类社会造成不良影响的情况。但有一点他做得很对，就是凸显此刻在整个历史中的重要作用，他这样写道："如今，万事万物都好像加快了节奏，以至我们会不时感觉正在慢慢逼近某种即将发生的大变故，所以说我们在未来几十年具体做些什么在数千年的尺度上将产生重大影响，对人类自身以及整个生物圈都是如此。不管怎么说，我们现在正操控着整个生物圈的命运，可能做得很好，也可能做得很糟。"

懂得了人类从哪里来，在很大程度上就决定了我们下一步要到哪里去。《起源：万物大历史》用最新的知识为你讲述万物的由来，让你对自己在宇宙中的位置和处境有更深刻的领悟。

中文版序

大卫·克里斯蒂安

我很高兴《起源：万物大历史》一书被娴熟地翻译成中文，有机会面对世界上人口最多的国度的读者。

《起源：万物大历史》一书把各种不同类型的知识连缀成一种贯通的叙事，说明万事万物的来龙去脉，其中包括宇宙的起源、恒星与行星——包括地球——的来历，以及地球上数以万亿计的生物如何与人类共享我们的地球家园。我们知道，迄今为止，所有的人类社会都曾编织并讲述自己的起源故事。大历史本质上也属于起源故事，是我们现代人类的起源故事，无论生活在什么地方。我们需要这样一种起源故事，是因为当今人类正渐次成为一个全球共同体。生活在不同地区的人群在历史上从未像现在这般联系紧密，而正因此，彼此间的全球合作也变得日益亟须和紧迫。当今人类已变得异常强大，我们共同面对的挑战也因此不可能仅由个别国家及其领导人应对，比如来自核战争和日渐加速的全球变暖的威胁。要应对挑战就必须让全球各国所有的机构、企业、领导人和公民通力合作。事实上，要解决当今人类所面对的各种大问题亟须塑造一种新的全球公民认同，一种新的共同体的体认。而这正是我们共同的责任。

要找到联结人类的纽带，我们就必须认识到：其实不止某个国家或文明有自己的历史，整个人类也有一部共通的历史，而且至少可以推至20万年前。这一人类共通的历史同样趣味盎然、异彩纷呈，令人怦然心动，而且其重要性也似乎不亚于任何民族国家的历史。帮助读者理解并讲述这一人类共通的历史正是本书的目的之一，也是当今教育所面临的最重大的一个挑战。

不过，人类共通的历史还只是更大尺度起源故事的一部分，此外还有行星地球的历史——因为地球在40多亿年的演化中孕育了各式各样的生命，以及星系和整个宇宙的历史——正是它们造就了我们的地球家园。如今，我们对这种大尺度的历史有了更精准的把握。因此，摆在当今全世界教育工作者面前的第二个重大挑战是帮助人们看清这一大图景，让人们认识到不同类型的知识其实是紧密相关的。大历史把诸多学科的知识整合连缀到一起，以借此澄清宇宙最初如何形成，恒星、星系、行星和卫星如何经演化涌现，多种生命体如何在地球上萌生和进化，以及我们这一奇异的智人物种如何演进至今日。实际上，大历史是把各种不同类型的知识融会成一种异常精彩且令人兴致盎然的叙事，讲述的是当今云谲波诡的全球社会如何一步步形成的，并将如何进化。

传统的起源故事构成整个教育的根基。这是因为起源故事往往是不同社会所具备的知识的最凝练的表达，就像编织了一幅万事万物的整体图谱，凭此图谱，就可以对下一代明确指认："这就是时空图中的我们！"在远古的澳大利亚如此，在牛顿所处的欧洲和孔子所居的中国也都是这样。当然，起源故事的形式往往多种多样，这取决于不同人群所处的地理环境及其依此所选择的生活方式、具备的知识体系和传统等，比如中国传统的起源故事就特别丰富多彩。但所有起源故事提出的问题都是至为根本的，关乎万事万物的来龙去脉，如：宇宙是由某种至上神还是由多个神灵共同创造的？还是只是某种自然生灭的过程？行星地球是怎么来的？山川、河流和海洋又是如何造就的？动物和人类究竟如何进化？尤其是人类社会如何会变成现在这个样子？

当然，不同起源故事对上述问题有不同的答案。且不管答案本身是什么，起源故事却总能对不同人群产生巨大影响，因为故事能帮助人们认清自我的本质并形成自身归属的认同。简而言之，起源故事是指引方向、指导生活的。

在当今彼此联系日趋紧密的世界，人类具备了多种新知识，也因此能够编织第一部涵括全球的起源故事。但这一起源故事究竟会是什么样子呢？本书可谓对此尝试作答。为此，笔者编织的现代起源故事汲取了来自世界各地的多种知识，并试图探问：在人类已变得异常强大的今日，在人类下一步动作将形塑整个地球未来数千年乃至数百万年前景的时刻，我们在此讲述的起源故事对人类迎接挑战并构建未来究竟有什么样的指引作用呢？

当然，如同所有既往的起源故事一样，我们这部现代起源故事也是不完善的。故事还在演绎之中且异常迅速。而且伴随进一步的演绎，现代起源故事还将从多个传统起源故事中获益颇多，尤其关乎人类如何与周围的动植物和谐与共，如何学会更尊重环绕我们的自然环境，因为毕竟我们只有一个地球，它是我们唯一的家园。

衷心希望读者能够体悟到笔者在此讲述21世纪简明起源故事的初衷。也许读者会因此受到某种启发并产生新的想法，这样的话，我们的起源故事就会更加完善。

前　言

我们讲故事是为弄清万物的缘由。这是人的本性。

——丽阿·希尔斯（Lia Hills）：《回归本心》

（“Return to the Heart”）

现在很多人都在讲现代起源故事。就我自己而言，这一故事发端于 1989 年我在悉尼麦考瑞大学开设的一门有关万物大历史的课程。我觉得这门课的意义在于，它有助于我们更好地理解人类的历史。那时，我的教学科研主要围绕俄罗斯史及苏联史。但我担心仅仅讲授民族国家史或帝国史（俄罗斯既是民族国家又是帝国）会向学生传递这样一种潜意识，即人类在最根本的层面上是分裂的，只分属彼此竞争的部落。这样一种意识对充斥着核武器的世界有益吗？我还清楚地记得，在古巴导弹危机期间，那时我还是个上学的孩子，大家都觉得世界行将末日：一切都将被毁灭。我那时还常常想：是否生活在苏联“那一边”的孩子们也都怀有同样的恐惧呢？毕竟，他们也属于人类嘛。我小时候生活在尼日利亚，这段经历让我强烈地意识到：我们人类虽然异常多样，却仍属于同一个共同体，而这种意识在我十几岁来到南威尔士的大西洋学院（Atlantic College）就读时更得到了确证。

几十年以后，我成了一名专业史学工作者。这时我开始思考怎样才能讲述一种统一的人类史。究竟有没有可能既凸显人类共通的传统，又不忘伟大民族历史上的壮丽和威严？渐渐地，我越来越坚信：人类确实需要这样的一种历史叙事，其中旧石器时代先民和新石器时代农民所发挥的作用丝毫不亚于位高权重的统治者、征服者和历代帝王，虽然历史学术仅以后者为主。

不过后来我终于懂得了，上述这些观念并不是什么新见。1986 年，著名世界史学家威廉·麦克尼尔（William McNeill）就曾提出：书写“整个人类成就及所历经的磨难”的历史乃“当代专业史学工作者的道德职责”。[1] 更早时候，韦尔斯（H. G. Wells）则以人类史回应第一次世界大战期间人类的自相残杀，可谓异曲同工：

> 我们现在意识到：除非世界和平，否则便不会有和平；除非普遍繁荣，否则也不会有繁荣。但如果没有共同的历史观，也就不会有共同的和平与繁荣。……撒播那种狭隘、自私、彼此冲突的民族主义传统，那么不同种族、不同民族必然会走向冲突和毁灭。[2]

此外，韦尔斯还意识到：要讲授人类史，可能就有必要囊括万物史。因此，韦尔斯的《世界史纲》（*Outline of History*）最终变成了宇宙史。要理解人类史，自然要弄清人类这一奇特的物种是如何演化至今的；为此，就必须了解生命在地球上的演进史，而要了解后者则有必要了解恒星和行星如何生成，甚至宇宙演化的整个历程。时至今日，我们完全有可能讲述韦尔斯当初想都不敢想的万物史，且有科学的严谨和精确做保障。

韦尔斯试图建构的是统一人类的知识，把各个专业的知识与不同的人群联结到一起。所有起源故事都是要统一人类的知识，哪怕基于民族国家史学的起源故事都莫不如此。其中视野恢宏的起源故事都会跨越多个时间段，围绕理解和认同描绘出多个同心圆，从自我到家庭和家族，到民族、语言团体、宗教归属，甚至到人类和生物圈，最终说明人类其实是整个宇宙的一部分。

但最近几个世纪，日趋频繁的跨文化接触表明：所有起源故事和宗教在很大程度上都深植于地方习俗和环境。因此，全球化的到来及随之而来的新观念广泛传播消解了人们对传统知识的信念。甚至传统知识的坚定信仰者也觉察到了起源故事原来多种多样且各自有不同的话语。有些人为捍卫自身宗教、族群或民族传统做出了激进的反应，甚至诉诸暴力。但更多的人却因此失去了信仰和信念，同时也失去了方向感，再也弄不清自己在宇宙中的位置。信仰的丧失遂造成普遍的混乱或失范（anomie），情感无附着，生命无意义，甚至产生绝望情绪，这一点在 20 世纪的文学、艺术、哲学和学术中均有突出表现。很多人因此选择了民族主义，因为民族主义毕竟提供了某种归属感。但在当今全球互联的世界，民族主义显然起到分化人类的作用，虽然它在某个国家范围内能够联结公民。

笔者秉持一个乐观的信念撰写此书：我们现代人类并非注定要长久分裂，陷入无意义的深渊而不能自拔。在高速灵动的现代社会中间，一种新的全球起源故事正在萌生，其意义满满，令人敬畏，而且具有神秘色彩，如同传统的起源故事一样，不同的是前者建立在多个学科的现代科学学术基础之上。[3] 当然这一故事还远非完善，且有关达至美好生活及可持续生存方面可能还要借鉴传统起源故事的洞见。但编织这个故事是非常值得的，因为它要借鉴来自全球各地被悉心保存下来的经过检验的可靠信息和知识，而且是迄今第一个囊括整个人类社会各种文化的起源故事。要编织这个故事，需要全人类的协作，而这个故事在布宜诺斯艾利斯、北京、拉各斯、伦敦讲述都要同样令人信服。如今，有许多学者都已加入这一激动人心的编织并讲述现代起源故事的事业之中，为生存在当今全球化世界的人们寻找步入未来的方向和共同的目标感，如同所有的起源故事一样。

笔者讲述这样一部宇宙史最初是在 1989 年。1991 年，我开始用"大历史"（big history）概念描述这种历史。[4]但直到后来，我才逐步认识到：原来我是在勾勒正在萌生中的全球起源故事。如今，大历史在世界多地的数所大学都有讲授，而且通过大历史项目（Big History Project）的支撑，全世界有数千所中学也都开设了大历史课。

面对 21 世纪全球化的深刻挑战和众多机遇，我们急需这样一种新型的历史。本书旨在更新既有的大历史叙事，使故事更精妙、美丽和鼓舞人心。

绪　论

来去无常的各种事物——你的身体便是其中之一——不过是我手足舞动的吉光片羽罢了。知道我遍存于万物中，你还有什么好怕的呢？

——想象中印度教湿婆神所言，转自约瑟夫·坎贝尔（Joseph Campbell）:《千面英雄》（*The Hero with a Thousand Faces*）

简直不可思议！所有这一桩桩事件，正如同既往的全部历史，人在其间无足轻重，且将来亦如是。

——詹姆斯·乔伊斯（James Joyce）:《芬尼根的守灵夜》（*Finnegans Wake*）

我们来到这个世界并非出于自愿的选择，甚至不能决定到来的时间和地点。有时候，就像宇宙间的萤火虫，我们与同类偕行，包括父母亲、姐妹兄弟、自己的子女、亲朋好友，甚至还有自己的敌人。当然，与我们偕行的还有其他形式的生命体，如细菌和狒狒，甚至是无生命体，比如岩石、海洋和极光，更远一点儿的如卫星、流星、行星和恒星，还有夸克、光子、超新星和黑洞。我们慵懒地拿着手机，周围是漫无边际的空间。行进的过程可能多姿多彩，也可能嘈杂诡秘，虽然我们人类可能有一天会离开行进的队伍，但行进本身还会继续。在遥远的将来，还会有其他旅客加入而后又离开行进的队伍。不过最终，行进的队伍会逐渐稀少。很久很久以后，万物终将形同晨曦中的鬼魅悄然消逝，融入无边的能量之海，最初万物正是从那里萌生的。

我们与之偕行的奇异旅客都是些什么呢？我们在行进队伍中处于什么位置？行进从哪里开始？朝哪个方向行进？行进队伍又将如何消逝呢？

当今时代，我们人类比以往任何时候都更具优势、有能力讲好这一行进的故事。哪怕是距离地球数十亿光年的天体，哪怕是数十亿年前的历史事件，我们都能非常精确地定位。这是因为我们有能力把为数众多的知识碎片拼接到一起，这样就很容易弄清整个图景是什么样子。这是了不起的成就，而且直到近期才成为可能。有关人类起源故事的许多知识碎片正是在我的有生之年涌现的。

我们能够描绘宇宙的恢宏图景及其历史，是因为我们人类有超强的大脑，如同其他有大脑的生物一样，我们用大脑构建内部的世界图景。这种图景等同虚拟的现实，能够帮助我们在纷繁的世界中找到自己前行的方向。当然，我们不可能直接洞悉图景中的每一个细节；要做到这一点，人的大脑要差不多整个宇宙那么大才有可能。但我们有能力创制异常复杂的现实的简易图谱，足以让我们了悟真实世界最重要的那些方面。比如，人们常见的伦敦地铁全图会略去大多数的弯道岔路，但这并不妨碍人们找到自己要乘坐的路线。与此类似，本书可谓提供了整个宇宙演化的一幅全图。

人不同于其他有大脑的物种，就在于人有异常强大的交流工具——语言，语言使人类个体之间可以共享彼此的世界图谱，且如此形成的图谱规模更大，也更为详尽，远非独立个体所能为。分享使人类能够比照数以百万张图谱检验自身图谱的细节。这样，在经历了数千年、数百代人之后，每个人群都编织了囊括众多人见解、观念和思想的世界图谱。就这样，一个像素接着一个像素地，人类在过去两万年左右的时间里通过集体知识（collective learning），勾画出越来越丰富的宇宙全图。也就是说，宇宙当中这一小小的岛屿开始反观整个宇宙。就好像宇宙经历了漫长的沉睡之后慢慢睁开了双眼。如今，伴随全球人类观念与信息的交流，宇宙的这双眼睛可谓视野更加宏阔，现代科学的认知愈发精准和谨严，现代科学研究配备了更多的工具，从粉碎原子的对撞机到太空望远镜无奇不有，再加上具有高超计算能力的计算机网络。

可以想见，所有这些图谱累加起来，正是当今时代最为宏大的起源故事。

还在很小的时候，我就有这样一个习惯：除非把事物放到某个图谱之中，否则我便感觉很难理解。如同许多人一样，我努力挣扎着把自己所学到的孤立的知识领域连缀到一起。文学与物理学没有任何关系，我也看不出哲学与生物学、宗教与数学、经济学与伦理学之间有什么关联。我从未停止寻找框架的努力，也就是人类知识斑斑点点的世界图谱，以把所有的知识缀合到一起。传统的宗教故事对我没有多大的感染力，因为我曾在尼日利亚生活过，很早就见识到不同宗教的世界图景差异非常之大，甚至彼此截然对立。

在当今的全球化世界，一种新的知识框架正在萌生。参与建构、完善和传播的人们来自多个学科领域和多个国家，其总数成千上万，却能通力合作。把所有这些人的洞见连缀到一起，就能洞悉某个特定学科因壁垒而无法获得的洞见；换言之，上述做法使我们能够登高望远，而不是停留在低矮的地面。由是我们不仅看清了不同学科领域的关联，还可以深入思考宽广的主题，比如复杂性的本质、生命的本性，甚至何谓人的问题。时下，我们通过多个学科（如人类学、生物学、生理学、灵长目动物学、心理学、语言学、历史学、社会学等）的目镜蠡测人类，因为单一专业的学科知识很难让人综观整个人类。

似乎从有人类开始，人们便从来没有停止过寻求连缀多种知识的起源故事。我经常想象这样一幅图景：4 万年前，每当夕阳西下，一群人便围坐到篝火旁。比方说这群人就围坐在新南威尔士威兰德拉湖区（Willandra Lakes Region）蒙哥湖（Lake Mungo）南岸的一处空地，那里曾发现澳大利亚最古老的人类化石。如今，这里是帕坎第族（Paakantji）、央佩族（Ngyiampaa）和穆提穆提族（Mutthi Mutthi）人聚居区，但我们能够确知的是，其先祖早在 4.5 万年前就在这里居住。

1992 年，早在 1968 年就被考古学家发现的先祖化石（简称蒙哥 1 号）终于被送还到上述原住民区。这具化石的原型是位女性，身体已有部分被烧毁。[1] 后来在距这里大约 500 米的地方又发现了一具人体化石（蒙哥 3 号），可能是男性，大约 50 岁离世。此人生前曾患有关节炎，牙齿也严重损毁，这可能是因为他要用牙齿撕咬以拔出纤维来织网或结绳。他的尸体被庄重地掩埋，掩埋处还撒有 200 千米以外才有的红赭石粉。2017 年 9 月，蒙哥男子（Mungo Man）的化石被送还蒙哥湖地区。

上述二人都是在约 4 万年前即已离世，那时的威兰德拉湖（现已干涸）碧波荡漾，滋生了大量的鱼类和贝类，从而吸引了大量的鸟类和其他动物出没，而这些都可以成为人捕食狩猎的资源。[2] 那时，蒙哥湖地区的人们日子过得还蛮不错呢。

在我的想象中，男女老少、父母亲、曾祖父母围坐在篝火旁畅谈，有些穿着动物毛皮缝制的衣服，幼小的婴儿还躺在摇篮里。孩子们在湖边追逐嬉戏，成年人轻松地咀嚼着蚌贝、新鲜的鱼类、螯虾和袋鼠肉排。不过慢慢地，他们谈论的话题变得严肃起来，这时有位长者开始发话了。如同以往在炎热的夏日或寒冷的冬夜，老人们会讲述他们从祖先和师长那里听到的故事。他们追问的问题甚至至今令我心驰神往：那有山有水、有谷有壑的风景是怎样形成的呢？星星是从哪里来的？人最初如何来到这个世界？又是从哪里来？还是人从来就是这样？人与巨蜥、小袋鼠和鸸鹋有关系吗？（对这最后一个问题，蒙哥湖畔的先民和现代科学给出的答案都非常肯定，“当然有！”）在此，讲故事者是在传授历史，而此时的历史是有关远古创世的神话，有神力，还有神。

日复一日、年复一年，这种不断被讲述的故事描述的正是蒙哥湖人的大范式思想。这种故事像长了长腿一样，会一直流传下去。故事把时人有关世界的各种知识整合融会到一起。有些孩子一开始对故事中的某些复杂情节感到难以理解，但因为在不同场合反复听同样的故事，也就慢慢习惯了，而且会体会故事中的深意。等孩子们长大了，故事已深入骨髓，变得刻骨铭心且异常亲切，故事中各种微妙的细节和意义遂沉淀出一种深沉的美感。

在他们谈天说地的过程中，眼前的风景、袋熊和袋鼠、祖先的家园、历代的先师，共同编织成一幅所有人共享的宇宙图景，其中有族人和社区的位置，丰盈而美丽，虽然也不乏骇人的时刻：这就是你的一切；这就是你的起源；这就是你的列祖列宗；这就是你所从属的整体；这就是你生活在这一群人当中必须承担的职责和面对的挑战。故事有强大的威力，因为所有人都相信，而他们之所以感觉故事是真的，是因为故事代代相传，是基于时人所拥有的最确切的知识建构起来的。正如蒙哥湖人凭借自己对人类、天上的星辰、地面的景观及动植物的深刻理解，并比照先祖及邻居社区的知识体系，会不断地检验、再检验自身宇宙图谱的准确性、合理性和连贯性。

我们自然能从祖先编织的宇宙图谱中受益。法国著名社会学家埃米尔·杜尔凯姆（Émile Durkheim，又译涂尔干）认为，隐藏在起源故事和宗教之中的图谱对个体人的认同归属感至关重要；失去了这样的宇宙图谱，人们就会陷入深重的绝望和无意义的深渊，甚至会导致人自杀。我们所知的所有社会都会把起源故事作为教育的核心，也就不足为怪了。在旧石器时代，孩子们从长者那里聆听起源故事，正如后来的学者从基督教、伊斯兰教、佛教的核心教义中汲取养分一样，在巴黎、牛津、巴格达和那烂陀的大学莫不如此。

不过，令人奇怪的是，现代的世俗教育好像缺少这样一种充满自信的起源故事，也无力把所有知识串联成整合的宇宙图谱。这正说明当今世界为何到处都弥漫着杜尔凯姆所谓的迷失自我、彼此分裂和不辨方向，无论是在德里、利马，还是在拉各斯抑或伦敦。现在的问题是：全球世界虽已紧密相联，但各地不同的起源故事却多如牛毛，且在激烈争夺人们的信任和关注，彼此掣肘。所以现代的教育工作者仅关注其自身所在区域的起源故事，而年轻一代认知这个世界也是各自躲在彼此分立的学科背后。现代人掌握的知识量当然远非蒙哥湖人所能想见，从微积分到现代史到电脑编程，但与蒙哥湖人不同的是，我们现在很少鼓励人将所有的知识编织成一套首尾贯通的完整故事，就如同过去教室里老式地球仪把成千上万张地方图整合成一张世界地图一样。这样的结果只能是对现实片段的理解，根本无力呈现人类共同体的全貌。

现代起源故事

不过……零零碎碎地，一个现代起源故事却正在萌生。如同蒙哥湖人的故事，现代起源故事同样是历经数百代数千年先人的编织和后世不断地核对、检验。

当然，现代起源故事也不同于大多数传统的起源故事。这是因为前者不是某个区域或文化独自编织的，而是全球70亿人共同造就的，所以它的知识基础是全世界全部的知识。现代起源故事服务于所有现代人，所以必然根植于现代科学的全球传统。

此外，现代起源故事还有一点不同于许多传统起源故事：它没有创世的神灵，虽然故事中的能量和粒子，其迷离诡谲，丝毫不亚于传统起源故事中的万神殿。但如同儒教或早期佛教的起源故事一样，现代起源故事是关于整个宇宙及其演化历程的。诚然，宇宙本身谈不上什么意义，意义终归是源于人。“宇宙有什么意义？”神话和宗教学者约瑟夫·坎贝尔曾这样探问，“跳蚤又有什么意义？它就在那里，仅此而已，而你自身的意义正是因为你就在那里”。[3]

相比许多传统的起源故事，现代起源故事涵括的世界要大得多，也不甚稳定，甚至湍流激荡。而这些品质也正是现代起源故事的局限所在，因为这一故事虽涵括全球，但产生的时间却颇为浅近，甚至因此还有不少青春年少的粗糙和盲点。现代起源故事萌生于人类史进程中某个非常具体的时间点，深受现代资本主义发展自身巨大冲力和潜在不稳定性的影响。比如，它在很大程度上对生物圈缺乏应有的敏感，而世界多地的起源故事对此都颇为关注。

现代起源故事所描绘的宇宙永不停息、充满活力、不断演进且规模巨大。据地质学家沃尔特·阿尔瓦雷兹（Walter Alvarez）所说，我们可以根据宇宙中星体的数量来想象一下宇宙究竟有多大。大多数星系差不多都有 1 000 亿颗恒星，而整个宇宙中大约有 1 000 亿个星系。也就是说宇宙中约有（深呼吸准备！）10 000 000 000 000 000 000 000（10^{22}）颗恒星。[4] 而根据 2016 年的最新观测，宇宙中星系的数量可能比这还要多很多。所以你尽可以在上面数字的后面再加几个零。相比之下，我们的太阳不过是这无数恒星中非常普通的一颗。

现代起源故事目前还在建构之中。有些地方还需添加，有些地方尚需检验或整理，而脚手架和噪声则需清除。但在过去的几十年间，我们人类对宇宙的了解出现了突飞猛进的大发展，现代起源故事也因此变得异常丰富多彩，同时也更增加了宇宙对人类的神秘感。正如法国哲学家布莱士·帕斯卡（Blaise Pascal）所言："知识本身就像一个球体：球的体积越大，其与未知的接触面就越大。"[5] 虽然现代起源故事还有诸多不完善，甚至不确定的因素，但我们却有必要对此有深刻的洞察，就像蒙哥湖人有必要觉察自身的起源故事一样。现代起源故事讲述的是全体人类共享的遗产，并以此让我们在地球史上的这一关键时刻做好准备，迎接当今面临的巨大挑战和重大机遇。

现代起源故事的核心是复杂性不断提升这一观念。宇宙最初是如何形成的？又如何生成世间万物、各种力以及包括人在内的多种存在？我们还不清楚宇宙究竟是从何脱胎而出，或宇宙存在之前是否有什么东西先在。但我们确知的是，宇宙最初萌生于巨大的能量泡沫中间，而且结构异常简单，甚至直到今日，至简依然是宇宙存在的默认条件。宇宙的绝大部分呈寒冷、黑暗、空虚状，只有在极特殊、极罕见的情况下才会出现类似地球的完美的金凤花条件（Goldilocks conditions），既不太热太凉，又不太浓太稀，就像童话故事《金凤花姑娘与三只熊》中小熊的粥一样，才能容许复杂存在的进化。[6] 就在这样的金凤花条件下，在数十亿年间，愈发复杂的事物不断涌现，其组成部件的数量不断增加，内部联系也日趋繁复。我们不能错误地假定复杂事物就一定比简单事物更好，但复杂性对我们人类而言却至关重要，因为我们是复杂的存在，而我们生活于其中动态的全球社会可谓迄今所知的最复杂的存在。因此，弄清复杂事物究竟如何涌现以及涌现需要什么样的金凤花条件对理解人类和世界的本质可谓意义非凡。

在关键的转折关头，总会有更复杂的存在涌现。笔者将其中最重要的转折点称作节点（thresholds），而节点构成现代起源故事复杂叙事的主要线索。节点凸显最重要的转折点，此时，既有的事物会被重组，或以其他方式发生改变，从而催生新的特质“涌现”，也就是此前从未有过的品质。早期宇宙中并无恒星、行星和生物，但渐渐地，全新的事物渐次出现。恒星是氢原子和氦原子熔炼而成的，新的化学元素是恒星濒死时在星体内部造就的，行星和卫星是冰团、尘埃团与新的化学元素聚合而成的，而最初的生物细胞是在主要由岩石组成的行星上丰富的化学环境中进化而来的。人类的问世也是故事的一部分，因为人类是生物在地球上进化、分化的产物，但人类在其短暂而精彩的历史上，也曾创造出多种全新的复杂存在，以至于貌似主导着世间的变革。新事物的不断出现，尤其是新事物变得愈发复杂、创造出前所未有的新的特性，就好像婴儿出生那般神奇。之所以这样说，是因为宇宙演化的总体趋势是渐趋简单和无序。而且最终，宇宙会趋于愈发无序（科学家们将这一现象称作熵，即 entropy），整个宇宙会蜕变成完全无序无结构的混沌状态。只不过这需要很长很长的时间。

我们目前生活的时代，正值宇宙的青壮年，可谓生机勃勃。宇宙最初诞生的一刹那，也就是我们马上就要说到的现代起源故事的第一个节点，更是美妙至极，丝毫不亚于此后的其他任何节点。

历史年表

本年表是现代起源故事的一些基本年代，有近似绝对时间和重新计算的相对时间两种，后者假设宇宙问世于13.8年前，而不是138亿年前。这样重新计算后的年代能够让读者更好地把握这一宏大故事的历时线索。毕竟，自然选择的设计让我们的心智很难处理动辄数百万年，甚至数十亿年的时间链条，所以缩略的示意要更容易把握。

至于过去几千年发生的历史事件，其起讫年限大多是通过现代计时技术在最近50年内确定的，其中最重要的是放射性测定年代技术。

事　件	近似绝对时间	除以十亿后的时间
节点一：“大爆炸”：宇宙开端	138亿年前	13年零8个月前
节点二：最初恒星开始闪耀	132（？）亿年前	13年零2个月前
节点三：恒星死亡生成新元素	从节点二持续至今	从节点二持续至今
节点四：太阳及太阳系形成	45亿年前	4年零6个月前
节点五：地球上出现生命	38亿年前	3年零9个月前
地球上出现大型生物	6亿年前	7个月前
小行星撞击致使恐龙灭绝	6 500万年前	24天前
人类脱离黑猩猩谱系	700万年前	2.5天前
直立人问世	200万年前	17小时前

续表

事　件	近似绝对时间	除以十亿后的时间
节点六：智人问世	20 万年前	100 分钟前
节点七：最后一次冰期结束，开启全新世，出现最早的农业	1 万年前	5 分钟前
出现最早的城市、国家和农业文明	5 000 年前	2.5 分钟前
罗马及汉帝国兴盛	2 000 年前	1 分钟前
世界多个区域连成一片	500 年前	15 秒前
节点八：化石燃料革命兴起	200 年前	6 秒前
发展大提速：人类登陆月球	50 年前	1.5 秒前
节点九（？）：可持续世界秩序？	未来 100 年？	还有 3 秒
太阳死寂	未来 45 亿年后	还有 4 年零 6 个月
宇宙消失于黑暗之中，熵获胜	未来数兆年后	还有几十亿甚至上百亿年

第一篇

宇　宙

第 1 章

最初时刻：节点一

若想无中生有，必先创造宇宙。

——卡尔·萨根（Carl Sagan）：《宇宙》（*Cosmos*）

所以定是在曦光降临之后，
从最初的纺绩地，从马厩和碧绿之中，
嘶鸣的马像着了魔一般，喘着粗气
奔向那洋溢着赞美的土地。

——迪伦·托马斯（Dylan Thomas）：《蕨山》（*Fern Hill*）

开启起源故事

自举（bootstrapping）是人不可能做到的事情，就是说人不可能使劲抓住自己的靴带把自己举起来。后来这一观念成了计算机专业的行话（启动或重新启动），描述的是计算机从僵死中苏醒，然后输入操作指令的过程。当然了，从字面上说，要自举是不可能的，因为要举起什么东西，必须要有一个杠杆。“给我一个杠杆和支点”，古希腊哲学家阿基米德（Archimedes）曾这样说，“我就能撬动地球。”但要创造一个全新的宇宙，我们到哪里找那个杠杆呢？怎样才能举起这样的宇宙？或者，换句话说，描述新宇宙诞生的起源故事到哪里才能找到支点呢？

为起源故事寻找支点丝毫不亚于为宇宙本身寻找支点。一种可能的方法是不问起源，而假定宇宙一直存在。这样支点就是不必要的。事实上，许多起源故事都是这样讲述的，甚至不少现代天文学家，包括20世纪中叶支持稳恒态理论（steady-state theory）的天文学家，也都持此主张。也就是说，在相当大的尺度上，宇宙自古至今一直是这样。与此类似，但稍有不同的观点主张：的确存在创世的一刻，那时巨大的力量或存在物塑造了整个宇宙的形态，但此后，世间万物基本没有什么改变。蒙哥湖人的祖先可能就是这样描述宇宙的，认为是先祖把宇宙塑造成这个样子的。艾萨克·牛顿（Isaac Newton）把上帝看成世间万物的“第一因”（first cause），主张上帝充斥整个宇宙空间。他曾这样写道：宇宙是“无形的、活着的且有智能的上帝无所不在的存在物的感官（Sensorium）”。[1] 20世纪初，爱因斯坦还特别坚定地认为，宇宙（在大尺度上）是万世不易的，而且还为自己的相对论添加了一个特别的常数，并以此预测稳态的宇宙。

所谓宇宙永恒不变的观念真的令人满意吗？并不尽然，尤其是这种解释常偷偷地混进来一个创世的神灵，由神灵开启创世的过程，比如“最初空无一物，于是上帝……”之类的。这里的逻辑谬误显而易见，虽然哪怕智力高超的人也要花很长时间才能洞悉个中的究竟。比如伯特兰·罗素（Bertrand Russell）到了18岁才最终放弃上帝创世的观念，据说是在读了约翰·斯图尔特·密尔（John Stuart Mill）的自传之后：“我父亲曾教导我说，‘我是怎么来的’这种问题是找不到最终答案的，因为这之后还有‘上帝是怎么来的’这个问题。”[2]

这里还有另外一个无解的问题。如果神灵足够强大且能设计整个宇宙，那么神灵一定要比自己设计的宇宙更复杂，所以说假定有创世神灵存在就意味着还需进一步解释更为复杂的另外一种存在，以至于无穷。难怪有些人会觉得这是诡辩。

古印度《吠陀经》中的颂歌是这样断言的："无既非有，有亦非有；无空气界，无远天界。"[3] 也许万物的生发乃源于本初有与无之间的某种张力，这样一种幽暗的境界并非实有，却可能演化为实存。也许正如澳大利亚现代原住民的一句谚语所言，无非全无。[4] 说来有些不可思议，而且有人可能直接斥之为模糊不清、神秘莫测，但这种说法却与现代人的观念有着惊人的相似之处，且被量子物理学接受为核心概念，即空间并非全无一物，而是充满了多种可能性。

是否真的存在某种能（energy）或势（potential）的海洋，而从中能够自然生发出某种形式的存在物，类同波浪或海啸呢？这个想法事实上为人所司空见惯，以至于我们不由得这样去想：我们有关终极起源的观念是否就来自日常的生活经验呢？每天清晨，我们一觉醒来，便会觉知有型、有感、有结构的世界从无意识的混沌中悄然涌现。约瑟夫·坎贝尔曾这样写道："由于个体人的意识乃基于一汪夜海，夜间潜入，白昼跃出，所以在神话的意象中，宇宙也要出入没有时限的永恒之境且最终消融于其中。"[5]

但这样说也许有些过于形而上了。也许这里最大的困难是逻辑问题。斯蒂芬·霍金（Stephen Hawking）曾说过，所谓的起源问题，其提出本身就不合道理。假如说时空几何如同地球一样是球形的，只不过维度更多，那么探问宇宙之先曾有何物存在便如同在网球上寻找起点一样徒劳无益，因为宇宙时空本来就不曾有所谓起点。时间没有边界或起点，正如圆形的地球表面不存在所谓边缘一样。[6]

当今有一些宇宙学家被另一组概念吸引，由此我们又回到宇宙无始无终的理念。也许我们身居其中的宇宙乃无限多重宇宙中的一个组成部分，新的宇宙会不断从大爆炸中脱颖而出。也许此说并不错，但是目前，我们还找不到人类身居其中的这个局部宇宙大爆炸之前有任何物存在的确凿证据。就好像这次宇宙大爆炸的威力实在太大了，以至于任何其所由自的先前存在的信息都被抹掉了一样。所以即便是有所谓宇宙小村庄存在，我们却看不到其他的村庄。

坦诚地讲，针对终极起源的问题，我们现代人给出的答案并不比此前人类社会给出的答案高明多少。开启起源故事现在看来仍像是某种逻辑的和形而上的悖论。我们并不清楚宇宙诞生的金凤花条件究竟是什么。英国小说家特里·普拉切特（Terry Pratchett）曾这样写道："目前人类对这一问题的认知可总结如下：最初，世间空无一物，然后就发生了大爆炸。"[7] 相比之下，我们对此的解释也不过这个水平。

节点一：宇宙的量子启动

当今最广为人所接受的有关宇宙终极起源的故事是大爆炸学说。大爆炸是现代科学认知的一个基本范式，就像生物学中的自然选择或地质学中的板块构造一样。[8]

有关大爆炸起源说的关键证据直到20世纪60年代方才到位。那时，天文学家首次探测到宇宙微波背景辐射（CMBR），即大爆炸过后残留的能量，且至今仍散落在宇宙中。宇宙学家们非常努力地试图弄清宇宙最初乍现的那一刻，但他们所能讲述的故事却只能从宇宙开启后（即零时后）的 10^{-43} 秒左右开始。

故事大概是这样的：宇宙最初就是一个点，体积比原子还要小。

那是多小呢？我们人类的心智经进化已经习惯了人类尺度的事物，所以对特别微小的东西理解起来颇有困难，但可以想象一下：仅在这句话后面的句号里就可以容下 100 万个原子。[9] 而在大爆炸之时，整个宇宙真的就比原子还要小很多，而其中却蕴含着当今整个宇宙的能量和物质。这一点颇难以想象，所以最初提出时，有人直接说这简直是疯了。但我们目前所掌握的证据都说明，这一奇妙、微小、炽热的奇点在大约 138.2 亿年前真的存在。

我们还不清楚宇宙大爆炸究竟是如何发生的，而且为何会是这样。但量子物理学及粒子加速器——后者能通过电场或电磁场把亚原子粒子旋转提升到极高的速度——向我们展示了：真实的物质确实能够在真空条件下从虚无中诞生，虽然要领悟这一点需要对虚无（nothing）有更深刻的把握。根据现代量子物理学，我们根本不可能准确定位亚原子粒子的位置和运动。也就是说，我们根本无法确定某一特定空间处于虚无状态，或者说虚无中有某种张力，充满了无中生有的可能性。如同古印度《吠陀经》颂歌中"无既非有，有亦非有"的断言，这种有无之间的张力似乎确实开启了我们的宇宙。[10]

如今，我们把宇宙最初诞生的时刻称作大爆炸，就像新生儿来到这个世上总要伴随一声啼哭一样。大爆炸一词是英国天文学家弗雷德·霍伊尔（Fred Hoyle）1949 年杜撰出来的，他之所以这样说也是因为觉得这一观念实在太可笑了。早在 20 世纪 30 年代，大爆炸之说尚处于最初酝酿阶段之时，比利时天文学家（兼天主教神父）乔治·勒梅特（Georges Lemaître）已将新生的宇宙称作"宇宙蛋"（cosmic egg）或"原始原子"（primordial atom）。显然，当时深谙此道的少数科学家也相信，若是巨大的能量蓄积在原始原子之内，那么这一微小的粒子肯定温度极高，且其膨胀释放压力的速度也必然极快。宇宙膨胀的过程一直持续至今，就好像一根巨大的弹簧持续延展了130多亿年。

宇宙大爆炸后最初的几秒几分钟之内发生了许多事。其中最重要的，是最初结构和格局的成型，以及最初的实体或能量形式和特征，而所有这些都是非随机的（nonrandom）。生成具有新特质的存在过程总会显得异常神奇。而在现代起源故事中，这种神奇的过程还会不断呈现。当然了，最初看似神奇的过程慢慢地会变得不那么神奇，因为我们懂得了：凡物都不会是无中生有的。具有新特质的存在不过是既有物质和力量的新颖组合，是新的组合赋予了新的存在以崭新的特性，正如摆放的方式不同会造成新颖的马赛克图案一样。下面举一个化学方面的例证加以说明。我们通常认为氢和氧是无色的气体，但把两个氢原子和一个氧原子以特定的方式组合，就会生成一个水分子。把众多水分子聚拢到一起，就会出现崭新的特性，我们称之为“水”（wateriness）。我们得见一种新形式或新结构且具新特性的存在，事实上只是已有存在物的新颖组合。创新实在是一种涌现的过程。假如我们把涌现当作起源故事中的一个角色，那么这一角色可能会显得鬼鬼祟祟（slinky）、神秘莫测，说不准某个时候就从黑暗中迸发出来，而整个故事的情节也会因此而变得曲折新颖、扑朔迷离。

宇宙中最初的结构和格局就是这样涌现的，从大爆炸中迸发出的物质和力量以新颖的方式组合到一起。

有证据表明，宇宙大爆炸后最初的一刹那，充盈宇宙的是纯粹、随机、未分化且无形的能量。在此，我们可以把能量视作能够造成事物生发的潜势（potential for something to happen）、用功做事或改变事物的能力。原始原子中的能量大得惊人，温度超过绝对零度数万亿度。此后有一个阶段，宇宙膨胀的速度极快，被称作“暴胀”（inflation）期。此时宇宙膨胀的速度总体上都是特别快，以至于人类根本无缘得见宇宙中绝大部分的物质和存在。也就是说，我们今日得见的万物可能只是宇宙间全部存在的一个极微小部分。

霎时之后，宇宙膨胀的速度降了下来。一方面，大爆炸引发的能量流趋于稳定；另一方面，宇宙又持续膨胀，结果是能量因分散而变得稀薄。此时的平均温度也开始下降且保持降势，所以我们今日宇宙的大部区域温度只有绝对零度（absolute zero，绝对零度是基本粒子静止不动状态下的温度）以上的 2.76℃。我们人类以及地球上的其他生物没有感觉到严寒难耐，是因为临近的太阳给我们送来了温暖。

在大爆炸引发的极端温度条件下，几乎存在各种可能性。但伴随温度下降，可能性的幅度变窄。各具特色的实体在宇宙温度趋降的过程中形同鬼魅般凸现，而所有这些在此前大爆炸的熔炉中是不可能出现的。科学家们把这种事物形式和结构的改变称作相变（phase changes）。我们在日常生活中常见这种相变，比如水蒸气失去能量后会变成水（水分子在液体状态下运动的速率远低于水蒸气状态），而水还会结成冰（水分子在结冰状态下基本静止不动）。水和冰只能在温度较低的条件下存在。

在宇宙大爆炸 10^{-36} 秒后的刹那间，能量本身经历了一次相变，并由此一分为四种彼此不同的位态，即我们今日称作引力、电磁力、强核力和弱核力的四种力。我们有必要熟悉这四个不同的角色，因为它们塑造了我们的宇宙。引力相对较弱，但其作用的力臂很长，而且总是把万物向一起拉，所以引力有积聚性。引力作用的结果是宇宙分成了好多块状物（clumpy）。电磁能呈正负两种形态，所以常自相抵消。引力虽弱，但却在大尺度上塑造宇宙；相比之下，电磁力只在化学和生物的层面成为主导，所以是电磁力才让我们有了浑然一体的身体。第三、四种基本力的名字——强核力和弱核力——貌似不大起眼，而且作用力的力臂很短，只在亚原子尺度发生作用。人类不能直接感受到这后两种力，但它们却对世界的方方面面发生作用，因为它们决定原子内部发生的一切。

能量可能还有其他位态。20 世纪 90 年代，科学家在测定宇宙膨胀的速度时发现，宇宙实际上是在加速膨胀。于是，物理学家和天文学家借用了爱因斯坦最初提出的一个想法，主张还存在一种反引力（antigravity），正是反引力造成了宇宙膨胀的不断加速。而且据说，当今反引力的质量占到了整个宇宙质量的 70%。尽管反引力已开始主导整个宇宙，但我们人类对其性质和原理都还一无所知，所以物理学家们称之为暗能量（dark energy）。其实，这个名称只不过是个占位符（placeholder），因为暂时还找不到更合适的称谓。要留心这一空当，因为弄清暗能量是当代科学界所面临的重大挑战之一。

物质是在宇宙大爆炸后的第一秒内形成的。所谓物质也就是能量推来推去的那种东西。直到一个多世纪以前，科学家和哲学家还认定物质和能量是截然不同的存在呢！现在我们弄清了：其实物质不过是高度压缩的能量的一种存在形式。早在 1905 年的时候，年轻的阿尔伯特·爱因斯坦就在一篇颇为有名的论文中证明了这一点。这就是著名的质能转换公式，即能量（E）等于质量（m）乘以光速（c）的平方，用符号表示就是 $E = mc^2$，我们由此可知单位质量的物质中蕴藏着多么巨大的能量。现在，我们合计一下：一丁点儿的物质究竟蕴藏多少能量。可不是要用物质的质量乘以光速（每小时要 10 多亿千米呢！），而是光速的平方啊！这数字可大得不得了，所以哪怕只是给一丁点儿的物质解压缩，就足以获得巨大的能量。氢弹爆炸就是这种为物质解压缩的过程，而早期宇宙大爆炸的过程与此正好相反。大量的能量被压缩成很小的物质，就像海量能量中的点点微尘。我们人类的高超之处，就在于我们学会了在瞬时内重新制造出巨大的能量，地点是日内瓦的大型强子对撞机（LHC）。那时，无数粒子从能量的海洋中喷薄而出。

而这只是宇宙大爆炸后第一秒发生的事情……

最初的结构

宇宙大爆炸后留下了海量的能量迷雾，而就在这迷雾中，最初的形式和结构出现了。虽说能量的迷雾至今从未消散，但从里面涌现出的结构为我们的起源故事赋予了轮廓和情节。其中有些结构或格局会持续数十亿年，而有些却只是一闪而过，但没有哪一种结构会永久地保留。所有的结构都短暂无常，就像洋面涌动的波浪。热力学第一定律称：能量的海洋永恒存在，就是说它是守恒的。而热力学第二定律又称：其中涌现的所有形式和结构最终还会融入能量之海。形式，如同飘逸的舞步，是不守恒的。

有些颇具特色的结构和形式曾在宇宙大爆炸之后的第一秒出现。可这是为什么？宇宙为何不是能量的随机流动呢？这是至为根本的大问题。

假如我们的起源故事安插了某个创世神灵，那么结构的问题就很好解释了。我们只需假定（很多起源故事正是这么做的）：相对混沌，神灵更青睐秩序。但现代的起源故事大多已不接受创世神灵的观念，因为现代科学找不到直接证据支撑神灵的存在。有很多人声称有过接触神灵的体验，但有关这种体验的叙述却千差万别且自相矛盾，根本无法复制。这类叙事往往太过柔性、太过分散、太过主观，不能充当客观的科学证据。

因此，现代起源故事一定要在神灵之外找到界说结构和形式涌现的理由。这当然不易，因为依据热力学第二定律，所有的结构终将瓦解。奥地利物理学家埃尔温·薛定谔（Erwin Schrödinger）曾这样写道："我们现在认识到，物理学的这一基本定律是说，大自然有一种趋向于无序的倾向（这一倾向从图书馆里图书的摆放或书桌上随意堆放的纸张和手稿便可得知），除非我们能够阻止它。"[11]

如果说现代起源故事中有个恶人，那无疑是熵了，因为熵的存在使整个宇宙呈现出由秩序走向混沌的趋势。熵可谓热力学第二定律的忠实奴仆。如果我们把熵安插进我们的现代起源故事，那熵绝对是一个放浪、阴险、无视他人苦痛的家伙，也无心和任何打交道的人含情脉脉。熵自然也非常危险，而且最终会让所有人失落且无力反抗。熵在现代起源故事的结尾处得意扬扬。它会消融全部的结构和格局，毁掉所有的星体、星系和生物细胞。约瑟夫·坎贝尔曾在一本有关神话的书里用富有诗意的语言这样描写熵："我们所知的整个世界……最终只有一个结局：死亡、瓦解、四分五裂。我们曾那样热爱过的一切秩序，在历经磨难后也将灰飞烟灭。"[12]

现代自然科学常以冰冷的统计数字说明熵的作用。大千世界，凡物形态万千，但绝大多数都是未加结构化的、随机的，甚至是混乱的。要做出改变，大多数情况下都非常难，就像是手里握着 10^{80} 张（10 的后面有 80 个零，宇宙中全部原子的大致数量）纸牌，然后试图通过洗牌让所有的 A 都彼此相连。这样一种格局世所罕见，也许你洗牌至宇宙的末日甚至花费比这多几倍的时间都可能无法实现。大多数情况下，你所能得到的只是稍许的整齐或根本的无序。再比如，这里有一堆建材，包括砖、砂浆、电线和涂料等，你朝这堆建材扔过去一枚炸弹，然后就期望着对面的高楼拔地而起，而且网线齐备、窗明几净，客户们争相排队购房，这样的概率究竟有多大？魔法的世界可以完全不考虑熵的作用，但我们居住其中的这个世界却不能。大部分的宇宙，尤其是星系之间广袤的空间，都没有形制和结构，其原因也正在于此。

熵的力量非常强大，所以我们很容易理解最初的结构究竟是如何形成的。但我们知道：结构确实形成了，而且显然是得到了熵的允许。不过，要把物质连到一起形成更复杂的结构是有代价的，就好像熵会索要复杂性税金一样，这税金就是能量。事实上，我们会看到，熵索要的复杂性税金种类还不少，就像俄国的彼得大帝（Peter the Great），他专门成立了政府部门，其职能就是编制新的税种。熵喜欢这么干，是因为复杂实体缴纳的税金能够助其完成自己的险恶计划：把整个宇宙粉碎。为熵缴税本身会制造更多的混乱和浪费，如同现代大城市的运转会产生巨量的垃圾和废热一样。人一生的每时每刻都要为熵缴税，直到哪一天人死了，也就不用再缴税了。

但最初的结构是如何涌现的呢？对此，科学尚未找到完整的答案，虽然有许多想法还是很有希望的。

宇宙间除了能量和物质之外，还有一些基本的源自宇宙大爆炸的运作规则（operating rules）。在 17 世纪科学革命以前，科学家们并不理解何谓运作规则，而今这些运作规则被称作物理学基本定律（laws of physics）。这些定律能够解释最初的原子为何疯狂错乱却又并非完全没有方向：正是物理学定律规定了某些特别的路径，也同时阻绝了似乎无穷尽的其他多种可能。物理学定律滤掉了那些与自身不相容的宇宙状态，只允许那些和宇宙运作规则相容的状态出现，新状态又会依次产生新规则，新规则继而导引新的发展路径。

不可能的状态被不断滤掉，结果确保了结构在数量上的最小化（minimum）。我们不清楚为何上述的规则会得以成型，或为何是这种形式的规则。我们也不知道这种规则是无可避免的。也许在其他宇宙中也有类似规则，可能与此稍有不同，比方说那里的引力更强些，或电磁力稍弱些。果真如此的话，那里的生灵（若有的话）也会讲述与我们不同的起源故事。也许有些宇宙的寿命不过百万分之一秒，而其他宇宙要比我们这个宇宙的寿命长得多。也许有些宇宙会制造出多种稀奇古怪的生物，而另外一些注定与生无缘。假如我们的宇宙真的只是多重宇宙中的一个，那我们完全可以想见：我们的宇宙问世之时，形同冥冥之中的一场掷骰子游戏刚刚开始，有指令称“好的，这个宇宙会有引力存在，且有电磁力，电磁力是引力的 10^{36} 倍”（这的确是我们这个宇宙中引力与电磁力之间的强度比例）。有了这种规则，我们的宇宙便不会完全无序。这就确保了某些地方会发生有趣的事情。

能量以某种形式涌现，便宣布了结构和格局的诞生。能量凝结成最初的物质粒子，也是遵照规则的。故此，在宇宙大爆炸之后的数秒之间，生成了原子的基本组成成分，即中子、质子和电子，与此同时还有质子和电子的反粒子（即带负电荷的质子和带正电荷的电子），物理学家分别称之为物质和反物质（antimatter）。只有在此时，物质与反物质才可能轻松生成，而伴随宇宙温度的继续下降，一场波及整个宇宙的德比毁灭大战就开始了，物质与反物质彼此湮灭，由此释放出大量能量。对我们而言颇为幸运的是，有极少量的物质（也许是十亿分之一的粒子）躲过了这场浩劫。劫后余生的粒子被限定在某个地方，因为此时的温度已不足以把物质还原成纯能量。这样残留下来的物质就是我们整个宇宙间的物质构成。

随着温度的下降，物质出现了分化。电子和中微子（neutrino）受电磁力和弱核力的支配，而构成原子核的质子和中子则由三位一体的被称作夸克（quark）奇异粒子构成，受强核力的绑缚。电子、中子、夸克、质子、中微子……仅在宇宙大爆炸后的数秒之间，温度快速下降的宇宙就生成了截然分明的结构，而且各具特征。但宇宙大爆炸的风暴渐弱之后，宇宙间就不再具备解锁这些原始结构的巨大能量条件，所以从此，至少对我们人类而言，上述能量与粒子的不同组合，比如质子和电子，就成了某种永恒不朽的东西了。

偶然性与必然性就这样协力创造出最初的简单结构。物理学定律滤掉了多种可能——这是必然性在发生作用。随后，偶然性又在剩余的诸种可能中随机拣选并重新组合。这就是最初演化的机理。正如纳米物理学家彼得·霍夫曼（Peter Hoffmann）所说："物理法则的磨砺为之增添了一点儿必然性的色彩，但偶然性才是真正的创造力之源，是后者推动着、形塑着宇宙演化。我们周围的所有美景，从星系到向日葵，都是混沌与必然协同创造的结果。"[13]

最初的原子

宇宙大爆炸之后的几分钟之内，质子与中子发生了组合配对，于是，更复杂的结构出现了。单个的质子是氢原子的原子核部分；成对的质子（与两个中子）构成氦原子的原子核，此时的宇宙开始搭建最初的原子了。但聚合质子要花费很多能量，因为质子的正电荷彼此排斥，而且由于宇宙大爆炸后温度迅速下降，所以不可能把很多质子聚合到一起构成较大的原子核。这也说明了我们这个宇宙的一个基本特性：差不多四分之三的原子都是氢原子，剩下的大多是氦原子。

此外，还有很多物质属于暗物质（dark matter），虽然我们还不大清楚暗物质究竟为何物，但我们确知暗物质是存在的，因为它的引力决定了星系的结构和分布。于是，在大爆炸后的几分钟之内，我们的宇宙分化成大规模的暗物质云团，其中有大量的质子和电子的等离子体

（plasma），噼啪声中还有闪亮的光子（photon）穿插其间。如今，等离子体只存在于恒星的内核处。

现在，我们稍等片刻，也就是38万年的时间（其实差不多是我们人类在地球上生存总时间的两倍呢！）。在这段时间里，宇宙继续降温。当温度降到10 000℃以下时，就出现了又一次的相变，就像蒸汽化成水那样。要理解这次相变，我们还需懂得：热其实是原子运动的一种度量。所有的物质粒子在能量的驱动下都在时刻不停地抖动，就像紧张不安的孩子们一样，而温度不过是这种抖动的均值。抖动是真实存在的现象。爱因斯坦在1905年发表的一篇著名论文中指出，正是抖动的原子使空气中的尘埃粒子出现随机波动。温度下降，粒子抖动的频率也降低，直到最终粒子连接到一起。伴随宇宙温度的下降，电磁力会把带负电荷的电子推近至带正电荷的质子，直至电子平静下来并围绕质子旋转。就这样，我们有了最初的原子，而原子是我们周围所有物质最基本的构成要素。

通常，孤立的原子呈中性，因为其质子和电子的正负电荷彼此抵消。所以，当最初的氢原子和氦原子形成时，宇宙中大部分的物质突然变得中性了，躁动的等离子体一下子消失不见了。作为电磁力载体的光子可以自由穿行在电中性的原子和暗物质雾团中。直至今日，天文学家们依然能够探测到这次相变的结果，因为摆脱了等离子体的光子造成了一层薄薄的略带嗡鸣的背景（即宇宙微波背景辐射），至今仍弥漫于整个宇宙。

至此，我们的起源故事已经突破了第一个节点。此时，我们有了自己的宇宙。宇宙中有性质独特的物质结构存在。能量和物质各具情态。我们还有了原子。而且宇宙有自身的运作规则。

但证据何在？

如果你是第一次听到这样的起源故事，一定会感到离奇惊悚，但切勿因此而不以为然，因为我们有大量的证据予以证明。

认定宇宙大爆炸确有其事的第一个线索是：人们发现宇宙在加速膨胀。如果宇宙在膨胀，我们从逻辑上就可以假定：宇宙在很久很久以前一定极其微小。我们知道宇宙在膨胀，是因为我们有强大的观测设备和技术，而前述的蒙哥湖人根本不具备，虽然仅凭裸眼，蒙哥湖人也对天象进行了出色的观测。

从牛顿的时代起，大多数天文学家都认定宇宙是无限的，因为如若不然，那么根据引力定律，所有的物质都应被吸附到单一的物质团上，就像集油槽把所有的燃油都吸附到槽里一样。到了 19 世纪，天文学家们有了更精确的测量仪器，所以能够准确地绘制出太空中恒星和星系的分布图谱，而此时的天文图谱已经暗示出一种颇为不同的宇宙图景。

绘制天文图谱从星云（nebulae）开始，也就是星图上不时出现的模糊瘢痕。（现在我们知道了，大多数星云其实都是整个的星系，每个星系都有数十亿颗恒星）星云距我们有多远？它们到底是什么？星云在移动吗？随着时间的推移，天文学家们已经学会了如何从星云发出的光中获取更多关于恒星的信息。这些信息包括星云距我们有多远，以及是在向我们靠近还是远离我们。

研究恒星及星云的移动，最聪明的办法是利用多普勒效应（因 19 世纪奥地利数学家克里斯蒂安·安德烈亚斯·多普勒而得名，又译克里斯琴·多普勒），测量恒星或星云趋近或远离我们的速度。能量以波的形式迁移，而波就像海滩的波浪，也是有频率的。能量抵达波谷相当有规律，是可以测量的。可一旦发生位移，频率就会发生变化。人下海游泳，然后再浮出水面，那么其遭遇海浪的频率似乎会增加。声波也是一样。如果一物体，比如摩托车，向你隆隆驶来，此时的音频会提升，人耳对高频的反应是声音越来越大。而当摩托车驶过，隆隆的马达声会逐渐减弱，因为此时的声波正被拉长。骑车的人与摩托车之间的相对距离不变，听到的声音自然是维持同一频率。多普勒效应是指物体彼此趋近或远离时电磁发射频率的明显变化。

上述原理同样适用于星光。如果恒星或星系趋近地球，那其光波的频率会提升。高频可见光对人眼呈蓝色，所以我们会说光向电磁光谱的蓝端趋近。但假如光远离地球，其光频会向光谱的红端趋近，天文学家称之为红移（redshift）。因此，我们可以通过测量光频偏移的幅度得知恒星或星系移动的速度。

1814年，年轻的德国科学家约瑟夫·冯·夫琅和费（Joseph von Fraunhofer）发明了世界上第一台分光仪（spectroscope），其实就是一种专业用的三棱镜，能够分解不同频率的星光，正如同普通的玻璃三棱镜把光分解成五颜六色的彩虹一样。夫琅和费研究发现，太阳光的光谱在某些特别的频段有一些轻微的暗线，就像宇宙的条形码一般。另有两位德国科学家，古斯塔夫·基尔霍夫（Gustav Kirchhoff）和罗伯特·本生（Robert Bunsen）通过实验研究发现，某些特别的元素发射或吸收光均有各自不同的频率。看来上述暗线是太阳外围温度较低处不同元素的原子吸收太阳核心处发出的光的不同频率所致。其结果是减少了这些频段能量的吸收，所以在发射光谱上留下了多条暗线。这种暗线被称作吸收线（absorption lines），而不同元素会造成不同的吸收线格局。比如，碳和铁的吸收线就颇为典型。如果星光出现红移，碳和铁的吸收线都会向光谱的红色端趋近，我们甚至可以准确测量其趋近的幅度。对天文学家而言，这就相当于警察手里的机动车测速仪。

20 世纪初，美国天文学家维斯托・斯里弗（Vesto Slipher）使用上述探测技术吃惊地发现有大量天体都出现了红移现象，也就是说：这些天体都在远离地球，而且速度很快！这种彼此分离的现象颇令人惊异。其背后的真实意义究竟是什么？对此给予明确回答的是美国另一位天文学家埃德温・哈勃（Edwin Hubble），后者对这些遥远的天体与地球的距离进行了大量观测，此外还结合了其他众多发现。要测量地球与恒星和星系之间的距离，还是很复杂的。原则上，照古希腊人的理解，我们可以使用视差（parallax）法，就像寻常的测量员一样。在地球绕太阳旋转的数月间，仔细观察夜空中的星星相对其他星星是否出现移动。如果有，就可以用三角尺测量一下其与地球间的距离。很不幸的是，哪怕是离我们最近的比邻星（Proxima Centauri）也异常遥远（差不多有 4 光年），所以不借助某种特殊的仪器，根本别想探测出其是否有动静。就这样，直到 19 世纪，才有天文学家使用视差法测定了地球与邻近星体的距离。但无论怎么说，维斯托・斯里弗研究的星体比这遥远得多。

幸运的是，在 20 世纪初，哈佛天文台的天文学家亨丽爱塔・勒维特（Henrietta Leavitt）找到了测定遥远星体和星系距离的方法，她使用了一种被称作造父变星（Cepheid variable）的星体作为参照物，因为这种星体的亮度变化极有规律（北极星就是这样一种造父变星）。勒维特发现，造父变星的频率与星体的亮度（luminosity）之间有某种非常简单的对应关系，而据此就可以计算出造父变星的绝对亮度（absolute brightness）值。接着，比较该变星此前对地球呈现的视亮度（apparent brightness），就可以计算出该星体的距离，因为星体的亮度会伴随其远去的程度而渐趋式微。这一精妙绝伦的技术即天文标准烛光（astronomical standard candles），为埃德温・哈勃有关宇宙的两大发现做好了准备。

20世纪初，大多数天文学家都认为整个宇宙不过我们银河系（the Milky Way）这么大。1923年，哈勃使用洛杉矶威尔逊山天文台的望远镜——当时世界上最强大的望远镜——对太空实施观测，发现原以为从属仙女座星云（Andromeda nebula）的造父变星太过遥远，所以根本不可能是我们这个星系的一部分。这一观测证实了一些天文学家的猜测，即宇宙要比银河系大得多，是由多个星系组成的，而不仅仅是我们的银河系。

不过，哈勃以造父变星为依托对大量遥远的星体进行观测，又有了一个更令人震撼的发现。1929年，他成功地向世人证明：差不多所有的星系看起来都在远离地球，而且越是距离遥远的，其红移的幅度就越大。换句话说，距离越远的物体，其远离的速度就越快。这似乎意味着整个宇宙在膨胀。此前，比利时天文学家乔治·勒梅特早有这样的疑惑，但只不过是纯理论的推测。勒梅特认为：如果宇宙真的是在膨胀，那么在过去的某个时间，它就应该是处于高度压缩的微小空间。勒梅特将这一微小空间称作原始原子（primordial atom）。

大多数天文学家对宇宙膨胀这一说法感到震惊，觉得哈勃的计算肯定是出现了错误。就连哈勃本人对此也没有一点儿把握，更何况爱因斯坦坚信宇宙是稳态的，并搬出他的广义相对论方程对稳态宇宙加以证明，还特意添加了一个所谓宇宙常数（cosmological constant）的概念。

天文学家之所以对此抱怀疑态度，部分原因还在于哈勃的估算确实存在一些问题，因为根据哈勃的计算，宇宙膨胀大约始于20亿年前，而当时的天文学家早已确知地球和太阳系的年龄都比这要大得多。正是出于这个原因，大多数天文学家几十年来都认为哈勃有关宇宙膨胀的想法很有意思，但却可能是错误的。许多人更愿意接受1948年赫尔曼·邦迪（Hermann Bondi）、托马斯·戈尔德（Thomas Gold）及弗雷德・霍伊尔提出的稳恒态宇宙理论。根据宇宙稳恒态说，很多星系之间的距离确实是在加大，但与此同时还创造出了很多新物质，所以从大尺度看，宇宙的总体密度是恒定的，形态也变化不大。

不过最终，事实证据还是更支持宇宙膨胀说。20 世纪 40 年代，同在洛杉矶威尔逊山天文台（哈勃曾在此工作）的沃尔特・巴德（Walter Baade）证明：造父变星实际上有两种，所以据其估算的距离就会出现一定的差别。巴德进行了重新计算，认为宇宙大爆炸可能发生在 100 多亿年以前（目前最精密的估算值是 138.2 亿年前）。这样一来，原有的历史年代问题就不是问题了。我们现在所能了解到的所有天体的年龄都不超过 138.2 亿年，这一点完全支持大爆炸宇宙说。毕竟，如果说宇宙是永恒不变的，那肯定有好多天体的年龄要超过 138 亿年。

真正可靠的证据是在 20 世纪 60 年代发现的，这就是宇宙微波背景辐射。这一背景辐射是大爆炸后约 38 万年最初原子形成时辐射释放遗留下的。宇宙微波背景辐射可谓宇宙膨胀说富有决定意义的证据。为什么这样说呢？

20 世纪 40 年代，一些天文学家和物理学家对哈勃的数据已经有了较深刻的印象，于是便试图弄清：假如真的发生了大爆炸，那会是怎样一番景象呢？假如万物都被压缩至一个原始原子，那最初的宇宙该是什么样子呢？如果哈勃和勒梅特说得不错的话，那早期宇宙应该极端致密且炽热，而其膨胀至冷却的速度也肯定非常快。物质和能量真处于这种极端条件下又会如何表现呢？第二次世界大战期间，制造原子弹的“曼哈顿计划”刺激了极高温条件下的物理研究。20 世纪 40 年代末，俄裔美籍物理学家乔治・伽莫夫（George Gamow）运用参与“曼哈顿计划”的研究所得，开始思考宇宙大爆炸后的可能情形。伽莫夫与同事拉尔夫・阿尔弗（Ralph Alpher）预测，宇宙大爆炸后肯定会温度下降，待到温度适宜时，最初的原子才能形成，而原子形成时还必然伴随着巨大能量的释放，而光子也会摆脱前原子时代带电等离子体的束缚，开始在电中性的宇宙中穿行。此外，他们还论证说，释放能量的闪光应该可以被察觉到，虽然闪光的频率伴随宇宙膨胀会降至几乎为零。如果科学家仔细观察，就会发现温度近乎绝对零值的辐射从四面八方涌来。不过那时，对多数人而言，这种说法近乎疯狂，所以根本没有人试图以整个宇宙为范围寻找低温辐射。

1964年，有科学家偶然发现了伽莫夫所谓的辐射闪光。在位于美国新泽西霍姆德尔的贝尔实验室，有两位射电天文学家，阿尔诺·彭齐亚斯（Arno Penzias）和罗伯特·威尔逊（Robert Wilson），当时他们正在建造一个高精度无线电天线，以接收人造卫星的通信信号。为消除干扰，他们把接收器冷却到比绝对零度高3.5℃的水平，但令人费解的是，此时还有一个低温能量释放的嗡鸣声存在，而且这个声音似乎来自四面八方，所以不可能是某个巨大的恒星爆炸所致，这一点他们是知道的。他们于是怀疑故障出在了接收器上，就试图把栖息在角状天线上的一对鸽子驱离，还清扫了鸽子留下的粪便，可这样还是无济于事。（那对可怜的鸽子总想返回天线，最终不得不遗憾地被射杀。）而在不远的普林斯顿，罗伯特·迪克（Robert Dicke）正带领一队天文学家寻找伽莫夫所谓的背景辐射，却突然听说了彭齐亚斯和威尔逊的最新发现，于是马上意识到后者抢占了先机。两队科学家决定联合撰写论文，讲述他们的发现。他们认为，这可能是伽莫夫曾预测到的、宇宙大爆炸后的能量释放所致。

宇宙微波背景辐射的发现使大多数天文学家接受了宇宙大爆炸理论，因为其他理论都无法解释这种波及整个宇宙的辐射现象。类似这样先是奇怪却最终成功的预测是说服科学家的最强有力的方式之一，它能说明这一理论是正确的。看来宇宙是在膨胀，而且真的是发端于宇宙大爆炸。

时至今日，有关宇宙发端于大爆炸的证据是压倒性的，可谓不容置疑。有关细节还需进一步研究，但其核心观念足以成为现代起源故事的第 1 章。这样，我们的故事也就启动了。根据量子物理学，实有可自真空起，看来整个宇宙发端于虚无的确是真的，因为这虚无充满潜势。[14]

第 2 章

星与星系：节点二和三

人类是星体物质构成的。

——哈罗·沙普利（Harlow Shapley），《来自遥远星体的景观》（*View from a Distant Star*）

大爆炸为我们带来了宇宙，但在此后的几千万年里，宇宙的结构却超级简单。不过，在这简单平静的背后，许多新的有趣的可能性却正在萌生，终于有一天，满天的星辰、星系开始照亮夜空。此时，我们的故事又多了一整套的新角色，它们各有新特征和新的复杂性，可谓引领宇宙穿越了第二个复杂性不断提升的节点。但要说明这许多新的星体是如何生成的，我们还需回到最初。

驱动复杂性生成的自由能

宇宙大爆炸后的几秒钟至几分钟，整个宇宙的温度急剧下降。其间有几个星光璀璨的时刻，宇宙中的能量足以生成或毁灭各种新奇的能和物的形态。但由于温度急剧下降，有些形态的能和物就凝结成几种简单的结构。在大爆炸的熔炉中，力和粒子像陶瓷一样稳定下来。狂躁的能量遵循少数几个运作规则造就了质子和电子一类的结构，这些结构非常稳定，因为温度趋降的宇宙很难再产生当时制造这些结构所需的温度。

此后，宇宙温度下降的速度减缓，就好像已经从温度的高峰跌到了谷底一样。此时的温度梯阶趋于平缓，不再出现陡降，所以变化的速度也出现锐减，就好像来到了起伏有致的丘陵地带，温度也时升时降。此时的新结构也很难被锁定，因为结构遭遇少许的升温就解体了。比如，原子在新兴的星体内在温度达到一万摄氏度以上时就会发生解体。

在这种不大可预测的环境中，复杂的结构需要额外的加固才能稳定下来。而这种加固还要靠控制下的非随机能量流动（controlled, nonrandom flows of energy）。恒星是由内核处发散出的能流得以维持的；生物体，包括你和我，能够维持下去靠的是细胞内复杂的新陈代谢所提供的精准的能流；而在大爆炸后的宇宙，也要靠做功才能建造并维持复杂的结构存在。正因如此，凡物的形态、复杂性及有指向性或结构化的能流（structured flows of energy）之间存在着深刻的联系。

结构化的能流是一种颇为直观的描述，而非科学界的术语。这里想说的是：热力学理论对两种能流进行了区分，即完全随机的能流和有方向、有结构、首尾贯通的能流。结构化的能流称作自由能（free energy），非结构化的能流则称热能（heat energy）。这一划分当然不是绝对的。其实这里只是一个贯通或随机的度的问题。但无论怎么说，区分自由能和热能对我们的起源故事却是至为根本的。

热力学第一定律认为，宇宙中能的总量是不变的，且保持恒定。我们的宇宙从问世起，其造成事物生发的潜势似乎就是固定的。所以，热力学第一定律其实想要表达的是原初时代的多种可能性。热力学第二定律称：从原初多种可能性中萌生的物质多少都呈现出某种结构，就好像溪水中的涟漪。但随着时间的推移，大多数的物质都会变得更少结构化。这是因为物质和能量的大多数可能组合的结构性都很弱，所以即使偶然有结构，其趋势也是迅速衰败。

瀑布就是一个很好的例证。瀑布很有型，但最终会耗散殆尽。瀑布顶端的水分子并非随机运动，而是像气罐中的分子一样，都向同一个方向进发，又像恋爱中的猫，彼此贴得越近越好。这是因为，不同于普通单个行动的空气分子，瀑布中的水分子被电磁力裹挟，引力于是将其紧密地聚拢到一起且朝同一方向运动，如同行进中的一队士兵。水从瀑布顶端飞溅直下，此时势能便转化成动能。水分子协调一致，朝一个方向运动。此时的运动是结构性的，我们可以把造成这一运动的能量流称作自由能。自由能不同于空气分子的随机热能就在于前者能做功，原因是它有型有结构，能够把物朝一个方向推动，而不是随意任何一个方向。[1] 如果有必要，就可以导引这种自由能通过涡轮机发电。自由能是造成事物生发的那种东西，其移动快捷、势不可挡，是我们整个起源故事的驱动器。

但不同于一般意义上的能，自由能很难保存，因为它很不稳定，就像伸展的弹簧。自由能做功的时候，就失去了自身的结构，用完了也就完了。如同瀑布顶端的水砸到底端的岩石上，旋即变成了分散的、不再整齐划一的热能。单个的分子彼此大致独立地摇摆着。能当然还在那里，还是守恒的（也就是热力学第一定律），但分子朝多个方向推动，这样就不再能够驱动涡轮机了，因为此时的自由能已经转化成热能。根据热力学第二定律，所有的自由能最终都会转化成热能。

热能就像喝醉酒的交警，胡乱指挥着能的车辆，结果只能是制造更多混乱。而自由能可被比作神志清醒的交警，指挥能的车辆沿着某些特定的路线前进，所以创造出秩序。对我们来说非常幸运的是，早期宇宙确有一些自由能存在，而且依据宇宙最基本的规则在运行。这些规则把能向某些特定的非随机的路线导引，确保了少量却至为根本的结构存在。

星系与恒星：节点二

正是自由能驱动了最初的大型结构涌现，也就是星系和恒星。此时最重要的自由能是引力。就像宇宙的牧羊犬一样，引力喜欢把万物纠集成群。此时被纠集成群的万物正是宇宙大爆炸后出现的简单物质。引力与物质一道制造了最初恒星和星系涌现的金凤花条件。

科学家对宇宙微波背景辐射的研究表明，在宇宙形成早期，大尺度的结构还非常罕见。我们可以设想一下：一层轻巧的氢原子和氦原子薄雾漂浮在充满光子的暗物质温暖浴缸中会是什么样子，此时浴缸的温度大致均衡。我们已经确知，早期宇宙均质化程度极高，因为通过衡量宇宙微波背景辐射的温度差异，我们会发现宇宙中温度最高的地方比温度最低的地方也不过仅高出 0.01℃。此时还不存在可用的温度梯阶（temperature gradients），不存在可以造成新结构的能量势差。现在你可以用手快速揉擦脸，如此造成的温差都要比那时的温差大得多。

不过，此后引力开始对这种毫无希望的物质进行加工，然后的故事就有意思了。大爆炸作用的方向是把空间尽力推开，而引力却努力把能量和物质往一起拉。

引力的概念在牛顿对宇宙的理解中至关重要，而且是引发科学革命的一个纲领性概念。牛顿在 1687 年出版的《自然哲学的数学原理》（*Philosophiae Naturalis Principia Mathematica*）一书中对引力原理进行了详细的论述，这部书也因此成为人类历史上最重要的科学著作之一。牛顿认为，引力是所有物质相互吸引的一种力。250年后，爱因斯坦又证明了：能实际上也会产生引力，因为能毕竟是物质生成的质料。

此外，爱因斯坦还预言：引力其实是某种形式的能，所以，就像电磁力或声一样，引力应能产生波。但爱因斯坦担心这种引力波会非常弱，以至于人们根本无法测量出来。2015年9月，真正的科学奇观出现了：人类终于发现了引力波！而且是两次，一次是在美国路易斯安那州，一次是在美国华盛顿州，两次都是通过激光干涉引力波天文台（Laser Interferometer Gravitational-Wave Observatory，或简称LIGO）。2017年，有三位对此做出重大贡献的科学家被授予诺贝尔物理学奖。此次发现的引力波是大约一亿年前产生的，当时有两个黑洞在距离我们很远的南部某个星系发生了碰撞。（那时恐龙还主宰着我们这个星球呢！）科学家在地球上将光束一分为二，然后沿两个臂长4 000米的LIGO探测仪垂直发射，探测仪的两端都安装有反射镜。这样，当光束完成约300次往返运动后，却未能同时抵达原点。原来，是微弱的引力波将一个方向发射出的光束拉长了，而另一个方向的光束则被缩短，其间的差别比一个质子的直径还要小。由此，天文学家了解到引力波的存在，科学家希望凭借这一认知能够以更新颖的方式研究宇宙。

从引力的角度看，早期宇宙太过平滑了，因为其演化过程中本该有丛簇的现象发生。引力有一种重新构架宇宙的趋势，而这也正是我们觉得早期宇宙的熵颇低的原因，低熵就意味着更为整齐划一；此后的数十亿年则见证了熵增的过程，也就是宇宙变得更混乱。引力一旦介入，只需几亿年的时间，就把原本平滑整齐的早期宇宙变得异常混乱，造成了丛簇叠生的恒星和星系。

正如牛顿指出，物质的质量越大、密度越高，其引力就越大。所以地球的引力就比你我都要大，而且越远离地球表面，比如身处国际空间站，来自地球的引力也越发微弱。现在我们把早期宇宙设想成一个立方体。立方体中的暗物质和原子会自发地运动，导致某些地方比其他地方密度更大。根据牛顿定律，我们可知物质在密度大的地方肯定比密度小的地方引力会更大，而且随着时间的推移，二者之间的差异会增大。就这样，数百万年后，引力使宇宙中充满了更多的斑点和丛簇。

引力把原子拉得更加紧密，原子彼此碰撞的概率就越大，且摇动得也越发狂乱。这样一来，物质丛簇集合的地方温度会升高，原因是更多的热量被积聚到了狭小的空间。（同理，人们给轮胎打气的时候，其内部的温度也会升高。）整体而言，宇宙的温度在降低，但物质聚集的地方却开始升温。终于，在某些地方，温度上升到质子不再能绑缚电子的程度；此时，原子开始解体，并在丛簇物质的核心地带重新制造出带电的等离子体，正如遍布早期宇宙的带电等离子体一样。

由于引力造成的压力叠加，物质密实的地方变得密度更大，其核心也更炽热，于是在这些地方重现了早期宇宙的巨大能量。大约在 1 000 万摄氏度，质子就有足够的力量克服正电荷彼此之间的斥力，而一旦突破此障碍，质子就会在巨大核力的驱使下两两结对，当然，这种核力作用的力矩都很短。质子对继而形成氦核，正如大爆炸之后不久曾短期出现过的那样。

质子聚合期间，其中的部分物质会转化成纯能量，正如我们此前看到过的，这时候，哪怕极微小的物质也蕴含着巨大能量。氢弹爆炸会释放巨大的能量，其原理正如恒星生成一样，是通过核聚变完成的。所以说，一旦物质团的温度达到了节点的大约 1 000 万℃，就会有数万亿的质子聚合而成氦核，形成一个释放巨大能量的大熔炉。而一旦点燃，且有足够的质子持续发生聚合，大熔炉也就会持续地燃烧下去。

聚合释放出的热能会造成物质的核心发生膨胀，从而拒斥了外来的引力。这种新的物质结构常常会持续稳定长达数百万年，甚至数十亿年。这样，一颗恒星就诞生了。

有了星系和恒星的宇宙

但恒星却并非仅有一颗，事实上，在每个物质丛簇聚集的地方，都有数十亿颗恒星。此时，我们所谓的星系开始闪耀，照亮了青年宇宙的夜空。

宇宙中有了星系和恒星，便与早期只有原子的宇宙大为不同。此时的宇宙在较大和较小的尺度上都已具有结构性，我们可以说整个宇宙变得更复杂了。星系间是黑暗、空洞的空间，而星系内部则有闪亮的、致密的区域。星系里充盈着致密的物质和能量，而星系间极其寒冷且空荡荡的。但此时宇宙中的物质不再像当初一样宛若均匀飘动的雾，而是成片成团地凝结成星系，其形状就像蜘蛛编织的一张网。每个星系的结构都各具特性，但大多数是螺旋形的，就如同我们身处其中的银河系，而且每个星系的周围往往有数十亿颗恒星在缓慢围绕着核心运行，这核心通常是一个密度极高的黑洞。星系彼此发生碰撞后，通常会扭曲成“不规则星系”（irregular galaxies）。星系当然也是依靠引力聚合成团的，内部圈圈环绕，密密匝匝，以至于在宇宙中最终形成一个类似巨型群岛的架构。

散落在宇宙之中的众多恒星，就像冷布丁中的葡萄干，其实每颗都具备高结构性和很多新涌现出的特性。每颗恒星都有一个炽热的内核，在此实现质子的聚合，从而产生足够的用以对抗引力的能量。紧贴着内核处，是一层向内挤压的外核物质，后者为内核燃烧提供质子燃料。恒星的寿命主要取决于其初始形成之际自身的质量。巨型恒星会产生巨大的引力压力，所以其散发的热能要比小型恒星多得多。因此，巨型恒星往往在几百万年的时间里就油尽灯枯，而质量较小的恒星燃烧要慢得多，所以后者的寿命甚至比目前宇宙的寿命还要长很多。

宇宙之中物质的多样化构成意味着多样化的环境、更大创造力和花样翻新的能量梯阶，其中有光度梯阶、温度梯阶和密度梯阶，自由能从梯阶的高端流下，恰如飞流的瀑布。每颗恒星都向外围寒冷的空间倾泻自身的热能，其中有热流、光流和化学能流，而这些都可以被用来在恒星附近的地区制造新式的复杂实体。地球上之所以能够生机盎然，就是因为这种自由能的流动。

引力催发物质演变成恒星，质子在压力下克服正电荷彼此相斥的力实现聚合，这一过程在此后的历程中会反复出现。这有点儿像早晨喝了一杯咖啡，然后你就有了外出工作的动力一样。化学家通常把这一初始赋能的行为称作“活化能”或“激活能”（activation energy），就像点燃的火柴引发大火一样。其原理正在于：某一种能量发生变化，从而引发远高于活化能的自由能流动。在恒星生成的过程中，引力最先提供了质子聚合的活化能，然后是恒星形成，再后是一系列其他的变化。

但这里有一个问题：热力学第二定律还起作用吗？熵既然痛恨结构，那它为什么还要让更复杂的结构成型呢？

如果仔细观察能流，我们会发现诸如恒星之类的有型结构为保持自身的复杂性付出了多么沉重的代价。我们先看质子聚合释放出的能量。在此，能所做的第一件事是把恒星支撑起来，也就是要防止恒星塌陷。这就像是给熵交了一定量的押金，或称作复杂有型税（complexity tax）。而恒星一旦不再能够释放能量，也就自然塌陷了。复杂有型税的概念可以解释著名天体物理学家埃里克·蔡森（Eric Chaisson）观察到的现象，即：一般说来，物质的表现越复杂，支撑其存在的能流就越多，甚至可以精确到每秒每克物质的耗能量。比如，根据蔡森的估计，在现代人类社会中流动的自由能要比流经太阳的自由能密度高大约 100 万倍，而流经其他各类生物的自由能密度则居于上述二者之间。也就是说，凡物欲变得更复杂，熵必然要求其中有更大的能流；反过来说，凡物复杂了，则必然也已找到足够量的自由能流维持其存在。所以，也难怪更为复杂的实体难以制造和维持，而且复杂实体要比简单实体更容易发生崩溃。这一观念是现代创世神话的核心线索，其对现代人类社会的启示亦可谓寓意深长。[2]

熵很喜欢这种交易，因为支撑恒星的自由能，正如瀑布中水的势能，在释放到太空之后，终将贬值。因此，恒星变得越复杂，其降解自由能的力度也就越大。事实上，整个现代起源故事都贯穿这一主题。复杂性的提升并非战胜了熵，正相反，支撑复杂实体（包括你和我）的能流正帮助熵实现打破一切秩序与结构的苍凉计划。

新元素与不断提升的化学复杂性：节点三

大爆炸后的 10 亿年，宇宙就像一个半大的孩子，行为举止已变得十分有趣。不过从化学的角度看，宇宙还是相当枯燥无趣的，因为那时的元素只有氢和氦。而到了我们所说的第三个复杂性提升的节点，新型的物质出现了，即元素周期表中所有其他的元素。宇宙有了 90 多种不同的元素，其可做的事情也就多多了。

宇宙之所以最先制造出氢和氦，是因为这两种元素最简单。氢核中只有一个质子，所以被标记为元素 1；氦核中有两个质子，所以标记为元素 2。大爆炸后 38 万年宇宙微波背景辐射出现时，宇宙中还有少量的锂（元素3）和铍（元素4）存在，仅此而已。这些就是宇宙大爆炸制造出的四种元素。

宇宙制造更多元素的金凤花条件相对简单，即足够量的质子和足够高的温度，而这种条件在大爆炸后相当一段时间内并不存在。只是后来，伴随众多濒死恒星再无法偿付熵索要的复杂有型税，在倦怠、蹒跚和内外交困中最终崩溃，从而释放出巨大能量，上述条件也就自然具备了。

要弄清为何恒星在濒死时会制造出新元素，我们还要先了解一下恒星是如何维系生存和走向衰老的。

恒星的寿命从数百万年到数十亿年不等，所以人类根本无从观看恒星走向衰老。正因如此，仅靠裸眼观察太空的古“天文学家”们绝无可能讲述我们现在讲述的恒星生灭的故事，比如玛雅人、蒙哥湖畔的智者或古希腊人。现代人对太空的理解是基于近两个世纪全球范围的大量科学研究和观察数据，这样，天文学家们才可能分享数以百万计的恒星的信息，而这些恒星均处于各自寿命的不同阶段。正如英国天文学家亚瑟·爱丁顿（Arthur Eddington）所戏称的那样，从事天文学研究就像漫步在一片森林之中，眼前的树木有的嫩芽初放，有的成熟参天，还有些古树真的行将枯萎。[3] 研究处于生命不同阶段的树木，我们自然会弄清楚它们是如何成长、成熟，直至最终死亡的。

天文学家们有一个最基本的涵括众多恒星信息的图谱，这就是赫罗图（Hertzsprung-Russell diagram）。它相当于天文学家的地球仪，就是那种学校教室里常见的地球仪，凭借它，很多零碎的信息就有了更多意义。

赫罗图大约是在1910年创制的，它将所有的恒星依据两种最基本的特性进行了分类。第一个特性是恒星的亮度或光度（luminosity），在赫罗图上标记为纵轴，也就是相对于太阳，该星体向太空发散的能量总和。第二个特性是恒星的颜色，从颜色就可以看出其表面温度，通常以开（K）计，在赫罗图上通常标记为横轴。由于这两种特性在恒星的生命周期会发生变化，所以赫罗图实际上能够让我们认清多种恒星经历的历程。不同恒星生命轨迹最大的差别主要取决于另外一项统计数据——星体质量的大小。较大恒星的历程自然不同于较小恒星的历程。[4]

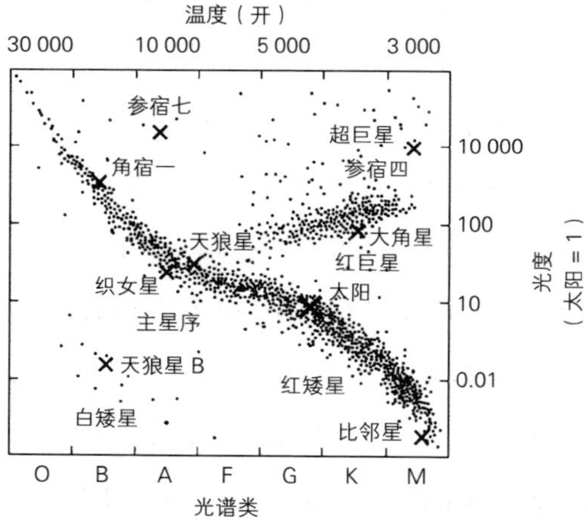

简明赫罗图，上面标记有不同类型恒星的大致位置

在赫罗图上，最亮的恒星，即那些放射出最多能量的恒星，比如参宿七，均在图的顶部，而且这些恒星通常体积也最大。而光度最小的恒星，如比邻星，均在图的底部。太阳（光度为 1）在图中居于中部。在图中，恒星表面温度最高的均靠左边，而表面温度较低的则靠右边。

赫罗图有三个很有意思的区域。横跨该图，从右下部到左上部弯曲的点状集团为主星序。大多数恒星生命周期中的 90% 都在主星序的某个点上，其具体坐落于哪个点取决于恒星的质量，而主星序上所有的恒星均能产生足够的能量以把质子聚合成氦核。太阳目前正在做的正是制造氦核的工作，所以说太阳已处于中年，仍在主星序上。赫罗图的右上部是红巨星地带，比如参宿四，处于猎户星座（Orion）的一个角落。这里的恒星均年事已高，核心部位的质子差不多用完了，靠燃烧其他较大的原子核勉力维持火炉不灭。其表面温度已经有所下降，因为它已膨胀至太阳半径的差不多200倍大。但这类恒星发出的光却异常强烈，原因是它们的体积大，所以居于赫罗图的顶部。赫罗图中的第三个重要区域是左下部，这里是白矮星的地带。白矮星曾属于红巨星，只是后来失去了外表层的大部，最后只剩下炽热的、致密的内核。

一旦恒星垂垂老矣，最终会耗尽自身的自由质子，其内核部也逐渐堆积起燃尽的质子灰烬，换言之，氦核。要实现氦核的聚合就需要比聚合质子高得多的温度，所以恒星内核处最终会停止燃烧。而一旦燃烧停止，引力就占了上风，恒星便会在自身重力的压迫下最终塌陷。但故事并非就此结束。恒星塌陷后，在引力的挤压下，其温度会再次升高。恒星的外部表层也会因此膨胀，温度则又降了下来，从而以此维持自身的平衡。对人类而言，这种恒星的外部表层呈红色，所以被称作红巨星。而一旦太阳到了这个阶段，就会膨胀至其目前体积的200倍左右，而太阳系内的行星，包括地球，都会因此而灰飞烟灭。

如果红巨星的质量足够大，其内核处在引力的挤压下会变得异常炽热，足以把氦核聚合成更重的元素，比如碳（有6个质子）和氧（有8个质子）。此时的恒星可谓是经历了一场复活，只不过聚合氦核要比聚合质子复杂得多，且产出的能量也较少，所以说恒星到了这一阶段，其寿命也就不多了。巨型恒星要经历好几次这样剧烈的膨胀和收缩。碳和氧也聚合成更重的元素，从镁至硅，最终是铁。伴随恒星升温，另外一种生成机制开始介入，把部分中子转化成质子，从而制造出更多新元素。恒星的核心会逐渐变成一个巨大的铁球，外面包裹着由其他元素构成的多重表层。

但至此，恒星就不会再有发展了，因为不能一直靠聚合铁元素产生新的能量。所以最终，大多数恒星会把外面的多重表层炸掉，从而成为白矮星，也就是赫罗图底端左部所见的恒星。白矮星可谓星界的僵尸，因为其核心处已不再有燃着的火炉，其自身密度极高，通常有地球大小，但质量却有太阳那么大。如果你试图用勺子舀起一匙白矮星物质，那定然是徒劳，因为这一匙至少有 4 吨重。[4] 不过虽说是僵尸，白矮星却依然炽热，要真正冷却下来可能需要数十亿年。白矮星已完成自身的任务，即使周围充满了各种新元素。有些白矮星的死亡更为壮烈：与附近的星体发生碰撞，从而引发超新星大爆发。这种大爆发会产生极高的温度，所以能够制造元素周期表中的众多元素。通过大爆炸圆寂的白矮星会制造出所谓 1A 型超新星。这种大爆发都是在相同温度下发生的，所以一旦能够确认大爆发及其亮度，就可以据此估算星体与地球的距离。天文学家利用 1A 型超新星能够估算出比使用造父变星进行估算远数百倍的星体的距离。

相当于太阳质量 7 倍左右的恒星以另一种爆发的形式走向死亡，这种爆发被称为核心坍缩超新星（core-collapse supernova）。恒星的内核塌缩成比太阳还要大的铁球时，内核处的火炉将最后一次熄灭，随之，引力会以极快的速度和力度挤压铁球，从而产生极大的能量和极高的温度，甚至超过该星体有生之年的最高值。此时，星体会瞬间发生超新星大爆发，其瞬时喷发的能量甚至是当时星系的总和。仅仅几分钟的时间，这种超新星爆发就制造出元素周期表中其余的众多元素并将其喷洒至空中。这种核心坍缩超新星最有名的例证是蟹状星云（Crab Nebula）的形成。参宿四在此后 100 万年间也会发生超新星大爆发。

大多数通过超新星爆发剥离了外表层的红巨星会剧烈地收缩，其间会有大量质子和电子被糅合成中子。这样，整个星体就被挤压成中子星（neutron star），即由中子构成的星体，其中中子的密度就像原子核中的粒子一般。这种高密度的物质存在颇不寻常，因为即使在原子中也存在大量空间，所以一颗中子星，哪怕只有 20 千米的直径，其重量却是太阳的两倍，而一匙中子物质足有 10 亿吨重。[5] 现有证据表明，元素周期表中许多重元素非常有可能并非是在普通的超新星爆发中形成的，而是在剧烈的中子星碰撞合并中形成的。

中子星旋转的速度极快，就像发出警告时用的信标，1967 年，人们首次发现中子星就是因为这种快速的闪光。旋转的中子星被称作脉冲星（pulsar）。第一颗脉冲星被发现之后不久，又有一颗在蟹状星云的核心处被发现，后者是一次超新星大爆发的遗留物，中国天文学家 1054 年对此曾做过记录。这颗位于蟹状星云核心处的脉冲星差不多有一座城市大小，每秒转动达 13 次之多。

不过，对于大多数巨型恒星而言，还有一种更为奇幻的结局：其核心部位会发生强烈的向心聚爆（implode），这时候，塌陷简直无可避免，于是，星体变成了黑洞，也就是目前人类已知的密度最高的物质。爱因斯坦曾预言过黑洞的存在，即一种至密物质，其引力之大，甚至连光线都无法从中逃脱，也正因如此，我们迄今对黑洞内部究竟怎样尚知之甚少。黑洞可谓太空中的怪物，但我们有充分证据表明黑洞是真实存在的。宇宙中最初形成的恒星可能都异常巨大，因此，其中可能有许多已变成黑洞，而这些黑洞可能是后来星系形成的基础，就像众多沙砾拱卫着珍珠一样。如今，天文学家们已经在大多数星系中探测到黑洞的存在，包括我们身处其中的银河系。黑洞的引力非常巨大，足以把附近的恒星吞入腹中。恒星一旦接近黑洞的边界，哪怕是黑洞的“事件视界”（event horizon），都会伴随一声凄厉的惨叫而喷射出自身最后的巨大能量。这种濒死的哀鸣造就了异常明亮的星体，后者被称作类星体（quasar）。

黑洞的边界，或称“事件视界”，是有去无回的一个转折点，也是我们人类知识的一个极限，因为任何信息都难以逃离黑洞的魔爪。我们可以大致估算出构成黑洞的星体的质量，甚至包括其旋转的速度，但仅此而已。不过，斯蒂芬·霍金称，确有微妙的量子效应使得少许能量从黑洞中逃逸出来。也许还有部分信息会从黑洞中逃逸出来，但即使如此，我们还没有掌握解读这类信息的技术呢！

就这样，垂死的恒星以各自不同的方式丰富了年轻的宇宙，使其更加多姿多彩。而元素周期表中的各种元素，一旦在垂死的恒星和超新星爆发中形成，便会在星际不断聚集，由此，原子聚合而成简单的分子，而分子经过类似发酵的过程，就会进而形成新形式的物质。

天文学家凭借多种技术，已经确认了远离地球数百亿光年之遥的多种星体的构成，正因如此，我们对恒星才有了上述了解。从上述可知，天文学家们是从星光中获取了海量信息。不过，光亮只是恒星和星系喷射出的能量的很小一部分。现代望远镜已能让天文学家接触到所有频段电磁波的能量发射，从波段最长且最为懒惰的无线电波（radio waves）到波段最短且异常活跃的伽马射线（gamma rays）。而现代大型计算机可以对这种海量信息进行非常精确的处理。如此，再加上各种空间望远镜，比如哈勃望远镜，足以使天文学家在不受地球大气层扭曲干扰的情况下观察宇宙。借助这种现代科学仪器，人类对整个星系环境的认识有了突飞猛进的发展。

旧式的仪器，比如光学望远镜（optical telescope）和分光镜（spectroscope），对太空探索同样非常重要。比如，通过对比由分光镜获得的吸收线，我们便可得知恒星内部究竟有什么元素及其分布和比例。你想知道太阳内部含有多少金元素吗？那好，请把分光镜对准太阳，然后研究一下金元素的吸收线并测量一下吸收线的暗度，由此便可知金元素占太阳总质量的万亿分之一。但不要泄气，毕竟太阳的质量太大了，要是能够提取太阳中所有的金元素，你肯定会成为地球上最富有的人，因为这比地球上的金含量要多得多。

天文学家通过恒星发射光线的颜色（或频率）测定其表面温度，恒星表面温度最低可至 2 500K，而最高可高达 30 000K。而且，正如我们已经看到的，天文学家还可以通过测量恒星的表观亮度（apparent brightness）计算出该星体发射的光的总量（即其亮度），然后计算出其可能达到的亮度。恒星表面温度和亮度是制定赫罗图所必需的两项最基本的指标。最后，如果我们弄清了恒星的亮度就可以据此估算该星体的质量。类似的技术还可以让我们准确估算整个星系与地球之间的距离，星系的大小、运动状况及富含的能量。

最近 50 年来，上述技术使我们对恒星和星系的了解有了革命性的进步。借助技术，我们认识到恒星和星系也是在不断演化的，而且还会走向衰亡，以及在发生、发展和演变的过程中如何为宇宙提供丰富的化学元素。而这些是后来复杂分子形成、新式天体问世不可或缺的金风花条件，后者如地球及其卫星。

第 3 章

分子与卫星：节点四

真实的情形是，只有原子和虚空存在。

——德谟克利特（Democritus）

你生活在地球上。这就无药可治了。

——塞缪尔·贝克特（Samuel Beckett），《终局》（*Endgame*）

从星尘到分子

从前文我们看到，宇宙中的物质是如何动用极端的能量并按照其自身的基本运作规则，经过剧烈的过程创造出了星系、恒星和新元素的。这种大起大落的宇宙作为就好像我们日常生活中所见的链锯雕塑（chain-saw sculpture）一般，而引力正是其中的链锯雕塑师。在恒星附近，这种粗放的雕塑提供了更为细微的雕塑所需的新环境，而要理解这种新式结构的原理，我们还需从大尺度过渡到小尺度，去了解一下原子之间的关系。

化学复杂性取决于细微的电磁能流，因为只有后者才能从事纳米级的细致工作，重新摆放单个的原子和分子。但这种细微的自由能流通常只出现在受保护的、罕见的金凤花条件下。温度过高会毁掉分子和原子，因此化学复杂性不可能在恒星内部实现。但化学复杂性毕竟还需要一定的能量，所以也不可能在空空如也的死寂太空中完成。比较理想的环境是靠近恒星，但也不能太近，而且那里要有持续不断、较温和的自由能流。

我们人类能够感受到引力，但在原子出没的纳米世界里，引力则显得无足轻重。引力对诸如细菌或水黾科昆虫之类微小的存在几乎没有什么作用，后者更关注的是局部电荷或水表面的张力。在分子尺度，最重要的是电磁力，一种能使原子和分子聚合离散的力量。分子和原子就生活在由电磁力吸引、刺激、诱惑、套索的世界中。

化学反应最初发生在星际尘埃云（interstellar dust cloud）之中，原因是这里充满了各种新元素。直至今日，星际尘埃云中有约 98% 的物质为氢和氦，而散落其间的是元素周期表中其他的各种元素。甚至天文学家也时常含糊其词地把比氦元素重的元素统称为金属（metals），所以他们告诉世人：伴随越来越多的恒星走向死亡，宇宙中的金属成分也增加了。同理，我们说太阳比先前各代恒星的金属成分更高，是因为太阳富含更多的金属。

通过分光仪，我们可得知星际尘埃云中不同元素的分布及其含量。同理，使用分光仪，我们也可以确认受电磁力绑缚的原子团组成分子的分布状况，比如确认尘埃云中是否存在水分子、冰分子或硅酸盐（silicate）分子，这些分子的主要成分是硅元素和氧元素，是构成地球上尘埃和岩石最主要的材料。目前，我们已确知星际尘埃云中有很多种简单的分子，其中包括对地球上的生命至关重要的氨基酸（amino acids，制造蛋白质的材料）。

化学是研究电磁力如何合成原子、制造分子的学科，有了这一过程，我们的世界才开始变得丰富多彩。

化学元素的幽会地：原子如何合并成新物质

原子很小。打个比喻：要合并成本句结尾处的句号那么大的一种物质，大约需要合并100万个碳原子。还有，可不要以为原子是个实心球，真实的原子内部基本上是毫无一物的空间。每个原子在核心部位有质子（带正电荷）和中子（不带电荷），质子和中子受强核力的绑缚而成型。其余的部分都是空灵的空间。围绕原子核——但距离很远——旋转的是电子团，差不多每个质子配一个电子。20世纪初，现代核物理先驱欧内斯特·卢瑟福（Ernest Rutherford）曾戏称，原子内部的核就像是“大教堂里的苍蝇”。

卢瑟福比拟的尺度大致不错。但在他做上述比喻时，现代量子物理学还没有问世，而后者证明他的这个比喻还是有些误导。电子极其细小，差不多是质子质量的1/1836。根据量子物理学，我们绝无可能确定电子绕质子飞行的准确速度和位置，我们所能知的只是电子可能的位置，而不是其确切的位置，因为要确认电子的位置就必然要动用能量（比如打开手电筒），只不过这样一来，辅助测量电子位置的能会惊扰电子的飞行速度和轨迹。正因如此，量子物理学家描述电子绕飞的状况时常使用“概率雾”（probability mist）的概念，也就是说，电子在原子核外面的某个距离会更浓重一些，而在其他距离会清淡一些。如果把原子比作大教堂，那么电子的概率雾在大教堂内的多处都有发现，甚至会渗透到大教堂的墙外。[1]

化学所关注的正是粒子如何幽会，以及粒子在概率雾中间的争斗，而且争斗得非常厉害呢！质子与电子离合聚讼，原有的键价被打破，新型的关联又兴起，结果是崭新形式的物质不断涌现。而驱动这一切的正是下述这个简单的事实：电子带负电荷，彼此相斥，却与带正电荷的质子彼此相吸，可以是本家原子的质子，也可以是邻家原子的质子。化学家研究的正是电子与质子、电子与电子之间的挑逗、对抗、媾和及争端，电子会跑去和邻家原子聚合成分子，有时是几个原子媾和，有时竟多达数百万甚至数十亿个原子，由此而来的复杂结构甚至比星际结构还要复杂。每个分子结构都有一些新涌现的特性，因此，其化学的可能性简直无穷无尽。但无论如何，粒子间的求偶还是有着自身的规则的（虽然这些规则有时比人类之间的求偶还要乖戾），而规则决定着电磁力如何架构化学复杂性。

电子自然是其中的主角。就像人间的恋人一样，电子也同样地不可预测、变化无常，而且总是谁开的价钱好就跟谁走。电子沿着独特的轨道绕质子飞行，轨道不同，能量级也不同。只要有可能，电子就会朝距离原子核最近的轨道跃迁，因为这里需要的能量最少。但每个轨道能够容纳的电子数是有限的，如果靠近原子核的轨道被占满了，那么电子只能将就着在远离原子核的轨道绕行。如果轨道的容量和电子的数目恰好匹配，那自然就皆大欢喜了。这种情况造成的结果就是所谓惰性气体（noble gases），比如氦气（helium）或氩气（argon），这种物质存在总处于元素周期表的右侧。它们不与其他原子聚合，因为它们相对更安于现状。

但假如原子的外层轨道没有被电子占满，问题就来了：这里的紧张气氛会造成电子无休止地抢占轨道位置的状况，也是大量化学工作的重心所在。有些电子在此时会跳到邻家原子的轨道上，而这就造成原有电子缺少一个负电荷，所以该原子会与另一个有多余电子的原子聚合而成离子键（ionic bond）。我们食用的盐就是这样形成的：钠原子最外层的电子时常出轨，这样恰好和外层空位且正在寻找多余电子的氯原子一拍即合。有时候，电子会感觉环绕两个原子核飞行更惬意，所以这两个原子核自然就分享该电子的负电荷，形成共价键（covalent bond）。氢原子和氧原子合成水分子的情形正是这样。但这样形成的分子却有些不平衡，是两个较小的氢原子拱卫着一个较大的氧原子。这种怪异的形状造成正负电荷在分子表面分布不均，令氢原子颇不舒服，所以后者常会受邻家分子中的氧原子吸引。这种吸引力正是水分子能够凝结成水珠的原因，其利用的恰是这种弱氢键（weak hydrogen bonds）。氢键在生物化学中的作用至为根本，因为诸如脱氧核糖核酸（DNA）之类携带基因的分子都是靠氢键实现其功能的。相比之下在金属中，电子的表现颇为不同：大量电子会环绕金属的原子核巡行，所以金属特别适合导电，其实电流不过是大量电子的流动。

碳原子有 6 个质子，可谓是原子浪漫故事中的主角——唐璜（Don Juan）。碳原子的外层轨道通常有 4 个电子，但这里的容量却是 8 个，所以可以想见碳原子肯定很乐于把外层轨道上的这 4 个电子去除，或在此添加 4 个电子，或让这 4 个电子与其他原子共享。这就有了多种选择，所以碳原子可以和其他原子形成各种复杂的分子，有环形的，有链形的，还有其他你想不到的形状的。由此也不难得知，碳在生物化学中为何如此重要。

化学的基本规则似乎是普世皆然的。我们之所以这样说，是因为从分光仪显示的结果看，地球上存在的许多简单分子在星际尘埃云中同样存在。但相比之下，星际化学相当简单，迄今被人类所发现的星际分子至多不超过 100 个原子。这一点并不令人惊讶。毕竟在太空中，原子彼此之间的距离要大得多，所以彼此搭便车甚至碰面的机会都要难得多。况且，太空的温度也颇低，所以启动原子聚合而成长期稳定的分子所需的能量也不多见。星际化学令人振奋的一面反倒是：星际居然不只能够制造出简单的分子，如构成行星的水和硅酸盐，还有许多生命赖以成型的基本分子，如作为蛋白质主要成分的氨基酸。事实上，我们现在已经确知：简单的有机分子在宇宙中是很常见的，而这又使得地球之外存在生命的命题多了一重可能性。

节点四：从分子到卫星、行星和太阳系

围绕尚处于青年阶段的恒星的简单化学分子为下一个节点复杂性的不断提升创造了必需的金凤花条件，因为后者提供了构建诸如行星、卫星和小行星之类的新天体所必需的材料。与恒星相比，行星的化学成分往往更丰富，而且温度温和适宜，所以为复杂化学活动提供了较为理想的金凤花环境。至少在其中一颗行星（即我们自身所在的地球）上，类似上述的化学反应最终制造出生命体，也许还有许多这样的行星。

在相当长的时间里，人类只知道有一个太阳系存在。但到了 1995 年，天文学家确认了系外行星（exoplanet）的存在，也就是说有行星围绕银河系之中的其他恒星运转。这一发现起因于天文学家们观察到恒星在运行时会有轻微的晃动，而且在有行星掠过的时候，恒星的亮度也会有细微的变化。从那时起，我们已了解到：大多数恒星都有自己的行星，所以仅在我们的银河系，就可能有数以百亿计的各式各样的行星体系存在。截至 2016 年年中，天文学家们又确认了 3 000 多颗系外行星的存在。在此后的一二十年内，科学家们对其他行星体系的研究会让我们更清楚地认识最常见的行星体系会是怎样的构成。不久以后，我们就可以继而研究这些行星的大气层，由此便可知有多少行星可能

适合生命存在。我们已经知道，许多行星和地球的大小相当，而且许多与其环绕的恒星距离很合适，也就是说可能有生命得以萌生的液态水。

由系外行星的发现，我们得知，如同节点三一样，节点四在太空也曾多次被跨越，而第一次跨越的时间可能是在宇宙史的早期，但究竟是围绕哪一颗恒星，我们可能再也无法确认了。不过有关类似的节点跨越，我们已具备了相当多的知识。

行星体系的形成过程相当复杂，也相当混乱，但其本质是恒星形成过程的副产品，条件是恒星附近空间有较丰富的化学元素。宇宙大爆炸后的数十亿年以后，星际间布满了富含多种化学元素的物质云团。这些云团约有 98% 的成分为氢和氦，其间关键的差异就在剩余 2% 的具体成分。如同在宇宙早期，引力仍然倾向于把这些物质云团变得星星点点且更密实。在我们生活的这个区域附近，除了引力之外，还有一次超新星大爆发，结果使星际物质四散分离，然后在 45.67 亿年前开始了巨型物质云团的收缩。这次超新星大爆发还留下了独特印记，时至今日，我们还能够在太阳系的陨石之中找到当初的放射性物质。

物质云团收缩的结果，是最终形成了多元的太阳星云（solar nebulae），其中之一变成了太阳。太阳吸纳了上述云团 99% 的物质。但对我们人类而言，真正有意思的是云团剩余的物质，后者变成了环绕太阳飞行的圆形碎片。伴随引力对太阳星云的进一步挤压，环绕其飞行的气团、尘团和冰渍越转越快，直至在向心力的作用下形成一个类似比萨饼面团的扁平形状，也就是我们今天所见的太阳系的外观。现在，我们依然能够观察到附近恒星形成区域的原行星圆环（protoplanetary disks），由此可知这一过程是很常见的。

有两种过程决定了旋转的物质圆环最终演化成行星、卫星和小行星。第一个过程是化学分选（chemical sorting）。新近形成的太阳有大量的带电粒子，其剧烈的爆炸——被称作太阳风（solar wind）——把较轻的元素，比如氢和氦，驱离内（层）轨道，从而制造了两个截然不同的区域。太阳较靠外的区域，如同宇宙中的大部分区域一样，主要成分是更原始的元素，如氢和氦，而较靠近太阳的区域则是岩石密布的行星——也就是我们常说的水星、金星、地球和火星，这里因为失去了大量氢和氦，所以化学元素反倒罕见地多样。氧、硅、铝和铁占到了地球地壳成分的 80% 以上，此外的钙、碳、磷等元素也发挥了一些次要的作用。在地球上，氢元素的作用只可谓是中等，而氦元素则很难得见。

太阳系形成的第二个过程是吸积（accretion）。围绕太阳不同层次轨道旋转的零星物质逐渐聚集起来。在较靠外的多是气体的区域，这一过程可能相对轻柔。引力把大量气体物质聚集起来，形成了体积较大的气态行星（gassy planets），比如木星和土星，其成分主要是氢和氦，以及少许的浮尘和冰。而在较靠近太阳的内部区域，吸积的过程要剧烈、混乱得多，因为这一区域的物质元素大多是固态的。有些浮尘粒子和冰渍聚合而成小块的岩石和冰块，在空中歪歪斜斜地漂浮行驶，有时彼此碰撞成碎片，有时彼此合并成体积更大的物质。再大一点儿，就形成了流星（meteors）和小行星，分别沿各自的轨道运行。这些流星和小行星再彼此碰撞或合并，就会形成更大的物体，直到引力扫清了周围残留的碎屑。最终，这一过程造就了我们今日所见的多种行星，环绕着太阳沿各自的轨道运行。

当然，这种简单的叙述还不能突显吸积过程的混乱和剧烈。有些物体会窜到其他物体的飞行轨道上，从而把幼小的行星和卫星踢出原有的轨道，或干脆将其击碎。巨大的原行星木星就可能因此曾向太阳系的内部迁徙，其巨大的引力阻止了任何可能的行星在这一被称为小行星带的区域形成。天王星的轨道也有一些莫名其妙的倾斜，其现在运行的轨道很可能是与另一巨大的天体撞击所致。此外，还有许多小行星的表面呈锯齿形，很可能是早期太阳系形成时与其他天体剧烈撞击留下的疤痕。

天体之间发生撞击持续了很长时间，甚至在太阳系步入稳定期之后仍不时发生。事实上，我们地球的卫星（月亮）就很可能是地球早年与火星大小的原行星忒伊亚（Theia）发生撞击后形成的，时间大致是在太阳系形成后的一亿年。这次撞击把巨大的物质云团抛向太空，这一云团起初可能像土星环——可能也是卫星被打碎后的遗骸——一样绕地球飞行，直至经吸积过程形成卫星。

经过 5 000 万年的时间，太阳系终于被形塑成它类似当今的模样，因为它在形成后一直相当稳定。整个宇宙中数以百亿计的行星体系的形成机制可能与此大致相类，虽然各自的形制颇有不同。但所有行星相比恒星，其温度都要低一些，化学成分也要丰富多样一些，所以只有行星才具备各种新式复杂性生发的金凤花条件。最终，至少在其中的一颗行星上——也许还有许多这样的行星——真的制造出了生命。

行星地球

我们的太阳系位于我们称之为银河系的星系中，大致在银河系螺旋臂猎户座猎户支臂一颗恒星的郊区。银河系是一组约有 50 个星系的大星系群中的一个，这一星系群还有一个不那么响亮的名字，叫作本星系群（Local Group）。本星系群处于室女星系团（Virgo Cluster）较靠外的一个区域，而后者约有 1 000 个星系。而室女星系团又从属于本超星系团（Local Supercluster），后者由数百个星系团组成。要横跨本超星系团，即使你坐上光速飞行器的话，也足足需要一亿年的时间。2014 年，又有科学发现表明，本超星系团实际上从属于一个更大的宇宙帝国，该帝国可能有 10 多万个星系，而要跨越该帝国可能需要光速飞行四亿年。这一帝国也有一个名字，叫作拉尼亚凯亚超星系团（Laniakea Supercluster，来自夏威夷当地的语言，意思是“无法度量的天”）。这是人类目前所知的宇宙中最大的有型实体。我们据此假想：拉尼亚凯亚超星系团一定受暗物质的支撑，这种来自暗物质的巨大引力把所有星系聚拢到一起，使其各居其位，虽然与此同时宇宙还在不断地膨胀。

现在，我们要回到拉尼亚凯亚超星系团的郊区，回到我们的本星系群、我们的银河系和猎户支臂，因为在那里才能找到我们的太阳和地球。地球经吸积过程最终形成之后，链锯雕塑最后一次为它的内部结构赋型。地质学家把这一过程称作分化（differentiation）。

年轻的地球曾极度升温并发生融化。升温是剧烈的吸积过程所致，出现大量放射性元素（系超新星爆发时留在太阳系的物质），还有就是因体积增大而造成压力剧增。最终，年轻的地球变得极端炽热，其大部融化成黏泥（gooey sludge）一般，而在此液化的过程中，地球的不同层次依密度重新排列，最终形成了它目前拥有的结构。

较重的元素，主要是铁、镍及部分的硅，从炽热的黏泥渗透至地球的核心部位，形成金属核。而伴随地球的旋转，其核心部位产生了一个巨大的磁场，有效地保护了地球的表面，使其不受太阳风带电核粒子的侵害。较轻一些的岩石，如玄武岩，在地球核心的上部形成了第二层，厚度大约 3 000 千米，这种半熔化的岩石与气体和水混合，被称作地幔。火山爆发时喷出的熔岩就是从这里来的。而最轻的岩石，如多种花岗岩，则漂浮至地球的表层，待冷却固化后就形成了薄如蛋壳般的第三层，叫作地壳。如今的地壳被大洋和大陆所覆盖。在大洋底部，地壳最薄之处仅有 5 000 米的厚度，但在大陆，地壳最厚的地方可高达 5 万米。地壳最有意思的地方是它的化学成分。在地壳层，物质可以呈固态、液态和气态，而且可以经火山爆发、小行星撞击、年轻时代太阳的灼热及地球上最初大洋的缩合等反复加热或冷却。在地壳及地幔，热能与多种元素的循环造成了大约 250 种新的矿物质。[2] 包括二氧化碳在内的各种气体和从火山口及其他地表石缝汩汩流淌出的水共同构成了第四个层面：地球最初的大气层（atmosphere）。而由小行星和彗星（comet）带来的各种气体、水源、复杂分子及其他物质又进一步丰富了地壳和大气层。

炽热的熔芯使年轻的地球充满活力，因为总有能量从核心向外层渗透并搅动表层，致使表层温度升高，使地幔中柔软的岩浆循环往复，而地表还有星罗棋布的火山。来自地心的热能至今依然驱动着地球表层的变迁。如今，我们能够利用 GPS 全球定位系统跟踪地表的移动状况并由此得知：地球表层的地壳事实上每时每刻都在移动，移动的速度差不多和我们手指甲生长的速度相当，但最快时也有可能达到每年 25 厘米。

地质学家把地球史划分为几个时段，其中最大的时段单位是宙（eon）。第一个时段被称作冥古宙（Hadean eon，意思是“像地狱一般的”时代），从地球形成之初至大约 40 亿年前，此后太古宙（Archean eon）开始。假如你到冥古宙时期去拜访，就会发现当时的地球还处于吸积的剧变过程中，恰似一场撞车大赛在进行中。月球及其他行星上至今残留的猛烈撞击的痕迹说明，大约在 40 亿至 38 亿年前，内太阳系（inner solar system）依然处于小行星及其他迷失的太空天体大规模狂轰乱撞的时期。这一时期被称作后期重轰炸期（Late Heavy Bombardment），其原因可能是木星和土星的变轨，结果大批天体被随机地抛向刚刚成型不久的太阳系。如今，大多数小行星处于木星和火星之间，就好像一个从未实现的行星的建材和支柱一般，原因是木星的引力拖拽实在是太强了。目前，据人类所知，这一区域尚有 38 万颗小行星存在。虽然大多数小行星的体积不大，但这么多游离的天体无论如何对系内行星是个巨大的威胁。[3]

研究地球：地震仪与放射性测定年代法

尽管有好莱坞的制片试图说服我们，但我们人类的确还无法向地球的深处开挖。我们至多能向下挖掘约 12 千米，而这不过是地球半径的 0.2%。在俄罗斯西北部的科拉半岛（Kola Peninsula），人们就钻了这样一个洞，以便利地质考察。我们之所以能够了解地球内部的情况，是因为科学家们有另外一项巧妙的技术，大致相当于地质学家的 X 射线探测器。我们知道，地震会引发地球从内到外的震颤，地震仪就是用来测量地表各处地球震动的幅度的。通过比较各地不同的震级，我们就可以计算出震动从内部向外传导的速度和距离，我们还得知不同类型的地震经过不同材料的传导速度也有所不同，有些地震只能固体传导，而有些也可以通过液体传导。因此，通过使用不同的地震仪跟踪地震的传导情况，我们就可以获知地球内部的构造。

在现代起源故事中，要确定地球的年龄及其他诸多年代数据只是到了 20 世纪下半叶才成为可能，而这一切都得自科学的灵巧和智慧。

地球现代史的第一步是在 17 世纪启动的。当时，现代地质学的先驱们意识到：人们有可能把地球史上发生的事件进行排序，虽然还不清楚某些事件究竟是何时发生的。那时候，有个住在意大利的丹麦牧师叫尼古拉斯·斯丹诺（Nicolaus Steno），他经过仔细地研究沉积岩

（sedimentary rocks），证明了不同岩层形成的顺序是可以确定的。所有的沉积岩都是一层一层地形成的，所以最底下的一层通常是最古老的，而穿透其他层次的沉积岩肯定地质年代更晚近。

19 世纪初，英国测绘学家威廉·史密斯（William Smith）发现，不同地区的岩层中确有完全相同的化石出现。一个合理的假定是：类似的化石一定来自相同的年代，因此，我们完全可以由此确认世界各地在历史上同一年代形成的岩层。把这些原理和数据叠加到一起，19 世纪的地质学家们就成功绘制出一个地球史的相对年代表，这一时间表至今仍被现代地质年代测定系统所接受，其中最早的年代是寒武纪（Cambrian period），因为这一层次沉积岩中的化石用肉眼都能看得非常清楚。

但当时的人们并不知道寒武纪的确切年代，而且许多地质学家根本不相信仅通过岩层就可以确定历史发生的绝对年代。1788 年，英国地质学家詹姆斯·赫顿（James Hutton）这样写道："我们的发现可谓是前不见起点，后不见终点。"[4] 甚至迟至 20 世纪初，人们确定绝对年代的办法也不过是通过找到历史记录，以是否有人提到过为最终依据。也就是说，诚如"一战"后试图书写现代起源故事的韦尔斯所称，当时人们的绝对年代表仅仅能向前追溯几千年的时间。

尽管韦尔斯还不知道，当时的人确实已经发现了一些线索，而这些线索最终让世人能够了解到更确切的历史年代信息。这里的关键是放射性测定年代法，其实所谓放射性是一种形式的能，早在 1896 年即被亨利·贝克勒尔（Henri Becquerel）发现。其原理如下：在诸如铀等原子核较大的原子中，由于带正电荷的质子较多，所以其强大的拒斥力会造成原子核的不稳定，直至最终原子核发生解体，并同时喷射出高能电子或光子，甚至整个的氦核。伴随部分原子核被抛出，该元素也发生了根本性改变，遂演变成只有较少质子的元素。比如铀最终会蜕变成铅。20 世纪初，欧内斯特·卢瑟福发现：即使我们不能确定某个具体的原子核何时解体，但放射性衰变本身却是相当有规律的过程，尤其是在计算出数十亿粒子放射性衰变过程的均值之后。相同元素的同位素（isotope，即质子数相同但中子数不同）衰变速率不同，但各自的速率却是相当稳定的，因此，我们完全有可能非常精确地测定某种特定同位素中一半的原子衰变所需的时间。比如，铀 238（有 92 个质子和 146 个中子）的半衰期（half-life）是 45 亿年，而铀 235（有 92 个质子和 143 个中子）的半衰期为 7 亿年。

卢瑟福因此认识到：如果能够测定样本真实衰变所需的时间，那放射性衰变完全可以成为地质学家考察绝对历史年代的一座地质钟（geological clock）。1904 年，卢瑟福尝试测定了一份铀样本的衰变期，然后得出结论说：地球的年龄约有 5 亿年。这一基本思路是正确的，但他对地球年龄的估算值却引发了广泛争议，因为时人普遍接受的是地球年龄不超过 1 亿年，二者之间的差别毕竟太悬殊了。

不过，随着时间的推移，越来越多的地质学家开始相信：地球的年龄可能比当初认定的时间要长得多。但放射性衰变测定年代的技术在当时还是难以掌握的，所以直到 20 世纪 40 年代，相关的技术问题才伴随“曼哈顿计划”的实施最终得到解决，“曼哈顿计划”不但制造出世界上第一颗原子弹，还开辟出了许多相关的新方法。要制造原子弹，就必须能够严格区分铀的同位素，这样才能生产出纯铀 235 的样本。美国物理学家威拉德·利比（Willard Libby）最终设计出区分并测定铀同位素的精密技术，而这对放射性衰变测定而言可谓至关重要。

1948 年，利比的团队成功测定古埃及法老左塞尔（Zoser）墓中器物的具体年代，该器物由美国纽约大都会博物馆提供。[5] 研究人员使用了碳 14 年代测定技术，碳 14 是碳的一种放射性同位素，其半衰期为 5 730 年，对研究诸如木质器物之类的有机物品非常实用。这使时人认识到：不同的放射性材料适用于不同的尺度，不同材料的年代测定也需要不同的放射性元素。对地质学家而言，铀衰变成铅的原理特别有用，而且还可以利用铀不同同位素衰变速率不同的原理实现交叉检验。[6] 1953 年，克莱尔·彼得森（Clair Patterson）利用铀衰变成铅的原理成功测定了一块铁陨石的绝对年代。彼得森还做出了正确的认定，即陨石是太阳刚刚形成后的原始材料构成的，而循此，便可以进一步测定整个太阳系的形成年代。根据彼得森的测算，地球的年龄大约是 45 亿年，比上述卢瑟福的测算要长得多。值得庆幸的是，彼得森测算出的地球年龄至今仍为人所接受。

随着放射性测定年代技术的成熟，又有其他一些测定年代技术陆续问世，这样就可以实现多方相互确认。对于相对晚近的最近几千年的事件，我们还可以通过计数古树的年轮得到确认，比如狐尾松（bristlecone pines），这种树的寿命往往长达几千年。天文学家有自己独特的方法确认宇宙史的年代；生物学家发现DNA的进化相当有规律，所以可以通过比较两个物种基因组（genomes）的差异来确定其相对祖先分化的程度。这类技术都是建立在对过程——比如放射性衰变——的悉心研究基础之上，还使用了各种精密的测算仪器，因此，我们的现代起源故事正是围绕这种精确的历史年表展开的。

迄今为止，我们所看到的是复杂性实体的生发，虽有趣，但还没有生命。不过，我们马上就要抵达另一个至为根本的节点，即生命的出现。有了生命，我们会看到一种全新的存在类型，更高的复杂程度，还有一系列的新概念，包括信息、目的，甚至还有自我意识。

第二篇

生物圈

第 4 章

生命：节点五

整个下午我都在思考人生。稍微想想便知，生命是多么奇怪的存在啊！与其他的任何存在都大不相同，你知道，就是这样。

——佩勒姆 · G. 伍德豪斯爵士（P. G. Wodehouse）：

《万能管家吉福斯》（*My Man Jeeves*）

生命体的核心并非是一团火、温暖的气息或“生命火花”，而是信息、语词、指令……要理解生命，不要去想什么生机勃勃的凝胶和渗液，要思考的是信息技术。

——理查德 · 道金斯（Richard Dawkins）：

《盲眼钟表匠》（*The Blind Watchmaker*）

我们所知的生命源于地球史的早期，是由化学元素在异常丰富的环境中生发而来，时间大约是 40 亿年前。假如其他什么地方也存在生命，这种生命可能外形极其怪异，以至于我们可能都无法辨认。但在地球上，生命是精密的数以十亿计的分子纳米机器通力合作才得以建造的。这为数众多的微型机器在具有保护作用、类似气泡状的结构中同心协力，成就了生命的多种基本组合体，即各种结构的、功能的和生物的单位。我们把这种具有保护作用的气泡称作细胞（cell）。这一词来自拉丁文的 *cella*，意思是“小房间”。细胞是生命体能够实现独立自我复制的最小单位。细胞能够存活，是因为它会从周围的环境中汲取适当的养分和自由能。

生命对我们这个星球产生了巨大影响，因为生物体能够自我复制，所以就出现了增殖、扩散、传播和多样化的问题。在过去 40 多亿年的时间里，各种各样的生物体已经极大地改造了地球的环境并创造出了生物圈，虽不过地球表面薄薄的一层，却涵括了所有的生物，以及生物曾形塑、改造或遗留下的一切。

生物体颇为诡异的一面是，虽然每个细胞的内部都俨然一幅极度混乱的场景——仿佛有 100 万个分子同时在参加摔跤比赛——众多细胞集合在一起却好似在从事某种有目的的行为。每个细胞内部似乎有某种驱动机制，就好像依照任务清单在有序进行一般。当然任务清单本身很简单：（1）要保证能够活下去，虽然有熵的趋于无序以及周围环境的不可预测；（2）要能保证实现自我复制，且能世代持续下去。生物体似乎都在积极寻求某种结果并同时避免其他结果，而在此过程中就产生了各种欲望、彼此关怀、目的、伦理，甚至还有爱恋。也许意义也是由此而生发出来的，当然这里的意义是指生物体有能力区分不同事件和符号的重要性。比如：一直跟在我后面的这条大白鲨究竟想干什么？

呈现出有目的的表象（抑或幻象）的确是件新鲜事儿。至少我们迄今已看到的复杂实体都没有这样的特质。比方有人说：恒星，抑或行星、岩石，甚至是宇宙，是有目的的，这究竟有意义吗？其实不见得有，至少在这本现代起源故事中是没有的。但生物就不同了。生物不会被动地服从熵的规则，相反，生物体就像是固执己见的孩子，总试图逆转，至少要商讨一番。生物体不像质子或电子那样，固定在一个架构中就完事了，也没有固定的能源储备，像恒星那样从一开始就仰仗自身的质子储备，而一旦质子用完了也就分崩离析了。生物体要不断地从自身生活的环境中汲取新能流，只有这样才能在复杂但不稳定的条件下维持生命。岩石自然无须这样做，但飞行中的鸟就不得不如此了。生物体能够在空中滞留（这里是从热力学的角度说的），就必须能够吸收自由能，以驱动精密的化学反应，不断地按照生命所需的方式摆布原子及分子。一旦哪一天生物体不再能够承担熵索要的能量税，也自然就崩溃了。

能量与生命！我记得在澳大利亚，看着自己的孩子吃完了咸味酱三明治（Vegemite sandwiches），然后就有了力量在花园里跑来跑去，此时食物里的能量就转化成了动能。我们甚至还可以准确测定自由能（在此即咸味酱三明治中所含的能量）转化成动能的速率，凭此便可以说话、奔跑，但最终还是要变成热能，伴随每一步熵都在增加。我们人类人均每天要摄入约 2 500 千卡的能量，约合 1 050 万焦耳（衡量做功或能量的单位；一千卡相当于 4 184 焦耳）。以此除以每天的 86 400 秒，等于每个人每秒消耗约 120 焦耳的能量。这可谓是人的“额定功率”（power rating）：120 瓦，比寻常的老式电灯泡略高一点儿。[1]

生命要永无休止地对抗熵，所以代表了一种新型的更高水平的复杂性。研究复杂性的理论家有时把这一层次的复杂存在称作复杂适应系统（complex adaptive systems）。复杂适应系统不同于我们此前看到的复杂物理系统，后者的组成部分通常按宇宙最基本的运作规则行事，所以完全可以预测其下一步的行动，而前者的组成部分似乎还有自己的意志，或曰额外的难以察觉的规则。事实上，诸如细菌、你家的爱犬或跨国公司之类的复杂适应系统，其在行动的时候似乎每个部件都是一个有自身意志的能动者（agent），而每个部件都必须依据其他部件的行为不断地调整自身的行为。这种运作的结果自然异常复杂，而且不可预测。[2]

上面使用了“能动者”一词，其实在使用这个词的时候，我们悄然不觉地引入了一个此后会变得愈发重要的概念，即信息的概念。如果能动者要对其他能动者做出反应，其实是对自身所了解的周边情况所做出的反应，包括其他能动者正在做什么的信息。如果我们把信息想象成现代起源故事的一大特征，我们应该认识到所谓信息实际上是个卧底或伪装者，它在背后操纵事件，但远离聚光灯。能量引发变革，所以我们能够看得见能在做功，但信息指引变革的方向，而且是躲在隐蔽处。诚如赛斯·劳埃德（Seth Lloyd）所说，“要做事就需要能量，但要标示成事却需信息”。[3]

一般而言，信息包含着限制可能性并影响结果的规则。有关信息最有名的一个定义是这样说的：信息是“造成差异的差异”[4]。规则决定了在众多可能性中究竟哪些在某个具体的时间、地点能够成立，而这自然会导致结果上的差异。信息始于物理的规律，也就是宇宙最基本的运行体系。物理的规律决定物质朝某个特定的方向发展，就像引力制造最初的恒星所经历的轨迹。从这个意义上说，信息限定了可能性，故而就减少了随意性。所以说信息多了，就意味着熵少了，熵喜爱的作乱的可能性降低了。这是普世皆然的信息，这一规则已经深植于每一点一滴的物质和能量。没有人能够指使引力该怎么做，引力从来都是我行我素的。

不过在日常用语中，信息一词要比规则的内涵丰富得多。它可以指某人、某个能动者或某物——本质上属于某种复杂适应系统——能够读懂的规则，也就是说，某种信息会随时随地而起，因为许多重要规则并非普世皆然。如同人类社会的法律一样，规则会随时随地而有所不同。伴随宇宙演化，新的环境出现了，比如深度空间、星际云团以及行星怪石嶙峋的表面。这种新环境都有自身本地的规则，即不具普适性。本地规则一定要能够读懂、编码或深入研究，就像你要拜访蒙古国先要了解当地人开车是靠马路左边还是右边（顺便说一下，是靠右边）。

复杂适应系统只能在某种特定的环境中生存，所以有必要同时读懂或编码本地信息和普世规则。这是新兴的现象。所有生物体都必须具备解读本地信息（比如本地有哪些不同的化学元素，本地气温及酸度如何等）的机制，以便能够做出适当的反应。（我究竟该和它交个朋友，还是吃掉它，还是干脆一走了之呢？）哲学家丹尼尔·丹尼特（Daniel Dennett）这样写道："其实动物不仅仅是食草动物或食肉动物。它们还属于……食讯动物（informavores）。"[5] 事实上，所有生物都需要情报：它们都要消费信息，而其接受本地信息或对本地信息做出反应的机制——无论是眼睛或触角，还是肌肉和大脑——就决定了它们是否能够维持自身既有的复杂性。

本地的环境往往不是很稳定，所以生物体必须能够时刻监控自身的内外部环境并感知到变化。生物体越是复杂，就需要获取更多的相关信息，因为结构复杂了就有更多移动的部件，而部件多了也意味着更多的链接。比如在你阅读本页书时在体内异常活跃的大肠杆菌（E. coli），它要投入 5% 的分子资源用于蠕动和观察，而在人的体内，大部分器官都直接或间接地投入观察和运动的工作，从大脑到眼睛到神经组织再到肌肉。[6] 现代科学可谓是一个极端的特例，从本质上说不过是一系列的信息采集和分析系统，而最初的单细胞生物只需要简单的触觉感受器就够了。

当然，熵一直睁大眼睛看着世间发生的一切。如果说复杂性提升就意味着必需更多的信息，那么提升复杂性和信息量就等于降低了熵及跟随熵的不确定性和混乱度。熵肯定注意到了这一点，甚至一想到复杂性和信息量提升可能带来的能量税费还不知不觉地有些跃跃欲试呢。[7]事实上，正如有学者指出的那样，熵说不定还很喜欢生命这个好主意呢（可能还因此鼓励生命在宇宙各地生发），因为相对于无生命体，生命体降解自由能的速率高多了。

要说清楚地球上的生命起源故事，并试图弄清宇宙中是否其他地方还有生命萌生，这可谓现代科学面临的最难解的问题。目前，我们只知道有一颗行星上存在生命。当然，天体生物学家还在通过搜寻地外文明（SETI）的科学实验计划搜索任何可能的生命体，该计划于 1960 年启动，但目前依然一无所获。所以，本研究只限于地球生命的起源问题。但即使如此，要弄清原委依然困难重重，因为这意味着首先要确定 40 亿年前地球上究竟发生了些什么，毕竟那时的地球与现在迥异。

生命的界定

只有一种样本很难说清生命究竟是什么。生命与非生命究竟有什么差别？其实，界定生命如同界定复杂性或信息一样绝非易事，因为生命与非生命之间似乎仅有非常模糊的界限。

现代科学对地球上生命的界定凸显了以下五个特征：

第一，生命体由细胞组成，而细胞由半透膜封闭；

第二，生命体须有新陈代谢的机制，即能够用来从周边环境汲取并使用自由能的机制，这样才能不断重新排列体内的原子和分子，以保障存活所必需的复杂动态结构；

第三，生命体要能够通过动态平衡机制——使用内外部环境信息并依此做出反应的机制——以适应不断变化的环境；

第四，生命体要能够使用遗传信息以实现自身基本的完全复制；

第五，复制的样品在某些细微的方面不同于父母，这样经过数代的调整，生命体伴随进化会改变自身以适应不断变化的环境。

下面我们依次考察上述特征。

地球上所有的生物都是由细胞组成的。每个细胞包含数以百万计的复杂分子，分子之间每时每秒都不停地在彼此互动，穿行在富含蛋白质的含水且略咸的化学泥状物之中，其间还有一个胶状的区域，称作细胞质（cytoplasm）。细胞质被一层薄薄的化学藩篱——细胞膜（cell membrane）——隔开，就像一道大门，控制着分子的进出。其实，细胞很像是一座座的城市。在一部有关细胞的著作中，彼得·霍夫曼（Peter Hoffmann）这样写道：

> 其中有个图书馆（即原子核，里面储藏着遗传信息）、多个发电厂（mitochondria，线粒体）、多条高速公路（microtubules and actin filaments，微管和肌动蛋白丝）、多辆卡车（kinesin and dynein，驱动蛋白与动力蛋白）、多个垃圾处理站（lysosomes，溶酶体）、四面城墙（细胞膜）、多个邮局（Golgi apparatus，高尔基氏体），此外还有多种执行其他重要功能的结构。而所有这些功能都是由分子机器完成的。[8]

所有生物都依赖机体能够悉心操控自由能流。能流中断，生物就会死亡，就像一座被围困断粮的城市不得不屈服一样，但能流过猛，生物也会死亡，就像城市遭空袭被狂轰滥炸一般。所以说能流的操控一定要备加小心。通常的情况是，细胞吸收和使用能流都是以微量单位计算的，一个一个的电子，或一个一个的质子。生物体吸收的能量不能太大，以至于干扰了机体的运行，也不能太小，以至于不能提供驱动化学反应所需的活化能。从词源上说，“新陈代谢”的本意是“更替”（change），我们由此足以领会：细胞是从不歇息的。就像飞行中的鸟，细胞要时刻根据环境的变化调整自我。

生物体必须不断监控周围环境的变化并做出及时、适当的调整。这种不断调整的行为被称作保持动态平衡。要在变动不居的环境中保持某种平衡，细胞一定要能够持续不断地接触、下载并解密来自内外部的信息，然后选择最佳的反应方式做出回应。“动态平衡”（homeostasis）的本意是“站定”，正好与“更替”相反。但我们可以这样设想：在细胞环境永无休止的分子飓风中，机体能够站定还是很不容易的。

上述能力虽令人惊艳，但假如生物体就像海上的浪花般稍纵即逝，那也就没有什么意思了。此前在某些恒星的行星上，甚至在地球史的早期，都可能有生物体稍纵即逝地划过时空。但在今日的地球上，生物体都不只能够在更替与熵的飓风中站定，而且还能够复制自我，以至于前面的细胞倒下去（最终所有的细胞都将倒下去），又有后面的能够站出来。繁殖即生物体复制活性细胞的能力。繁殖意味着即使某些个体的机体死去，其可供复制的模板（template，用现代科学的语言说就是基因组，genome）还会存留下来。基因组就像一部指导手册，里面储存着复制父辈所需蛋白质的信息及最基础的组装规则。如今，我们已经很清楚，这类信息被存储在 DNA 分子中。但在地球史的早期，这类信息可能存储在 RNA 分子中，RNA 是 DNA 的一个近亲，至今在细胞中还有很多繁重的职责要履行。

虽然模板本身大致恒定不变，但复制过程却并非精确完美。这可谓是好消息，因为这样一来，模板也会伴随复制时出现的细微误差而慢慢被改变，而这正是适应与进化的关键。细微的基因变化使得生命体具有很强的韧性，因为随机地改变模板会使不同物种能够更好地适应自身所处的环境。环境改变了，决定生存与毁灭的模板规则自然也要改变。

这就是查尔斯·达尔文（Charles Darwin）所谓的自然选择（natural selection，或译“物竞天择”）。自然选择是现代生物学的一个基本观念，因为它解释了复杂性不断提升的强大动力的机制。自然选择滤掉了某些基因的可能性，只留下那些与本地规则相匹配的规则。所以说自然选择是一种棘齿（ratchet），就像物理学定律一样，因为它会锁定非随机的格局。但在生物的领地，只有特定环境下具体的本地规则，而不是物理学的普世规则，才能决定生物的生死。而且生物的本地规则还非常挑剔：千万不要跟我说长颈鹿能在水下长期生活！

就像生发宇宙最初结构的机制一样，自然选择同样把必然性和偶然性链接在一起。变异（variation）提供了多种可能性，而自然选择使用本地规则从中挑选出适合本地情况的那些规则。达尔文在《物种起源》（*The Origin of Species*）中这样写道：

> 我们能说……在伟大而复杂的生存斗争中为每一个体带来益处的某种变异不会在物种数千代的进化过程中时有发生吗？如果确实发生，我们还会怀疑（请记住：出生的个体远比可能成活的个体要多得多）具有某种优势的个体——哪怕这种优势微乎其微——不会比其他个体成活的概率要大一些，而且能够更好地延

> 续自身的物种吗？另一方面，我们可以非常肯定地说，任何有害的变异定然会被严格剪除。我把这种保存优势变异、剔除有害变异的过程称作自然选择。[9]

达尔文的观念，若与现代遗传学理论相结合，便足以解释生命创造力的由来了，这是一种历经数代不断探索新的可能性的能力，努力探求新的能流，构建新型结构。它说明了，在生物领域，多种生物是如何历经数百万年，甚至数亿年，一代又一代，一步一步地，生发出那么多种复杂的结构，反复尝试，并同时滤掉各种不切实际的变异。

达尔文的自然选择观念震惊了他的同时代人，因为这种说法确定成立的话，那创世主就显得没有必要了。[10] 而创世主的观念是基督教起源故事的根本所在，且为维多利亚时代大多数英国人所接受。甚至达尔文本人也很焦虑，而他的妻子艾玛（Emma）深怕她和丈夫死后会天各一方。但达尔文所描述的机制的确是生命进化至为根本的规律。我们且遐想：达尔文青年时代曾在加拉帕戈斯群岛（Galápagos Islands）见到一种雀鸟（finches），岛上有一种盛产坚果的树，那未来的前景肯定是：能够更高效率撬开坚果的雀鸟的成活率一定会更高一些，而且会比其他鸟生产出更多的子孙后代。用不了几代的时间，岛上的鸟都会生出类似上述雀鸟的利喙。伴随时间的推移，某些个体会被“大自然”（实际上是本地环境的规则）选中，一个新的物种最终由此诞生。这就是达尔文试图说明的生物进化机制，亦可谓达尔文的复杂性棘齿：生命体就这样一步步地变得更加复杂。

生命所需的金凤花条件

那么生命最初是如何在年轻的地球上丰富而变化多端的金凤花环境下得以萌生的呢？[11]

达尔文当初有所不知的是：类似的自然选择机制，即本地规则滤掉随机变化的机制，在大起大落的无生命世界同样适用。只要存在复杂的化学元素混合物，且有足够的自由能，分子团很自然地就会萌生其他分子，并最终创造出反应初始意图得到的分子。这可谓是一种自催化循环（autocatalytic cycle），也就是说，参与反应的元素会促使，或催化（catalyze），循环中其他元素的生成，包括原初的质料，故而实现循环往复。这种循环一旦启动，就会制造出越来越多的组件并汲取更多的食物能量，当然其结果是：其他不甚成功的反应会因食物能源短缺而被迫终止。成功的循环甚至还会伴随新食物的出现修正自身的运行机制。这种循环已经很貌似最成功的化学反应最终胜出的模式，而且有些接近生命的特性，也就是说一旦能够持续下去并通过从周围环境汲取能量实现自我复制的话。“在实现成功复制之前，”丹尼尔·丹尼特这样写道，“一定要能坚持不懈，就是说要有足够的稳定性，直到有一天能够形成自我修正的结构”。[12] 这一化学进化的观念有助于说明，至少在一般意义上，生命在年轻地球上诞生所必需的前提条件。

化学进化是有环境要求的，即该环境必须元素丰富多样且能容许反复实验。由此可以想见，这种环境非常罕见。那么，化学实验所需的金凤花条件有哪些呢？为什么说年轻的地球具备这如许多的条件呢？

第一，太阳系处于银河系中一个恰到好处的位置。处于银河系外围的恒星通常有薄薄的一层化学元素团，虽然那时的元素还不是很多。恒星太靠近星系的核心，就会遭到来自中心黑洞冲击波的猛烈冲击，而我们的太阳系处于一个非常适宜的位置：太阳轨道位于距离银河系半径三分之二开外的地带，也就是我们常说的银河系中的“生命适宜带”（habitable zone）。

第二，化学反应比较适合在低温环境下进行。早期宇宙太过炽热，所以原子根本无力合成分子。恒星的中心处也如是。丰富多样的化学反应一般只在相对低温的环境中才有可能，比如在距离恒星不近也不太远的生命适宜带。地球的轨道恰好处于太阳系生命适宜带的正中央附近。金星和火星轨道分别处于太阳系生命适宜带的内外边缘处。不过我们还了解到，远离太阳的某些卫星，比如拱卫土星的土卫二（Enceladus）也可能有萌发生命所需的火炉和多种化学元素。2017年，科学家发现土卫二上面的海洋产生出氢气，而这正是地球上的早期生命赖以为生的气体。[13]

丰富化学反应的第三个金凤花条件是要有液体。在气体中，原子就像多动的孩子，很难让它们固定下来并与其他原子结合。而在固体中，情况正好相反：原子被锁定了。相比之下，液体更像是舞池，尤其是包含氢键的液态水，可谓最便利原子结合的舞池。在此，原子可以轻柔地滑行，可以跳华尔兹或探戈，电子也可以找到令其心怡的伙伴。液体的存在取决于化学、温度和压力。比如水只能在一个狭窄的温度范围内才呈液态（宇宙中大多数的水以冰的形式存在）。而在同一温度，气体和固体同样能够存在，这样，不同物态化学组合的机会就多多了。所以，大多数有趣的化学反应发生在行星温度在0~100℃之间，也就是水结冰和沸腾的温度。这种条件非常罕见，但地球恰好处于与太阳非常合适的距离，所以拥有丰富的液态水。

丰富化学反应的第四个金凤花条件是化学元素要多样化。假如只有氢和氦两种元素，那么再合适的温度也无济于事。而直至今日，在多个星系元素颇丰的区域，氢和氦还是占到了所有原子物质的 98%。但化学反应需要的是一种少有的环境，即除了氢和氦，元素周期表中的其他元素也要很常见。在太阳系，这种元素多样化的条件只能在靠近太阳且多岩石的行星才具备，因为太阳在青年时期从太阳系的内部轨道蒸发掉了大量的氢和氦，只留下高密度且较重的多种化学元素。

年轻的地球一旦凝结，地球上多样化的化学元素便很快聚合而成了各式各样的岩石，其中许多是不同分子的简单组合。地球上最初的矿物质也出现了，可能只是某种简单的晶体，比如石墨或钻石。[14]

在这样一种化学元素丰富的环境中，构成生命体的众多分子自然而然地就出现了。我们这里所说的是包含 100 个原子以下的小分子，包括构成所有蛋白质的氨基酸、构建基因的材料核苷酸（nucleotide）、存储能量的碳水化合物（carbohydrate）或称糖，以及搭造细胞膜所用的油腻的磷脂（phospholipid）。在今天的环境中，这种分子不会自发形成，因为大气中的氧会将其撕裂。但在地球形成的早期，大气中还基本不存在游离氧，所以只要有足够的活化能帮助启动，这种简单的分子就自然形成了。

1952 年，芝加哥大学化学系年轻的研究生斯坦利·米勒（Stanley Miller）为证实上述原理，自行设计出一个早期地球大气环境的实验模式，他把水、氨、甲烷和氢气放置进封闭的瓶管系统，然后加热并辅以电击（实验室模拟的火山爆发和电风暴），后者相当于提供活化能。仅几天以后，米勒就在瓶管中发现了一层粉泥状的氨基酸。我们现在很清楚地知道，此类简单的有机分子，包括磷脂，都可以在这种环境中生成。直到今日，米勒实验的结果依然基本成立，虽然现在我们知道了：早期地球的大气并非是由氨和氢主导，而是水汽、二氧化碳和氮气。

从那时起，我们还了解到：多种诸如此类的分子甚至在不那么有利于化学反应的星际空间也能生成，所以说许多简单有机分子有可能是彗星或小行星夹带着直接来到地球上的。比如，1969 年降落至澳大利亚默奇森附近的默奇森陨星（Murchison meteorite）就夹带着数种氨基酸及在 DNA 中才能发现的化学基（chemical bases）。这种陨星在地球史的早期要更常见得多，这提示我们：地球在早期的时候可能已经埋下了生命种子的诸多原料，而地球自身还能够制造更多。

但细胞中大多数分子，比如蛋白质或核酸类，要比上述简单分子复杂得多，是由聚合物——长而精致的分子链——构成的，而形成聚合物本身就不是件易事。这需要恰到好处的活化能，外部环境也必须能让分子以适当的方式聚合到一起。在早期地球上，有一种可能提供聚合物生成的环境是海底的通风口（suboceanic vents），在此，来自地球内部的炽热物质汩汩地渗流到海底。这种环境不受太阳辐射的影响，也免除了地球表面遭受的陨石或小行星撞击。而且这里有相当丰富的化学元素，水源充足，热和酸的梯阶也非常充分，因为总有滚热的、化学元素丰富的岩浆渗入到寒冷的海底。而迟至 2000 年才被发现的碱性通风口（alkaline vents）更提供了颇为优越的环境，通风口处形成的多孔岩石恰似化学实验的保护装置，如同米勒实验时所用的瓶和管。在此甚至还可以找到黏土状表面上有规则的分子结构，足可以在上面创建物理或电极模板，以供原子在其上缠绕成型并保持静止，直到形成聚合物状链。

从丰富的化合物到生命体：所有现存物种的共同祖先卢卡

生命在地球史的早期已经显现，这说明只要适当的金凤花条件具备，制造简单的生命其实并不是什么难事儿。但要确认生命究竟是在哪里发端的却很难，这首先是因为最早的生物生活在距今 30 多亿年前，其次是因为最早的生物往往小而微，还有就是那些埋葬生命的岩石而今早已蛀蚀殆尽了。时至今日，有关地球上最早生命最直接的证据是 2012 年于澳大利亚西部皮尔巴拉（Pilbara）地区发现的微型化石。化石看起来好像是 34 亿年前的细菌留下的。[15] 2016 年 9 月，《自然》杂志刊登的一篇文章又指证说，格陵兰岛又发现了距今 37 亿年的珊瑚状叠层石（stromatolites）。[16] 如果这些报道属实的话，那么生命最早开始演化的时间可能要比此前人们想象的早得多，应该说最早的生命发端于后期重轰炸期结束后不久，也就是大约 38 亿年前。2017 年初，又有学者依据加拿大魁北克北部发现的化石系列，声称最早的生命起源于 42 亿年前，但对此，我们最好还是等一等，看有否确实的证据支撑此说。[17]

生物学家还不能完整地解释最早生命演化的全过程，但这一过程的许多步骤还是清楚的。

生物学家们还不清楚最早的生物究竟长什么模样，但他们给最早的生物起了个名字，叫卢卡（Luca 或 LUCA，意思是"离我们最近的普世共同祖先"）。卢卡肯定比我们迄今发现的最早的生物还要早，而且它与被称为原核生物（prokaryotes）的现代生物存在很多共性，原核生物属单细胞生物，其遗传物质在细胞核内，但没有细胞膜保护。时至今日，原核生物在生物三域的两域中仍有发现，即真细菌（Eubacteria）和古细菌（Archaea）。（第三域被称为真核生物，即 Eukarya，其中包括我们人类。）

我们当然永远也不会找到卢卡的化石，因为它本身是一种假想的生物，是最早生物的合成图，就像警察追捕在逃罪犯的画像。不过，这种图像对我们理解生命的起源可能大有帮助。

卢卡虽可谓有生命，但却没有太多生机，大致介于生命与非生命之间的僵尸地带。这绝不是故弄玄虚。病毒（virus）就属于有生命但无生机的这类存在，因为它不完全符合生命的定义。病毒没有新陈代谢，而且其细胞膜也非常脆弱，我们甚至不知是否该把它称为细胞，因为它只是附着在更复杂的生物上的一团基因物质。病毒会进入其他细胞，绑架该细胞的新陈代谢机制，甚至还利用后者复制自己。人得了流感，病毒就会从人的代谢管道汲取能量，但病毒找不到细胞可绑架，就只能停顿下来，进入假死的状态。有些细胞生活在岩石中间，代谢的节奏非常缓慢；它们能活下来，只是依靠极少量的水和营养。这些细胞能够长时间地完全停顿下来，就像道格拉斯·亚当斯（Douglas Adams）的小说《宇宙尽头的餐馆》（*The Restaurant at the End of the Universe*）中的摇滚吉他手霍特布莱克·迪西亚托（Hotblack Desiato）一样，因为税的原因，度过了一年的死亡期。这些生物试图逃避的，自然是熵索要的复杂税。卢卡很可能就生活在类似这种半明半暗的地带。

卢卡的合成图可能是综合了现代原核生物数百基因的共同特征，这些基因很可能非常原始。这种合成图提示我们卢卡生活的环境和状况，我们由此能够了解到卢卡怎样通过制造蛋白质维持生命。[18]

合成的卢卡（或称卢卡家族，因为我们谈论的卢卡有数十亿计的成员）能够根据环境的变化调整自我，还有基因组，因此能够自我复制，而且还确实在进化。卢卡可能缺少细胞膜，也没有自我的新陈代谢；其细胞壁可能只是多孔火山岩，而代谢则仰赖自身无力控制的地球化学能流。卢卡制造的蛋白质表明，它原本生活在碱性的海底通风口，可能是在火山岩中的微小孔隙，其获得的能量来自附近的热量、酸性及质子和电子流的梯阶。卢卡内部的化学反应可能得益于其在来自地球内部温暖的碱性液体中来回晃荡，也就是说它自身的电子过剩，而就在卢卡称作家的火山岩的孔隙，却是温度极低的海水，海水呈酸性，也就是说质子过剩。就像一部充电电池一样，卢卡内外部世界微弱的电梯度（electrical gradient）提供了其新陈代谢、从外界汲取养分并排出废物所需的自由能。

研究早期生命的先驱之一尼克·莱恩（Nick Lane）曾这样描述卢卡：

> 她【卢卡】还不能被称为自主生活的细胞，倒毋宁说是一座岩石间富含矿物细胞的迷宫，里面穿插耸立着多个催化用的由铁、硫和镍搭建的矮墙，其动力源自自然界的质子梯阶。看来，最初的生命不过是一块能够生产复杂分子和能量的多孔的岩石，由此进化至能够合成蛋白质和 DNA。[19]

卢卡比起现代生物肯定是非常简单，但它已经具备了许多制造生化反应的机制，包括现代生物用以实现新陈代谢和自我复制的处方。卢卡还可能拥有基于 RNA 的基因组，所以要比简单的化学反应更有效、更准确地自我复制，这说明卢卡可能在飞速进化。卢卡还能利用捕获的能流制造三磷酸腺苷（ATP），而现代细胞也使用同样的分子机制实现内部的能量输送。

从卢卡到原核生物

卢卡及其亲属为最初真正的生物能够进化成型可谓做出了不少有益的探索。但卢卡还缺少可以随身携带的细胞膜，其新陈代谢机制也未能靠近火山口附近的能流。卢卡的自我复制机制也不像大多数现代生物那般复杂、先进，因为后者使用的是 RNA 的近亲，也即双螺旋结构的 DNA。如今，我们已经知道哪些机制必须进化出来，但还不清楚这些机制具体的进化轨迹。

要解释可以随身携带且有自我保护作用的细胞膜是如何进化的，这倒不是什么难事儿。细胞膜是由长长的磷脂链条制成的，要磷脂在适当的条件下彼此链接成一层半透的像气泡一样的结构也很容易。也许正如特伦斯·迪肯（Terrence Deacon）所说，自催化反应（autocatalytic reactions）一旦进化出来，很自然地就会接续分子制造出磷脂层。果然如此的话，我们就不难想象某个卢卡伴随进化给自己编织了一层膜。[20]

但要解释细胞如何进化出更有效的获取能量和自我复制的机制就难得多。但这一进化的机制对生命而言至为根本且颇为精致，所以还是值得多花一些时间了解一下其工作原理。

要进化出新的获取能流的方法，以便细胞因此可以脱离火山岩的孔隙，这就意味着必须制造出某种相当于电网的细胞装置，因为只有这样，分子在从事自身工作时才能做到随时充电。在此，酶可谓起到了至关重要的作用。酶是一种很特别的分子，它能充当催化装置，加速细胞的反应并降低启动时所需的能量。至今，酶在所有细胞中都还起着非常重要的作用。大多数的酶属于蛋白质，是由氨基酸的长链构成的。这里最重要的是氨基酸的精确序列，因为这一序列决定了蛋白质是否能够叠成其从事自身工作所必需的那种形状。酶就在泥状的分子间穿行，不断地寻找需要帮助的分子，就像巡查的板子工一样，在这里加个螺母，在那里紧一下螺栓。酶仅使用微小的能量便会敲打、弯曲、撕破或裂解分子，或使其与其他分子结合。我们身体中大多数的反应都离不开酶的调解作用，否则，身体所需的活化能会非常高，以至于会毁坏了细胞。

一旦酶把锁定的细胞改造成型，它就会马上离开，去寻找下一个可以改造的目标。当然，酶也可以被联结在一起的其他分子开启或关闭，或稍微改变一下自身的形状。总之，酶就是这样，如同计算机中的数十亿个晶体管，操控着细胞内部极其复杂的各种反应。

其实，酶使用一定的能量在细胞中所做的，正相当于我们上面说到的电网。这一机制在生命进化史上肯定很早就已经出现。能量通过三磷酸腺苷分子被输送到酶和其他分子细胞的其他部分，而三磷酸腺苷可能在卢卡身上已经具备。酶和其他分子会利用三磷酸腺苷的能量，做法是分解一小部分原子，并同时释放能量以链接这部分原子和分子。去势的分子（此时称为 ADP，即腺苷二磷酸）然后赶赴特别的发电机分子（generator molecules），通过替换丢失的原子来充电。发电机分子由一种被称作化学渗透（chemiosmosis）的过程驱动，这一过程虽然迟至 20 世纪 60 年代才被发现，但其真正开启可能是在卢卡的时代。在每个细胞内部，食物分子会被分解，目的是提取里面的能量，其中的部分能量被用来把细胞内部的质子（那里的质子浓度较低）迁移到细胞外面（这里的质子浓度较高）。这就像是电池充电的过程。细胞实际上制造了一个体内外有别的电梯阶，电压类似卢卡在碱性通风口处所习惯的那样。内置于细胞膜内的特别的发电机分子（对偏好技术词汇的人而言，就是三磷酸腺苷合成酶）则使用从细胞膜外面回返的质子制造出的电压驱动着纳米转子（nano-rotors）。转子就像转动的装配线，通过替换分子群为腺苷二磷酸分子充电，而后，满载电荷的三磷酸腺苷回到细胞中，等待其他分子前来充电，以获取工作所必需的能量。

这一精致的分子电网在所有细胞中均有应用。其作用正在于使细胞不至于被固定在火山岩的孔隙，使最早的原核生物能够在大洋中随处漫游，从食物分子中获取能量，使用能量制造三磷酸腺苷，而后者则可以提供细胞内部运转所需的能量。

这种精巧的能流维持着细胞复杂的内部结构，正如聚合的力量维持着恒星的结构一样。如同聚合过程，这种能流机制使得最早的生物细胞能够偿付得起熵索要的复杂税，因为细胞正如同恒星，需要大量能量才能维持其内部的复杂结构正常运行。跟恒星一样，在这一过程中也有大量能量被浪费掉，因为没有哪一种反应是百分之百的有效，况且熵喜欢浪费能量。在细胞和恒星的内部，都需要大量的能来偿付熵索要的税，因为只有这样才能克服万物趋于降解的普遍趋势。

不过在活的生物体内，能量有一种恒星不曾具备的新功能，即细胞能实现自我复制。细胞复制是通过保持自身的复杂结构来对抗熵，哪怕是个体细胞死掉了也能维系。卢卡的后代进化出一种精致有效的复制方法，甚至时至今日仍被所有生物使用。这种方法的关键在 DNA 分子。1953 年，弗朗西斯·克里克（Francis Crick）和詹姆斯·沃森（James Watson）依据此前罗莎琳德·富兰克林（Rosalind Franklin）的研究成果，对 DNA 分子的结构做出最早的描述。要弄清进化的机制，在很大程度上要先理解 DNA 的工作原理，所以这里颇值得仔细审视一下这一神奇的分子。

DNA 的全称是脱氧核糖核酸（deoxyribonucleic acid），与核糖核酸（RNA，ribonucleic acid）属近亲。二者均属于聚合物，即同类分子聚合而成的长链。但相比之下，蛋白质是氨基酸分子长链构成的，细胞膜是磷脂分子长链，而 DNA 和 RNA 则是核苷酸长链。这些核苷酸里有糖分子，上面还附着着被称作碱基（base）的较小的分子团。碱基可分为四类，分别是腺嘌呤（A）、胞嘧啶（C）、鸟嘌呤（G）和胸腺嘧啶（T）。[在 RNA 中，胸腺嘧啶被尿嘧啶（U）取代。] 其秘诀也正在于此。正如克里克和沃森指出，这四种碱基就像字母表中的字母一样，可以携带大量的信息。DNA 或 RNA 分子又可以进一步链接，从而形成巨链，而此时的碱基偏出一侧，形成了一个类似字母链的长链，如 As、Cs、Gs 和 Ts（在 RNA 中是 Us）。其中任意三个字母一组，就可以指示某一种特定的氨基酸，或包含一个指令，比如：现在停止阅读。因此，字母链 TTA 可能是说：请添加一个白氨酸分子，而字母链 TAG 则可能相当于一个标点符号，意思是：好了，现在不用抄写了。

DNA 和 RNA 分子上的信息可以读，也可以复制，因为碱基喜欢通过氢键实现彼此的链接，而链接也可以轻松解除。但不同的碱基键合也是有严格规则的。比如 A 总要有 T（在 RNA 中则须 U），C 总要有 G。特别的酶对应不同的 DNA 链，又对应某种特定的蛋白质的基因或密码，每种碱基都会吸引与其相对的碱基，以便共同制造出一种新式的较短的核苷酸 RNA 链条，后者与原初的链条相辅相成。新创制的链条片段加入名为核糖体（ribosome）的较大分子，后者实际上就是一个蛋白质加工厂。核糖体能读懂三个一组的字母链，然后严格按所需蛋白质的顺序一个接一个地排出相应的氨基酸，细胞则会按指令进行加工。这样，核糖体就能生产出细胞所需的数千种蛋白质。

最后一个秘诀是：DNA 和 RNA 分子能使用抄写机制实现自我复制，包含其原有的全部信息。碱基从糖磷酸链（sugar-phosphate chains）的侧面伸向细胞泥，这样就可以抓住与其相对应的成分。因此，C 总要抓住 G，A 总要抓住 T（在 RNA 中则是 U）。新媾和到一起的碱基会吸引新的能起到链接作用的糖分子，这样形成的新链条与最初的完全匹配。在 DNA 中，这两个相互匹配的链条通常纠缠在一起，所以 DNA 通常呈双链条或双螺旋结构，就像一对盘旋而上的楼梯。这种链条或螺旋非常紧密，所以在每个细胞中都显得非常整齐，链条打开只有一个目的：

读信息，以实现自我复制。不过，相比之下，RNA 通常只是以单链条的形式出现，所以，就像蛋白质一样，RNA 也可以折叠成某种形状并发挥酶的作用。

RNA 与 DNA 之间这点微小的差别特别重要，因为这就意味着：DNA 通常只用来存储遗传信息，而 RNA 则既可存储信息，还可以从事化学反应，后者同时起到了软硬件的作用。正因如此，大多数研究人员相信，有那么一个时段，可能那时卢卡还健在，大多数遗传信息是靠 RNA 传输的。卢卡很可能生活在 RNA 的世界里。但 RNA 存储和传输信息不如 DNA 可靠，因为在前者的世界里，遗传信息总受到细胞内部动荡环境的干扰，而 DNA 的双螺旋结构则可以让宝贵的遗传信息免受外界干扰。在 RNA 的世界，遗传信息可能轻易就丢失了，或被篡改。进化的真正起步是在卢卡的后代原核生物建构了 DNA 世界之后，后者是微生物世界的真正主宰，至今依然是这样。

原核生物有了自己的细胞膜、独立的新陈代谢以及稳定精确的遗传机制，就可以离开先前赖以为生的火山岩孔隙，到早期地球的海洋中四处漫游。很可能早在 38 亿年前，原核生物已经开始这样做了。

每个原核生物都是一个异常复杂的独立王国。其中有数十亿的分子在密集的化学反应流中游来游去，每一秒都有来自其他分子的数千次的推拉扯拽，就像游客置身拥挤的大市场，里面有交易者、招揽者和扒手，喧嚣吵闹。假如你置身这样一个分子世界，肯定会发觉其实这里异常恐怖。酶可能会走过来并试图改造你，也许会把你和其他顾客链接起来以组成一个小队，在市场上招摇并试图寻找新的机会。试想一下：每个细胞内每秒有数百万次类似的交易，然后你便不难理解：早期生物圈中哪怕最简单的细胞都需要那么多狂热的活动才能驱动。

这是一个崭新的世界，伴随而来的是一种新式的复杂性。正如同恒星、行星是在极度混乱中生成一样，细胞也是在勉力克服了自身环境的种种变迁后才最终步入稳定期。细胞会取得某种暂时的平衡，但整个生物物种，整个谱系，甚至整个物种群又何尝不是呢？平衡从来就不是静态的，而是永远处于动态之中，永远需要生物与变化着的环境进行不间断的协调斡旋才能维持，而且永远有突然崩溃的危险。

第 5 章

微小的生命体与生物圈

> 为让埃斯塔（Estha）和拉赫尔（Rahel）领会历史是如何流转的……查科（Chacko）……就给他们讲大地母亲的故事。他让他们把 46 亿岁的地球想象成一位 46 岁的妇女。……大地母亲用尽了全身的气力才成就了后来的地球。大洋要分开。高山要耸立。大地母亲 11 岁的时候，最早的单细胞生物终于出现了。
>
> ——阿兰达蒂·洛伊（Arundhati Roy）：《微物之神》（*The God of Small Things*）

地球与生物共同构成生物圈。[1]“生物圈”（biosphere）一词是奥地利地质学家爱德华·休斯（Eduard Suess，1831—1914）最先提出的。休斯认为，地球是一系列相互重叠且有时彼此渗透的圈，包括大气圈（atmosphere，气体的圈）、水圈（hydrosphere，即水构成的圈）和岩石圈（lithosphere，地球上部较坚硬的部分，包括地壳和地幔的上层）。而俄国地质学家弗拉基米尔·维尔纳茨基（Vladimir Vernadsky，1863—1945）最先指出：生物圈对地球史的形塑力量丝毫不亚于其他非生物圈。我们可以把生物圈想象成被生物（包括生物及生物遗骸）包裹的薄薄的一层，从海洋的深处经地表再到大气层较低的层面。20 世纪 70 年代，詹姆斯·洛夫洛克（James Lovelock）和琳恩·马古利斯（Lynn Margulis）又提出：生物圈实际上是包括众多反馈机制的一个系统，靠这些反馈机制，生物圈才能够在未经大的冲击的情况下保持自身的稳定。洛夫洛克依照古希腊地球女神的名字，把这一巨大的能够自我调节的系统称作盖娅（Gaia）。

地质学：行星地球的运作原理

生物花了很长的时间才最终起步。在此，我们权且把地球看作是一个纯粹的地质系统，就像一个演员到来之前的舞台，因为这样可以简化剧情，只待后来的各类生物上场。

剧烈的吸积和分化过程最终锻造出了年轻的地球，同时也遗留下丰富的化学元素，而且分成截然分明的几个层次。首先是炽热且半熔化状态的地核，主要由铁和镍构成，其贡献是生成了一个具有保护作用的环绕地球的磁场。环绕地核的是厚达 3 000 千米的地幔，主要是气体、水和半熔化的岩石。最轻的岩石漂浮到了地球的表面并形成地壳。气体和水经过火山口汩汩上升，形成了地球上最早的大气层和海洋。流星和小行星的到来又在此基础上添加了不少新的岩石、矿物、水、气体和有机分子。

大约 38 亿年前，待到流星对地球的轰击有所减缓时，地质变迁的主要驱力是来自地核的热能。地热经地幔渗透到地壳和大气层，搅动了每一层面的物质构成，甚至改造了化学变化的性质，大量的物质和气体通过巨大而缓慢的对流循环（convection cycles）被移来移去。如同恒星的演化，驱动地球地质演化的过程也非常简单，仰仗的却是初始的不可再生的能源储备。伴随地核热能在地幔、地壳和空中的扩散，整个地球的环境就改变了。

来自地核的热能至今还在很大程度上驱动着地质变迁，而且在未来的数十亿年会依然如故。但直到 20 世纪 60 年代，地质学家才弄清，这么巨大的一部地质机器是如何运作的，而这一新的理解是基于现代科学最重要的范式之一——板块构造学说（plate tectonics）。

人类对地球表面的直观认识直到 500 年前才第一次通过环球航行得以实现。但大多数人还是以为，世界地理在较大的尺度上是大致固定不变的：火山可以喷发，江河能够易道，但大陆和海洋、大山、大河、大沙漠、大冰帽和大峡谷当然不会变啦！但有些人却表示怀疑。正如达尔文证明生命历经亿万年曾有过剧变一样，有关地球曾历经沧桑的证据也在不断积累。

1885 年，爱德华·休斯提出：大约 2 亿年前，所有大陆都是连在一起的，是一个超大陆（supercontinent）。现在我们深知，他说的太对了。又过了 30 年，曾在格陵兰岛做过研究的德国气象学家阿尔弗雷德·魏格纳（Alfred Wegener）收集到大量证据，支持休斯的说法。魏格纳于 1915 年——当时“一战”犹酣——在一本出版的书中公布了这些证据，书名为（也许借此向达尔文的《物种起源》表示敬意）《大陆与大洋的起源》（*The Origin of Continents and Oceans*）。达尔文在其著作中提出：所有生物都曾经历进化，而魏格纳则指出：大陆和海洋也是进化而来，其机制为大陆漂移（continental drift）。地球上的大陆原本只是一个被称作盘古大陆（Pangaea 或 Pan-Gaia，来自古希腊语，意为“全地球”）的超大陆，只是后来四散分离，才形成现在的格局。

为证明此说，魏格纳提供了大量证据。显然，从世界地图看，许多部分直观看上去就像先前曾合在一起的，其实从 16 世纪人们开始制作世界地图起，就已经注意到了这一点。就在 1600 年前夕，荷兰的制图人奥特利乌斯（Ortelius）还评论说，美洲就好像是历经灾难后被从欧洲掏了去（torn away）似的。[2] 比照现代世界地图，你不难发现：巴西的尖突与西非和中非的夹角非常吻合，而西非的轮廓显然与加勒比海的巨弧相契。20 世纪 60 年代，又有地质学家指出：比照一下大陆架（continental shelves）突起的尖角，就更能领略大陆间的彼此契合。

魏格纳证明，南美与中南部非洲古代爬行类动物的化石完全相同。19 世纪早期德国科学家亚历山大·洪堡（Alexander von Humboldt）是最早书写基于科学的现代起源故事的学者之一，他也注意到南美与非洲沿海的植物有很多相同之处。[3] 此外，始于西非的岩层，竟然与巴西东部的岩层严丝合缝、丝毫不差。作为气象学家，魏格纳特别关注来自气候方面的证据。在热带非洲，可以找到清晰的移动冰川的划痕和凿痕。难道热带非洲一度曾坐落于南极吗？在格陵兰岛，魏格纳还发现了热带植物化石。由此可知，在很久很久以前，肯定有什么东西曾长途跋涉过。

但要有力支撑科学假说，仅有一些暗示性的证据还是不够的。甚至在“一战”期间发表著作也并没给魏格纳带来多少学术影响，毕竟他是个德国人，且并非地质学家，所以英语世界的地质学家们根本没把这一发现当回事儿。整个大陆曾穿越大洋，难道这有可能是真的？魏格纳还弄不清究竟是什么力量能把大陆推来推去，而在当时专业的地质学家看来，不能解释这一点就足以让假说寿终正寝。1926 年 11 月，颇具影响的美国石油地质学家协会（AAPG）正式拒绝了魏格纳的大陆漂移理论。这一学说好像真的已经板上钉钉了。

但尽管如此，还有少数几个地质学家对魏格纳的这一说法颇为好奇。英国地质学家阿瑟·霍尔姆斯（Arthur Holmes）1928 年曾提出，地球的内部可能非常炽热，就像熔岩一样在缓慢移动。果真如此的话，那么也许地球内部移动的物质就能够把整个大陆漂浮起来，甚至围绕地球转动。但直到 20 世纪中叶，才有新的证据问世，说明魏格纳、霍尔姆斯及其他大陆漂移假说支持者的地质直觉是正确的。

这都是因为声呐（sonar，意思是“声音导航测距”）的问世。声呐技术能够探测并定位水下物体，其原理是先从声呐发出信号，然后分析来自信号所接触物体的回声。许多动物实际上就已使用声呐系统，包括海豚和蝙蝠。人类的声呐技术，就像前面说到的放射性测定年代技术一样，也是战时科学研究的产物，其初始的目的是为探测敌方的潜艇。普林斯顿大学的地质学教授哈雷·赫斯（Harry Hess）“二战”时曾在美国海军部服役，是一名军官，他曾使用声呐追踪德国的潜艇。“二战”结束后，他又使用声呐对海底进行探测，而这里对当时的海洋地质学家而言还是个完全未知的领域。大多数人觉得海底不过是平坦的污泥而已，而且成分还是从大陆冲刷下去的。不过与此正相反，赫斯发现：太平洋的海底竟有一系列的火山，大大出乎当时所有地质学家的预料。20 世纪 50 年代初，赫斯又在大西洋中部发现一个类似的火山系列，于是开始对自己的发现进行理论归纳，试图解释大洋中脊何以是山脉的现象。此时，赫斯的研究得到古地磁学（paleomagnetism）的启示，也就是研究海底磁性的学科。那时候，人们已经知道，每隔几十万年的时间，地球的南北磁极会发生翻转，而且历史上已有多次磁极翻转。这种磁极翻转在熔岩中留下了明显的印记，而熔岩一旦从洋底渗出并固化，便呈现出当时的磁极方向。对火山脊两侧远近岩石的磁向测量显示，确曾有过一系列南北磁极翻转的现象发生。这使赫斯感到困惑。

最终，赫斯认定海底山脉是从海洋地壳渗出的岩浆形成的。其道理在于，海洋地壳比大陆地壳相对较薄，所以炽热的岩浆更容易从地壳的缝隙渗出。岩浆从海底缝隙渗出的时候，就会撕开地壳并从而制造出新的海底，而此时的海底就印刻了其形成时的磁极方向。大洋中脊岩石处磁极方向交替呈现的现象正好可以利用来测定水下山脉形成的时期。

而这一系列发现的背后，正是魏格纳苦苦寻找却无结果的大陆漂移的动力机制问题。山脉、大陆和海底都是大量炽热岩浆从地幔经海底地壳向外喷涌、隆起而形成的，而且还被推来推去。岩浆则是被放射性元素及地核处的热能加热而成，其自身还保留着剧烈的吸积过程及地球形成时期存储的能量。原来，一直迷失的驱动力是在行星的内核处！正如恒星在核心处实现聚合反应一样，从地核处渗流出的热能仍是驱动地表重大地质过程的主要动力。

我们现在有充分证据说明：海洋和大陆的地壳均是被撕裂成截然分明的板块，而后在半熔化的岩浆上漂浮，被反复拖拽，最终才争得自己现在的位置。炽热的岩浆从地球内部喷涌而出，然后在地壳上循环奔流，就像平底锅上的沸水。正是这种半流质岩石和熔岩的对流推动了上述板块的奔涌流动。有关古地磁带（paleomagnetic bands）的深入研究使地球科学家能够追溯地球各大板块在最近数亿年间的移动格局，人类也因此对地球在过去 10 亿年间不断变化的地理结构有了更加准确的认识。现在，我们认识到，正是这种移动创造了类似盘古大陆的多个超大陆，而后又周期式地将其打碎，这一过程的开启大概可以上溯到 25 亿年前的元古宙（Proterozoic eon）。在此之前，可能还没有大块儿的陆地。有地质学家认为，板块构造的机制可能开启得比这还要早。来自冥古宙（Hadean eon）的证据显示，某种形式的板块可能在 44 亿年前就开始动作了，可谓是地球一经分化成多个层次后几乎马上就开始了。[4]

如同大爆炸宇宙论，板块构造学说同样是异常强大的统一性观念，因为它可以解释并证明多个不同过程究竟是如何彼此联结的，从地震到造山运动再到大陆漂移。它说明了为何为数众多的地质事件是在不同板块相遇、碰撞和彼此碾压的过程中发生的。板块构造学说还说明，地表是变动不居的，且在地幔新物质到来的过程中得到不断更新，同时也有地表物质被碾压到地球内部。

要理解板块构造的运作细节，我们有必要把重点放到不同板块的边界之处。在张裂板块边缘（divergent margins），如同哈雷·赫斯所描述的那样，从地幔上涌的物质撕裂了板块，而经汇聚边界（convergent margins），不同板块又聚合到一起。如果两个板块的密度大致相同，比如都是花岗质大陆板块（granitic continental plates），那结果就像是两个公海象争夺配偶一样，板块会立起来向上耸立。喜马拉雅山脉就是这样在 5 000 万年前形成的，那时印度板块从南极飞驰北向而来，撞到了亚洲板块。但假如两个相向而来的板块密度不同，比如其中一个是较重的玄武岩大洋地壳，而另一个是较轻的花岗岩大陆地壳，那结果就完全不同了：较重的大洋板块会俯冲到较轻的大陆板块之下，形成俯冲带（subduction zone），而且还会继续下沉，就像失控的电梯穿透了地板，把地壳物质带回到地幔，不过到那里，地壳物质也就熔化了。伴随下行的板块钻破地幔，其间摩擦产生的热能会熔解其上部的地壳物质并将其分裂，从而形成新的火山山脉。安第斯山脉就是这样形成的，是因为太平洋板块钻到了南美西部的海岸板块下面。

最后，还有所谓的转换边界（transform margins）。在此，板块会像砂纸一样相互摩擦、相互砥砺，直至你中有我、我中有你。板块会这样相互抵触一段时间，而最终会因压力过大而不得不猛然放弃。这是北美西海岸圣安德列斯断层（San Andreas Fault）的模式，甚至直到现在还不时让人感到没有释放完的压力。（笔者曾在圣迭戈生活过一段时间，确实不时就有震感，所以，跟大多数加利福尼亚人一样，我也只好买地震保险。）

大气层、地表和地幔物质的不断循环对地球上层的化学状况产生了深刻影响。一方面，这一过程造成了新型的岩石和矿物质。截至生命在陆地上开始繁盛之际，地幔内部的化学反应已制造了大约 1 500 种截然不同的矿物质。[5] 板块构造过程使地球极富化学和地质活力。

板块构造还影响到了形成期地球地表的温度。我们此前已领略到，适当的温度对地球生命史是何等的重要。有两种最主要的力量决定了地表的平均温度：一是来自地球内部的热能，二是来自太阳的热能。这两种热能的具体数值都可以大致估算。但还有一个因素：大气的要素决定了多少热能滞留在地表，以及多少热能会泄露至太空。这里特别重要的是大气中温室气体的比例，比如二氧化碳和甲烷。这种气体会诱捕阳光的能量而不是将它反射回太空。大量的温室气体存在就意味着地球会变暖。那么是什么在控制着温室气体的水平呢？

天文学家卡尔·萨根（Carl Sagan，现代起源故事的伟大先驱之一）指出，回答这一问题可谓至关重要，因为这同时会解决困扰人类的另一个难题。类似太阳的恒星随着年龄的增长会发散更多的能量，所以抵达地球的热能会慢慢增加。地球年轻时，太阳发散出的能量要比今天少 30%。那为何早期的地球不像火星一样，呈现出一个不适合生命诞生的大冰球呢？卡尔·萨根将这一问题归纳为“弱早期太阳佯谬”（early faint sun paradox）。

而问题的答案正在于：早期大气中的温室气体含量。这一时期的温室气体含量如此之高，以至于在年轻的地球上能够有生命开始进化。当时地球的大气层中基本上还不存在游离氧，所以温室气体的含量特别高，尤其是来自地幔经火山喷发而来的水汽、甲烷和二氧化碳，当然还有小行星带来的部分。所以说富含温室气体的大气层是早期生命在地球得以形成的重要的金凤花条件。

但这种早期富含温室气体的大气层在多大程度上是稳定的呢？或问：伴随太阳发散出越来越多的热能，究竟是什么因素确保了地表温度保持在 0~100℃这一神奇的温度范围呢？20 世纪 70 年代，詹姆斯・洛夫洛克和琳恩・马古利斯提出，似乎存在某种强大的自我调节机制，而正是这种自我调节机制确保了地表能够保持在合理的金凤花温度范围。上文已经提到，他们把这一机制称作盖娅。盖娅实际上包括地球地质与地球生物之间关系的总和，是地球生物确保了地球适合生命存在。许多科学家对盖娅假说表示怀疑。但有一点很清楚：生物圈里确实存在某种反馈机制，而许多反馈机制实际上起到了恒温器（thermostats）的作用，至少部分调节了地表的温度。这其中有部分机制属地质性质，而另有一些则是通过生物。

其中最重要的一个恒温器是纯属地质性质的，所以它可能是在地球生命诞生之前就已经开始运作了。它把板块构造与地质变迁的另外一个要素联结了起来，即侵蚀（erosion）。板块构造会造山，而侵蚀却会让山慢慢地化作平地。风和水，以及各式各样的化学反应，会慢慢地粉碎山石，让高山伴随引力梯阶潜入大海。正是因为侵蚀作用，现有的山脉才不至于更高；正是因为板块的移动，地表才不至于散落成一个巨型的全球大平原。当然，侵蚀本身是板块移动的副产品，因为风和雨究其根源均不过是地球内部的动力引发。伴随引力的下压，造山实际上会加速侵蚀的过程，山间的大河会铸就滚滚的波涛并冲毁田地，甚至将地表的土壤都裹挟至海洋。

这就是地质恒温器的工作原理。二氧化碳可谓温室气体中力量最强大的，它会消融在雨水中，而到了地表就变成了碳酸（carbonic acid）。碳酸会溶解岩石中的物质，随后，含有大量碳的副产品被冲击至海洋。在海洋里，其中部分的碳被锁定在碳酸盐岩（carbonate rocks）。而一旦板块构造过程中出现俯冲至地幔的板块，上述碳（大多是以石灰石的形式）就会被深埋至地幔，长达数百万年，甚至数亿年。这样，板块构造的传送带就把碳从大气中移走了，结果减少了二氧化碳的水平并造成气候变冷。如今我们已经很清楚，更多的碳实际上是被埋藏在地幔深处，而不是在地表或大气层中。

当然，如果过多的二氧化碳被掩埋，地球就会发生冻结。但这种情况之所以没有发生（大多数时候是这样），这取决于地质恒温器的第二个特征。受板块构造的驱动（可能不会出现在冰天雪地的火星上），二氧化碳会经张裂板块边缘返回到大气层：夹带着被埋藏的二氧化碳的大量地幔物质经火山爆发再度回到地表。[6] 这一地质恒温器的双向作用还能达成平衡：温度高了，降雨会增加，从而加速侵蚀，致使更多的碳被深埋地幔，而地球变冷的话，雨水就会少，所以只有很少的碳被深埋，二氧化碳的水平伴随火山喷发会逐渐上升，于是气候又变暖了。地质恒温器就是这样依据太阳热度的渐增而不断调整着，迄今已有 40 多亿年。[7]

据我们所知，太阳系中其他任何一个行星上也不曾有类似上述的机制存在。如果我们想知道地球的大气层中二氧化碳过多会是什么样子的话，就可以看一下金星。金星的大气层有大量的二氧化碳，所以似乎整个行星正遭受温室效应失控带来的恶果：金星的表面温度极高，足可以让水蒸发、让铅熔化。火星的情况与此正相反：因为星体太小，所以其引力不足以吸附温室气体，造成温室气体大量逃逸；星体表面异常寒冷，上面的水都已结成冰。“好奇号”火星探测车（Curiosity

Rover）曾在火星表面进行探测，结果表明：大约数亿年以前，火星表面层有水流动，所以简单的生物本可以在那里生根发芽，但这早已是尘烟往事。无论怎么说，火星和金星都不曾有过板块构造过程，从而剥夺了其行星恒温器形成的机会。火星星体太小，不足以保持借以驱动板块构造的热量，而金星由于蒸发掉了大部分的水，所以失去了板块借以漂浮流动的润滑物质。[8]

当然，地球上的地质恒温器也远非完美，而且有好几次几乎走到崩溃的边缘，果真是那样的话，将会给生物圈带来极其可怕的后果。但最终，多亏有备份的恒温器进化问世。这就是生物活动本身的创造力。所以，我们现在转而探讨生物圈中的生物体登上地球的地质演化舞台后所发挥的作用，生物体对整个大自然进行了细致入微的探索并最终改造了生态环境的每个角落。

生命的统一性

尽管霸王龙（Tyrannosaurus rex）与大肠杆菌之间存在着显著差异，但生命在许多方面却是统一的。当今所有的生物在基因上都是有关联的。就是说，生物的许多基因器件是相通的，尤其是那些借以实现内务管理的基本器件，说起来就像是计算机软件中的子程序。在细胞中，这种任务型的工作包括把食物分解成可供提取能量的分子或化学元素组件，或把能量和原子输送到需要的地方等。所以，如果只关注细胞的层次，其实很难区分出哪个是人类，哪个是变形虫（amoeba）。

如今，生物学家已能准确追踪所有生物之间的基因关联，具体做法就是比较DNA中复杂多样的A、C、G及T字母链序列。其基本规则是：两个基因组之间的差异越大，那么这两个物种拥有共同祖先的时间就须追溯得更久远，而且我们已大致清楚不同类型基因组分化的速度。因此，我们可以很有把握地说：人类与黑猩猩共有同一祖先是在距今 700 万或 800 万年，而相比之下，人类与香蕉的基因早在约 8 亿年前就已分道扬镳。比较不同生物物种的 DNA，我们就有可能编制比先前仅依靠化石记录更详尽、更准确的生物家谱。

当今的生物学家把所有生物划分成三个大的域：古细菌域（Archaea）和真细菌域（Eubacteria）完全是由单细胞原核生物组成，而真核生物域（Eukarya）则涵括更为复杂的单细胞生物和包括人类在内的多细胞生物。相比 18 世纪瑞典生物学家卡尔·林奈（Carl Linnaeus）的分类工作，现代分类体系可谓已大大进化。林奈把所有生物分成层次不同的多个嵌套类（nested classes），最低的一层是种（species），其中只包含一种生物；下一个层次是属（genus），即彼此相关的种群。比如，根据这种分类，人类属于智人（*Homo sapiens*）种属；人属（*Homo*）包括我们现已灭绝的祖先能人（*Homo habilis*）和直立人（*Homo erectus*，亦称为 *Homo ergaster*，即尔加斯塔人或东非直立人）。不过，由种属往上，林奈的划分愈发粗疏，按照从低到高的顺序分别为：科（family）、目（order）、纲（class）、门（phylum）、界（kingdom）和域（domain）。所以，依据这种分类，人属于人种、人属、人科（Hominidae）、灵长目（Primates）、哺乳类（Mammalia）、脊索门（Chordata，或 vertebrates，脊椎动物）、动物界（Animalia）、真核生物域。

最初的生物遭遇新的进化环境必然要发生分化，其中不少完全落伍者也可能随之起死回生。以下是最近出版的一部地球早期生命史对这一奇幻世界的描述：

> 我们想象一下一个巨大的可容纳各种生物的园子，有的活灵活现，有的半死不活，还有的即将成活。这样的一个园子里究竟有哪些物种呢？里面肯定有多种核酸生物，也就是说现已不在也因此榜上无名的生物。这些都是想象中的复杂的化学合成物。在这样一个生机勃勃但嘈杂且充满竞争的巨型生物园里，凡活的，甚至半活的种属都能够存在，毕竟这是地球上生物最为多样化的时代。[9]

在太古宙（始于40亿年前）早期的某个时段，生物的繁殖机制已变得更为精密，基因已变得颇为稳定，生灵与准生灵之间还不存在明确的界限。这正是达尔文所谓的自然选择真正开始的时代。一旦生命真正开始起步，就不再有什么万无一失的保证，即生命能够活下来。火星和金星上面可能曾一度孕育过简单的生命，但果真如此的话，那里的生物很快就灭绝了。甚至在地球上，这薄薄的一层生命体要存活40亿年之久也绝非一件轻易就能做到的事儿，因为这取决于很多因素，而且都要恰到好处。

原核生物：单细胞生物的世界

最早的生物可能属于古细菌域，虽然真细菌域的生物出现得也很早。这两个域的生物都只包含原核生物，也就是既没有明显的细胞核，又不具备其他细胞器的微小的单细胞生物。原核生物主导整个生物圈的时间特别长，几乎占整个生物圈史的7/8以上，直到约6亿年前才告一段落。如果我们能够在银河系的其他地方发现生物，我们很可能做不到和这些生物握手，而是要用显微镜去悉心观察。

原核生物的体积非常小，按大小说，10 万个原核生物可以在本句尾部的句点中开派对。原核生物的基因自由漂浮在细胞质略带咸味儿的分子泥中，如同环形细丝，所以如同细胞质中的其他物质一样，其 DNA 非常容易受伤害或被篡改。微细的遗传物质甚至可能透过细胞膜，漂浮到其他细胞中。在原核生物的世界里，许多遗传设计会在不相干的个体中横向传递，也可能纵向地由前代传给后代。原核生物做基因交易，就如同人类做股票和股份交易一样，因此，原核物种不像在人类世界一样可以清晰区分。

时至今日，原核生物在整个生物圈依然是数量最多的。在我们的身体内外，原核生物的数量可能比我们 DNA 中的细胞还要多。但我们通常不在意这些（除非原核生物让我们肚子疼或感冒了），因为毕竟原核生物要比我们自身的细胞小得太多了。我们与原核生物共享的这个浩瀚而形同影子般的世界被称为微生物群（microbiome）。

直到此前不久，人们还习惯认为单细胞生物的历史枯燥无味，所以完全可以轻松地跳过这段最初的长达 30 亿年的生物圈历史。不过到现在，我们已经认识到，不了解这段微生物的漫长历史，我们几乎不可能理解更为晚近的生物圈历史。伴随原核生物的进化，它们又习得了许多新把戏，使其能够充分利用不同的生存环境，甚至到今日，我们人类也还在使用原核生物开创的生化技术。

所有的原核生物都会处理信息。从某种意义上说，原核生物甚至具备学习能力。原核生物的细胞膜内有成千上万的分子传感器，使其能够探测到附近的光与酸性梯阶，觉察到哪里可能有食物或毒素，或是碰到了某种很硬的东西。这种传感器是蛋白质制成的，如同所有的酶，具备结合位点（binding sites），与细胞外的特定分子相联，能够对光、酸性或温度的变化做出反应。一旦这种蛋白质发现了什么东西，其形状会发生细微的变化，这样，信号就被传导到细胞的内部。比如，曾被广泛深入研究的大肠杆菌就有 4 种不同的内置于细胞膜内的传感器分子，它们协同工作，能够探测到附近大约 50 种有利或有害的不同物质。[10] 一旦传感器觉察到某物，细胞便会做出相应的选择，比如决定放行某种分子穿过细胞膜（因为这些分子看上去像是食物），或将其拒之门外（因为看上去像是毒素）。这种抉择可能看上去非常简单，因为它只是基于少许的信息输入，而且只需要“是 / 否”之类简单的回答。比如：“这个分子是否放行？”或“呀！这里面太热了。我是否要动一动？”之类的。但哪怕是最简单的传感器，其在事实上也勾勒出细胞的整体环境。一旦做出移动的抉择，细胞控制下的移动器件会马上启动。对许多细菌来说，其实就是一种旋转的触须，或鞭毛，可以像螺旋桨一样转动。大肠杆菌的细胞膜内有 6 个这种鞭状的附属物，每个由 20 种不同的元件组成，每秒可旋转数百次之多，所使用的能量来自细胞膜内外的质子梯阶。必要的时候，鞭毛可共同旋转，这时大肠杆菌移动的方向会更准确。[11] 细胞膜中的传感器和鞭毛之间实现了链接，就说明大肠杆菌事实上具备了一种短时记忆，可能会长达数秒，但这对发出类似下述的指令也就够了：“没问题，请保持静默！”或“不好，鞭毛开启！”这种短时记忆是基于传感器细微的变化及其发出的化学物质。

这当然是一种非常简单的信息处理设备，但从中我们已经看到所有生物信息处理的三个核心组成部分：输入、处理和输出。

具备信息管理的能力使原核生物对本地能流的利用更为圆熟可控。随着时间的推移，原核生物又学会了在海洋中的多种环境下获取、操控并管理能流。最初的原核生物可能只是化能营养生物（chemotrophs），即只能从水和岩石之间的地质化学反应中获取能量，这种化学反应会释放出简单的物质，如硫化氢和甲烷，其实是一种可以利用的化学能。[12] 但化学物质既要易于消化，又要能够释放出滴灌饲料般的能量，这种条件在早期的大洋中还是相当有限的；可能只在罕见的海底通风口才能具备。而这种有限的条件也限制了地球上生命发展的可能性。不过从很早的时候起，原核生物便学会了噬食其他原核生物，于是生物圈中出现了最早的异养生物（heterotrophs），相当于后来的食肉动物，如霸王龙。其实，你我都属于异养生物，因为我们都通过噬食其他生物获取食物，而不是直接食用化学物质。但即使噬食其他生物也还是有限度的，当然，这里是说如果整个生物圈都仰赖深锁在大洋中的能量链的话。

光合作用：能源富矿与革命

大约 35 亿年前，一场新的进化创新，即光合作用的发现，使某些生物开始尝试利用来自太阳的能流。这是生命体的首个能源富矿，其影响之大，恰似原核生物发现了争相追逐的宝贝。

来自太阳的光子要比来自疲弱的宇宙背景辐射光子能量高数千倍。能够利用这种巨大的能流可谓是改变游戏规则的重大事件。从此，尽管生物还在持续回收利用使用过的物质（因此之故，科学家们才会对碳、氮、磷的流动感兴趣），生物体可以利用的能量似乎无穷无尽了。[13] 活细胞现在有了足够的能量实现自身及周围环境的重组，而且是在全新的规模上。生物体也因此广为扩散，生命的数量也因此增加几个量级。

那么生物是如何利用阳光的呢？实际上，有好几种光合作用反应都可以把阳光转化成生物能，虽然其效率和释放出的副产品也颇有不同。所有形式的光合作用都利用来自太阳的高能光子来激发光敏分子（如叶绿素）中的电子。电子因遭震撼而逃离原子，遂被蛋白质绑架，虽一再挣扎也无法逃脱。蛋白质传输高能电子穿过细胞膜，就像救火队员排成长龙传递水桶一般。这样在细胞膜处就产生了一种电梯度，后者便可以用来为传输能量的分子充电，比如三磷酸腺苷。所以，我们再次看到化学渗透的运作过程，只不过这次为三磷酸腺苷充电的不是来自食物分子的能量，而是一架来自空中的巨型发电机——太阳。

但这还只是所有光合作用过程的第一阶段。在第二阶段，被捕获的能量被应用于一系列复杂的化学反应——不同化学反应使用能量的效率差别很大，要么是在细胞内做功，要么是合成碳水化合物之类的分子，后者的目的是储存能量，以备未来之需。最初形式的光合作用的副产品并非是产生氧气，而且越是在缺失游离氧的环境下，其运作就越理想。此时的光合作用可能使用了来自太阳光的能量，目的是从硫化氢（腐臭鸡蛋气）或溶解在早期海洋中的铁原子那里盗取电子。

不过，哪怕是早期最简单形式的光合作用也代表了一种能源供给的革命性变革，而且正因此，早期海洋中生物的数量可能已增至目前水平的十分之一左右。[14] 此时，通过光合作用谋生的原核生物也必须靠近海洋的表面或干脆迁移至海岸处。许多原核生物因此形成了类似珊瑚状的构造，所以被称作叠层石（stromatolites），且伴随数以亿计的生物在祖先的尸骨上层层累积，最后竟在大陆边缘生长出了珊瑚礁。叠层石迄今依然只在少数特殊的环境中生存，比如西澳大利亚海岸外的鲨鱼湾（Shark Bay）。叠层石现在已经很少见了，但从它 35 亿年前最初问世至大约 5 亿年前——足可谓我们这颗行星上生命史的大部——叠层石可能是所有地球生物中最显眼的一种。如果有外星人来我们这颗行星寻找生命的迹象，肯定会首先看到叠层石。但也许我们人类要到其他星系中山石嶙峋的行星上寻找生命，可能也会首先看到类似叠层石的生物存在。

终于有一天，新式的光合作用在一群被称作蓝藻（cyanobacteria）的生物中间进化成功。这种形式的光合作用使用水和二氧化碳为原料能够提取更多的能量。从水分子中撬取电子肯定比从硫化氢或铁元素中提取更难。可一旦掌握了诀窍，就可以提取更多能量，而且水中蕴藏的能量要大得多。擅长新式光合作用的生物利用从阳光获得的能量，决意攻击水分子，以使电子与其中的氢原子分离。下一步是把捕获的电子添加到二氧化碳分子，以形成碳水化合物分子，后者的作用是巨型能量储备仓库。而在这一过程中，氧元素被作为废料从水分子中释放。光合作用生成氧气的一般原理如下：$H_2O + CO_2$ + 从阳光得来的能量→ CH_2O（作为能量储备仓库的碳水化合物）+ O_2（释放到大气中的氧分子）。制氧的光合作用要比此前的光合作用效率高得多，但却只能从阳光中提取约 5% 的能量，这要比现代太阳能电池板的效率低多了。光合作用为熵上缴了大量的垃圾税，因为这一过程在细胞内部造成的浪费以及被氧带走的物质都相当可观。

制氧的光合作用，也就是现代蓝藻所使用的那种光合作用机制，可能早在 30 亿年前就已进化而成。此说的证据在于，甚至在 25 亿年前太古宙结束之前，大气中已显见氧含量的增加。不过起初，光合作用释放出的氧气都被铁、硫化氢或游离氢原子迅速吸收，因为氧是电子的窃贼，所以会特别急切地与任何有备用电子的元素结合。因此之故，凡有电子从原子处失窃，我们常说是被氧化了。[原子尚有备用电子被称为还原（reduction），而涉及这两种过程的多种化学反应被称作氧化还原反应。] 我们有强有力的证据说明，蓝藻最初成功进化之日，正是 30 亿年前富含黄铁矿的沉积岩（愚人金）的消失之时，因为后者就像铁元素一样，遇到游离氧就会生锈。但这一机制吸收氧的能力是有限的，所以自大约 24 亿年前开始，大气中的氧含量急剧上升，从当初不足今日氧含量的 0.001% 增至 1%，甚至比这还要多。

25 亿年前开始出现富氧的大气层（GOE，即所谓“大氧化事件”）极大程度地改造了生物圈。氧水平提高改变了生物圈的化学过程，甚至包括地壳上层的状况。游离氧有超强的化学能，由它驱动的化学反应创造出了地球上现存为数众多的矿物质。[15] 而在大气层的顶端，氧分子更是结合成有三个氧原子的臭氧（O_3），形成臭氧层，后者开始屏蔽地球表面，使其不再受太阳紫外线辐射的侵害且持续至今。由于有臭氧层的保护，有些藻类可能已开始第一次在陆地上定居，而在此之前，太阳辐射下的地球大陆基本上没有什么菌类生存，因为太阳辐射会撕裂任何敢于冒险登陆的细菌。

氧气的累积对活的生物体来说可谓是一次严重冲击，因为对大多数生物体而言，氧气是有毒的。所以，氧气水平的提高造成了生物学家琳恩·马古利斯所谓的“氧气大屠杀”（oxygen holocaust）。大量的原核生物因此消失了，即使没有马上死亡的也躲进了大洋或岩石深处、氧成分不高的、能受到保护的环境。

氧气水平的提高还干扰到地球的恒温器系统，因为当时的恒温机制还无力吸收过量的氧，所以氧积聚近乎失控。游离氧分解了大气中最强大的温室气体之一——甲烷，而从事光合作用的蓝藻消耗了另一种重要的温室气体——二氧化碳。随着元古宙早期氧水平的上升和温室气体水平的下降，整个地球经历了第一次的冰雪覆盖期（此后还有过几次）。冰川从两极延伸到赤道，把整个地球都变成白色，而白色的地球更容易反射阳光，从而在一种可怕的正反馈回路中加剧了寒冷。最终，地球上大部分的海洋和陆地都被冰覆盖。马坎宁冰期（Makganyene glaciation）前后大约持续了一亿年，从约 23.5 亿年前至 22.2 亿年前。

这是一次近似剃光头（close shave）的重大事件。凡受氧毒害的生物要么消失，要么躲到了海洋深处。即使勉强能够应对高氧的生物在此后漫天冰雪的世界中也是受尽了苦难。冰川覆盖了陆地和海洋，也阻挡了生物光合作用所需的阳光。生命体真可谓命悬一线，因为大多数生命形式要么蜷缩在冰层下，要么挤在温暖的海底火山周围。

但地球并未因此而步火星的后尘，以至于过于寒冷而不再适合生命存在。这要归功于板块构造驱动下的地质恒温器，因为此时的恒温器经历了新的生物技术创新和补充，已经能够利用光合生物的活动。冰川阻断了光合作用，从而减少了氧气的产生。同时，在冰川之下，海洋火山也不断地将二氧化碳和其他温室气体抽回到海洋中。温室气体开始在冰层下累积，直至最终冲破冰川，使地球表面再次变暖。氧气含量骤然下降至大气的约 1% 或 2%，而随后是长达 10 亿年的漫长时期，氧气含量保持在低水平，气候也持续温暖。地球的古代恒温器似乎已被重新设置，以应对蓝藻在大气中制造的大量氧气。

来自真核生物的救援

但这是一个长期的解决方案吗？这一机制不是已经造成生物圈在极热与极寒的两极之间危险地波动吗？如果真的是这样，那为何在 20 亿年前至 10 亿年前这一长达 10 亿年的时间里，气候能够保持相对稳定呢？这一次，前来救援的是生物，原来生物体已经进化出新的机制，足以辅助地球恒温器把氧气从空气中吸收掉。这种生物——最早的真核细胞（eukaryotic cells）——不仅协助稳定全球气温，它的问世还标志着异常生物革命，最终成就了大型生物的进化，其中包括你和我。

迄今为止，所有的生物都还属于单细胞的原核生物，隶属于古细菌域或真细菌域。第三域生物——真核生物域——的问世对我们而言特别重要，因为所有的大型生物，包括我们人类，都是由真核细胞建构的。这是最早系统使用氧气的生物细胞，具体做法是通过呼吸（respiration）的过程利用其剧烈的化学能，我们人类至今还在使用这一手段。呼吸是光合作用的反向运动，实际上是在释放通过光合作用捕获并储存在细胞内的太阳能。光合作用使用来自太阳的光能把二氧化碳和水转化成存储能的碳水化合物，氧气被当成废料排放掉，而呼吸则是利用氧气的化学能窃取存储在碳水化合物中的能量，然后排出二氧化碳和水。呼吸的一般原理如下：CH_2O（碳水化合物）+ $O_2 \rightarrow CO_2$ + H_2O + 能量。

如同光合作用一样，真核生物进化出呼吸系统亦可谓提供了一个能源富矿，因为这使得新生物能够利用氧气巨大的化学能储备，当然是一点一点地使用，因为只有这样生物才不至爆裂。换句话说，呼吸让生物利用火而不被火烧毁。巧妙地利用氧气，呼吸从有机分子中提取的能量至少是先前使用非氧方法分解食物分子的10倍。[16] 有了更多的能量驱动新陈代谢，生物的初级生产率（rates of primary production）——生物自身的生产——可能因此提高了10~1000倍。[17]

有来自基因方面的证据表明，最初的真核生物大约是18亿年前进化而成的。[18] 伴随真核细胞的大量增殖，它们吸收了越来越多的氧气，并将二氧化碳作为废气排放到大气中。从此，一个新的、由生物控制的行星恒温器诞生了。真核生物去除了大气中蓝藻产出的大量的氧气。这可能有助解释为何气候在元古宙的大部分时期都相对稳定。这一漫长时期的气候如此稳定，以至于有古生物学家把大约20亿~10亿年前这段时间称作“无聊的十亿年”（the boring billion）。

现代生物学家把真核细胞与原核细胞之间的鲜明差异称作生物学上最重要的分水岭之一。首先，真核细胞比大多数原核细胞都要大得多，前者的体宽是后者的 10~100 倍，所以前者的体积可能达后者的数千倍。其次，真核细胞的膜既有内生的部分，又有外围的部分，其分隔的效果类似大房子还有不同的房间，不同的活动可以分别进行。这样就使得专业化成为可能，即在内部实施分工，而这在原核细胞是根本不可能的。其中的一个隔断包含细胞核，保护着真核细胞的遗传物质。事实上，源自希腊文的 *eukaryote* 一词就是“壳”或“内核”的意思。有了细胞核的保护，真核细胞的 DNA 从遗传的角度说就比原核细胞稳定得多。这里可以储存更多的遗传物质，复制起来也更容易，所以真核细胞的遗传部件也要多一些。这就解释了为何真核细胞最终会比原核生物进化得更为繁盛。真核细胞内部有很多细胞器，如缩小版的心脏、肝脏和大脑等。其中最重要的是线粒体和叶绿体，有些真核生物就是利用线粒体摄取丰富的氧气，而也有些利用叶绿体通过光合作用来摄取阳光的能量。

真核生物还具有新的信息处理和身体控制能力，这就意味着它们能够以更复杂的方式对周围环境的变化做出反应。[19] 单细胞真核生物草履虫（paramecium）有对付障碍的巧妙方法。如果撞到一个，它就会后退，转几度，然后再次向前移动，这样反复尝试，就像一个不那么灵巧的司机试图侧方泊车一样，直到再撞不到任何东西。实际上，它正在努力辨认环境的格局，学习下一步该怎么做。它利用周围环境的信息来定位自己，避免危险，以寻找能量和食物。

那么最初的真核细胞是如何进化来的呢？生物学家琳恩·马古利斯的研究表明，真核细胞不是通过竞争进化而来，而是通过融合两种既有原核物种的特性。不同物种通过所谓共生（symbiosis）实现合作是非常普遍的现象。如今，人类与小麦、水稻、牛、羊和许多其他物种都有着充满活力的共生关系。不过，琳恩·马古利斯所说的是一种更为激进的共生类型，其中曾经独立的细菌，包括现代线粒体的祖先，却跑到了古细菌域的细胞内部寄居。马古利斯把这一机制称为内共生（endosymbiosis）。起初，很多人觉得马古利斯的想法荒诞离奇，因为这与自然选择的进化观念颇有抵牾，不过如今，大多数生物学家接受了这一论点。

内共生论最重要的证据是如下的奇怪事实：真核生物内部的一些细胞器含有它们自身的DNA，但这一DNA与细胞核中的遗传物质颇有不同。马古利斯认为，诸如线粒体等处理动物内部能流的细胞器与真核植物中处理光合作用的叶绿体显然分属于先前彼此独立的原核细胞。但二者究竟是如何结合到一体的却不是很清楚，而且有人主张，这种合并一定极为罕见。如果是这样，就可能意味着：虽然类似细菌的生物在宇宙间颇为常见，但包括人类在内的大型生物可能也极为罕见，因为至少在地球上，只有真核细胞有能力建构大型生物体。

马古利斯对内共生的发现使我们对生命的进化史有了更深入的认识。进化不只是竞争，也不只是伴随新物种的出现不断分化，正如我们所看到的那样，这中间还有合作、共生，甚至融合（convergence）。这就意味着我们有必要重新思考人们已司空见惯的生命树的隐喻，因为即使我们依然认定上述的生命三域，但显然，真核生物域并非是通过不断分化实现进化的，而是通过古细菌与真细菌的融合，也就是说生命古树的两个枝丫再度结合到一起。

更为怪异的是，真核生物竟还有另外一招——性。与所有物种一样，原核生物要将基因传给后代，其中大多数是通过自体分裂，即通过无性繁殖传递基因。但上面我们曾看到，原核细胞的基因可能会横向传递，因为部分DNA和RNA会弃船潜逃、离家出走，跑到其他细胞中寄居。原核细胞彼此分享基因就如同人类分享图书馆的图书一样。

但真核细胞传递基因的方式与此不同，而且更为复杂，但真核细胞只把基因传给自己的后代，从不传给陌路者。

在真核细胞中，遗传物质被锁定在受保护的细胞核内，遗传物质是在非常严格的条件下才被释放的，相比原核细胞更少杂乱，更多有序和规则，而这些规则影响了真核细胞的进化方式。真核生物产出的生殖细胞——卵子和精子，其后代就是这些细胞形成的——不只是复制 DNA，而是首先混合到一起，这样，同种的生物体就有机会彼此交换遗传物质，且有一个随机选择的过程，使后代的遗传基因一半得自父方，一半得自母方。这一同时牵涉基因和物理机制的运作非常复杂，但这样做的结果是为进化增添了一个新的拐点。每一代都确保有轻微而随机的遗传变异，因为哪怕大多数基因是相同的（毕竟父母双方都来自同一物种），总有少数基因略有不同。有更多的变异，进化就有了更多的选择。这正是进化在过去 10 亿年里出现加速的原因。元古宙那“无聊的十亿年”为后来激动人心的发展铺平了道路，接下来的显生宙（Phanerozoic eon）是大型生命体的时代。

第 6 章

大型生命体与生物圈

动物可能只是进化蛋糕上的一层糖霜，细菌才是蛋糕本身。

——安德鲁·诺尔（Andrew Knoll）：《壮年行星上的生命》（*Life on a Young Planet*）

大型生命体

小型生命体统治生物圈长达 35 亿年之久，甚至到现在还统治着生物圈的大部分。从卢卡到大型生命体——最初的多细胞生物或后生生物（metazoans）——的最初问世，经历了足足 30 亿年的时间。由此可知，进化出多细胞生物要比原核生物复杂得多。这一事实同时说明，即使宇宙中有各式各样的生物存在，后生生物也必定非常罕见。后生生物的问世代表生物已经进化到一种新的复杂水平。

多细胞生物的进化，需要多种分子机制事先就位。首先，须有把数以百万计的细胞精确结合到一起的可靠方法；其次，须在细胞间建立新的信息交流通道，为细胞培养特别的角色定位，在数十亿个细胞间实现信息与能量的管理和共享。此外，还需能够制造翅膀、眼睛、爪子、心脏、触须、触角、鳍、壳、骨骼等的机器，因为大型生物要能够接收、处理并对更多的信息做出反应，所以还需要大脑。新的基础设施还真不少呢！

但要进化出这套机器就需要时间。而且在地球上进化出后生生物，还必需另外一个金凤花条件——稳定性。仅有对生命进化有利的条件还不够，关键是这种条件还必须能够持续相当长的时间，以使生命体能够不断地进化和尝试。太阳本身的稳定帮了大忙，而且太阳似乎很适合这项工作。按照恒星的标准看，太阳是非常可靠的公民，不太可能做出太不可预测的事情。星体运行轨道不稳定就意味着气温会大起大落，所以说稳定的行星轨道也帮了不少的忙。我们的地球在这方面完全称职。我们的月球相比之下也是超常地大，而这也有助于稳定地球的轨道并保持一定程度的倾斜。还有，正如我们此前所看到的，板块构造、侵蚀和生命体本身共同创造出了一个地表恒温器，从而使地表温度不至波动过大。

在这样一个复杂进化的过程中，可能出错的地方真的是很多的。邻近的恒星系统中有可能出现超新星大爆发，地球有可能与另一颗行星发生致命的碰撞。但不管怎么说，我们的地球还是安然无恙地避过了上述危险，而且在过去的 30 亿年里一直适合生物生存。这就为大型生命的进化提供了足够的时间。大型生命体真的很大的。我们人类相比细菌，就像迪拜 830 米高的哈利法塔（Burj Khalifa）相比一只爬过看门人鞋子的蚂蚁。

大型生命体一旦问世，将在极大程度上改造整个生物圈，正如此前小型生命体所做的那样，只不过前者是以更为新颖的方式。后生生物占据了所有大陆，并改造了大陆的面貌。大型植物把岩石粉碎成土壤，加速了风化，把早期地球怪石嶙峋的表面，连同其布满叠层石的海岸线，变成了郁郁葱葱、格调奇异的花园、森林和热带草原，而且就发生在过去的 5 亿年间。而且伴随绿色植物把氧不断输送到空气中，整个大气层都被改造了。大约从 4 亿年前开始，地球已开始适应高氧（氧气占到整个大气的 15% 以上，而非此前低于 5% 的标准）、低二氧化碳（现在是百万分之几百的样子，而不是此前的百万分之几千）的新的大气构成。各种动物在大型植物创造出的新的生态位（niches）中漫游，同时有真菌和细菌清理、分解并回收死亡动物的遗骸。后生生物还改造了海洋，使海洋中充满了各种稀奇古怪的新生物，从虾到海马、从章鱼到蓝鲸。

使大型生命体得以成型的分子器件

在过去的 10 亿年里，细胞最重大的创新不在细胞内部（这部分工作主要是原核细胞完成的），而是在细胞之间关系不断变化的架构。最早的多细胞生物细胞间的结合还非常软弱无力，就像上面提到的数以十亿计的叠层石聚合到一起那样。更准确地说，叠层石只是聚到一起而没有多少组织。事实上，许多细菌也只是类似这种聚集的行为，细胞之间仅限于非常基本的通信交流。在实际操作中，这意味着每个细胞内的计算网络被连接到由许多不同的细胞组成的计算系统中。

早期的某些后生生物很可能只是兼职的，就好像现代的黏菌（slime molds）。比如，盘基网柄菌（*Dictyostelium*，黏菌之一）是一种变形虫，其细胞大多数时间都是独立生活的，但在食物出现短缺时，数以千计的细胞会团成一个蛞蝓（slug），也就是一个更大的团体，目的是共同寻找食物。蛞蝓能够做的许多事是单个细胞无力做到的，比如朝热源和光源长距离的跋涉。蛞蝓运动的时候，单个细胞可能会发生变化，以承担起不同的职责，比如有些成了孢子（spores），而另有一些成了茎或脚的一部分。我们从盘基网柄菌的事例可得知如下几个要点：第一，多细胞结构（multicellularity）曾多次进化，时至今日还有某些生物组织尚处在进化的过程中；第二，多细胞结构如同生命本身一样，还存在某种难以界定的组织的灰色地带；[1] 第三，多细胞结构加强了单个细胞的计算能力，提高了其管理环境信息的能力。

在多细胞结合紧密的生物中，个体细胞已高度专业化，所以根本不能再独立成活了。真正的多细胞结构实际上是一种极端形式的共生关系。细胞能够轻松实现合作还得益于如下的事实：后生生物的绝大部分细胞基因相同，已经组成了一个家庭，每个细胞的工作都是为了支撑整个机体，甚至有时还须为了全局献出自己的生命。的确，细胞有时就像神风敢死队的飞行员一样，如果自身不再能正常工作或不再有存在的必要，常常会自我毁灭，生物学家将这种做法称为凋亡（apoptosis）。就在今天，在你的身体里，就有多达 500 亿个细胞会自我毁灭，也就是凋亡。

如同现代社会一样，交流信息对多细胞生物来说至关重要。多细胞生物有一个类似现代社会的邮递服务系统，而细胞间大部分的交流就是通过该系统实现的。负责传递信息的分子能够穿越细胞膜，还可以在细胞间巡游，递送营养物质、发出警告、传递信息或发出指令。后生生物的基因组在多大程度上投入细胞间的合作呢？1998 年，研究人员首次实现了对后生生物基因组的准确测序，从而揭晓了问题的答案。被测序的多细胞生物为秀丽隐杆线虫（*Caenorhabditis elegans*），它的神经系统共有 302 个神经元，其中的 18 891 个基因中约有 90% 在单细胞的原核生物中根本不具备，因为这些基因细胞的工作是协调其他细胞间的关系和运作。[2]

大型生物体的细胞能够很好地实现合作，原因是细胞有着相同的基因，而同时又能各司其职，这是因为不同的基因是在不同的细胞中被激活。受精卵的单个细胞在分裂和繁殖时，新的细胞会激活其共享基因组的不同部分，当然这取决于它们在生长的胚胎中的位置。不同的基因决定细胞具有什么样的结构及其在生物体内扮演什么角色。管理这一精巧的发育过程的是一小群被称为工具包基因的基因，比如总数大约 200 个左右的同源基因（*Hox* genes）。[3] 工具包基因就像是建筑工地的经理。普通基因所做的是标准的建筑工作，比如在这里生产蛋白质，在那里激活酶，而工具包基因所做的却是依据细胞 DNA 中存储的结构图决定特定分子的何去何从，比如发出如下的指令："好的，去那边，开始长个腿"，或"不行，你是骨骼细胞，可不是神经元啊！"肌肉细胞、神经细胞、皮肤和骨细胞以及构成人体的所有 200 多种不同类型的细胞就是这样一步步制造出来的。

不同物种中的工具包基因颇为相似，这说明它们是大型生命体最早进化出的器件的一部分。其实，并非工具包基因本身就能决定生成蟑螂或鹦鹉，这里的关键是激活基因的工作方式有所不同。这样，一个物种的腿可能到了另一物种变成翅膀，起初看来像蝌蚪的东西可能最终会变成蓝鲸。如果工具包基因出现了激活顺序上的错误，那就有可能制造出怪物，比如前额长腿的果蝇。正是工具包基因使用的不同结构图决定了当今后生生物的显著多样性。

大型生命体走向繁荣：埃迪卡拉纪和寒武纪到来了

后生生物真正步入繁盛，大约是最近 10 亿年的事情。其中最早的大概是学会了光合作用的藻类，于是很快形成了海带状的结构。但大约自 6 亿年前元古宙时代快要结束起，大型生命体可谓真正地走向繁荣了，当时有数以百万计的后生生物物种开始大规模地探索由多细胞结构开辟的新的生态位及生活方式。

大型生命体的问世乃受元古宙末期气候大起大落的驱使。由于氧气在大气中的含量不断上升，其后可能又出现了两次冰雪笼罩地球的时段。从大约 7 亿年前开始，整个地球变得异常寒冷，以至于在 1990 年，地质学家们给这一地质时段又添加了一个新名称，成冰纪（the Cryogenian period），从约 7.2 亿年前始，一直持续了 8 500 万年。厚达 1 000 米以上的冰川锁定了陆地与海洋；地表温度可能下降至-50℃，光合作用基本被停滞了。所有生物再次命悬一线。

那地球为何会再次冰冻呢？藻类生物在陆地的扩张可能吸附了大量的二氧化碳，[4] 此为其一；大陆的整体格局可能也出现了重大变化，此为其二。从元古宙早期始，板块构造可能周期性地把陆地聚合成多个超大陆，哥伦比亚超大陆在 18 亿年前一度达到其总面积的最高值。[5] 10 亿年前，大多数的大陆聚合成另外一个超大陆，也就是如今被称作罗迪尼亚（Rodinia）的超大陆。罗迪尼亚超大陆的解体造成了更复杂的全球地理格局，也加速了气候变化的节奏，而这一过程又吸附了更多的二氧化碳。此外，这一时期可能还见证了其他更为剧烈的地质过程，一种可能性是地球的磁轴突然翻转，改变了所有大陆相对于两极的位置。这种事件现在被称为真极漂移事件（true polar wander events），这种事件在最近的 30 亿年里至少曾发生过 30 次。这种规模的地质厄逆可能是由于地球内部大量熔岩的突然运动造成的，或者也可能是由于小行星的撞击。[6]

且不管究竟是什么原因，仅这种剧烈的变化就足以影响到整个生物进化的节奏。在冰封之下，那些有幸活下来的生物再度聚焦到地壳泄露炽热岩浆的通风口。在这种生物的避难营地，进化便可以探索更为新奇的途径，因为新基因可以在小而孤立的种群中快速传播。事实上，这等奇异的世界可能见证了最早的多细胞体实验。

极寒大约在6.35亿年前终于结束了，而且发生得较为突然。在冰天雪地之下的火山口聚集的大量温室气体猛然间被释放到大气层中，造成二氧化碳浓度剧增，而与此同时，氧元素的水平骤然降至比现在还要低的程度。结果，气温上升了，冰雪融化了，生物圈再次被彻底改造。一霎时，本来生活在成冰纪阴暗、寒冷世界中锐意创新的多细胞生物体来到了温暖如春的新世界。

多细胞生物体大量涌现的第一个证据出现在埃迪卡拉纪（Ediacaran period）早期，该地质时段约从6.35亿年前延续至约5.4亿年前。此时，我们在历史上第一次看到三个熟悉的大型生物种群：仰赖光合作用并静静地生活在某个地方以汲取光能的植物，靠搜罗分解有机物为生的真菌，专门采集捕猎其他生物而不得不异常灵动警觉的动物。由于出现大批靠吞噬其他生物获取能量的生物，生物圈也因此变得更加复杂多样，还同时形成了生物间的等级：来自太阳光的能量经由植物、动物和真菌呈现出三种不同的营养水平。包括人类在内的动物处于接受光能的第二个层次。我们使用的能流首先由植物捕获，能流最终抵达人类时，中间过程其实已有很多的损耗。生态学家所谓的食物链实际上是一个能流消费的链条，植物排在最前面，其后是食草动物（或食用植物的生物），然后是吃食草动物的食肉动物，最后是以尸体为食的真菌。熵一定乐见这一过程，因为每一步都可以征收垃圾税。在每一个营养层次，光合作用所捕获的能量大约90%都损失了，所以食物链上稍后的链条所能享用的能流要少得多。正因如此，地球上的动物要比植物少，食肉动物要比食草动物少。不过真菌倒是左右逢源，因为它靠回收死尸为生。

最早出现的多细胞生物大概是植物，因为植物的细胞内有叶绿体，所以能够进行光合作用。多细胞动物是后来进化的，因为它们在食物链的地位更高，其能够获取的能流更稀少，所以必须去四下寻找食物。多细胞动物出现的最早证据来自埃迪卡拉纪的海洋。

埃迪卡拉纪的命名来自南澳大利亚的埃迪卡拉山，因为这里在 20 世纪 40 年代最早发现了这一时段的化石。古生物学家在此发现了至少 100 种不同的埃迪卡拉属化石。这一发现着实令当时的生物学家大为震惊，因为 100 多年来，生物学家们一直认为最早的大型生物发端于 5.4 亿年前至 4.9 亿年前的寒武纪（Cambrian period）。生物学家错失了埃迪卡拉纪的生物，是因为这一时段的生物大多是软体动物，就像现代的海绵动物、海蜇和海葵，所以不易形成化石。如今，我们了解到它们的存在主要是因为它们留下了不少的轨道，甚至隧道，证明它们曾吃力地跋涉、爬行在埃迪卡拉海的泥浆中，甚至还会挖洞。最早的刺胞动物（cnidarians）和栉水母（ctenophores，想一想水母，虽然这类动物并不包括水母）很可能曾在埃迪卡拉海畅游过。上述生物对我们非常重要，这是因为它们是最早的具备神经细胞的大型生物，虽然这些神经细胞还没有聚合成完整统一的神经系统，而只是散布在身体各处，就像现代无脊椎动物的神经系统那样。

生物学家把众多新物种突然出现的现象称作适应性辐射（adaptive radiation）。这是特别重要的一个概念。生物进化找到了新的装置器件，即多细胞一体的构成，而后众多不同的进化谱系就可以接续探讨其未来发展的可能性。不过正如一种原型问世（可想象一下最初不用马拉的内燃机），其后尝试的大多数模型都难以成功一样，埃迪卡拉纪的物种几乎没有后代延续至今，其中大多数在约 5.5 亿年前早已灭绝。读者很有可能把这看作是进化过程中的一次重大失败，但笔者还是要提醒一下：还记得人类问世才不过20万年吗？

埃迪卡拉纪可谓是多细胞一体配置的一次测试。而其后的寒武纪则标志着大型生命体进入了一个新的时代，生物学家称之为显生宙（Phanerozoic eon），始于彼时，但一直持续至今。而且在寒武纪，后生生物出现了第二次适应性辐射。

寒武纪时代的化石最初是19世纪英国科学家亚当·塞奇威克（Adam Sedgwick）发现并确认的。当时，寒武纪地层显示的是最古老生命的证据，其中包括许多大型化石，主要是三叶虫（trilobites）化石。三叶虫属节肢动物（arthropod），是具有外部骨架的模块化有机体，形似现代昆虫和甲壳类动物。寒武纪化石保存完好，因为许多动物都有了骨架和贝壳。对19世纪的古生物学家来说，生命似乎突然出现且完全成形，这使相信造物主上帝的人感到非常高兴。现在我们已经很清楚，生命在地球上存在迄今已有大约35亿年的时间，虽然直接的证据很难找到。所以说，寒武纪并非标志生命的起源，而是多细胞生物的大规模适应性辐射。

寒武纪生物的设计要比埃迪卡拉纪更成功，就好像原有设计的一些重大缺陷被消除了。这一时期最成功的设计可谓是结构上的模块化（modularity）。把类似的身体模块结合到一起，就组成了一种貌似蠕虫般的生物。而后，工具包基因开始修正每个模块，于是有的发育成了腿或翅膀，而另有一些变成有嘴的头部，或触角，或可能是大脑。甚至你和我都是模块化了的，虽然我们的模块现已非常专业化，以至于很难看出其间有什么相似之处。

寒武纪的生物设计非常成功，以至于现存所有大型生物的主要类群（或*phyla*，即门类）都是在寒武纪时期首次出现的，而且大多数是在始于 5.35 亿年前的 1 000 万年里，着实非常惊人。这一时段（对古生物学家而言不过是一瞬间）可能是过去 6 亿年来生物创新最迅速的时期。[7]

寒武纪物种包括最早的脊索动物（chordata）或脊椎动物（vertebrates）。这是我们人类所属的动物的大门类。脊椎就像很多条管子，每个管子都有脊髓、前端（长着嘴巴）和后端（长有肛门），而所有管子共享一个基础的神经系统。最早的脊椎动物还没有我们称之为大脑的集中的神经元球，但已具备由成千上万的神经细胞组成的神经系统，这些神经细胞可以处理从传感器细胞输入的大量信息，然后把决定传递给其他器官，然后器官采取适当的行动。配备有简单神经系统的后生生物当然要比单细胞生物有能力接收和处理更多的信息。所以说，寒武纪也标志着信息处理变得更加精细和重要的一个时代开始了。有一种现代海洋无脊椎动物叫文昌鱼（lancelets），它仅有神经系统却无大脑，可能与我们最早的脊椎动物祖先有一些相似之处。

不稳定的气候可能是寒武纪时期进化速度显著加快的原因。此时大气中的氧含量再度开始上升，提供了形成多细胞生物体所需的能量。但二氧化碳浓度上升得更快，甚至达到了比现在还要高很多的水平，从而制造出一个温暖、潮湿的温室世界。但无论具体发生了什么，剧烈的气候和地质变化都会加快进化的步伐，导致许多物种灭绝，同时使多种新的大型生物体进化成型。

进化的起伏：大规模灭绝与进化的过山车

就像探险家往往要跨越高山之障才能找到新的沃土一样，多细胞构架的发明为生命大发展开辟出了众多新的可能性。后生生物充分尝试了多种可能性，结果迸发出多重的适应性辐射。新的生命形式极大地改造了地壳，在有些地方，由碳酸钙形成的骨骼与壳状物世代堆积，形成了厚厚的一层白色物质（可想象一下白色的多佛悬崖）。大型动植物也已迁徙到陆地上，加速了风化、侵蚀和岩石粉碎，从而制造出了地球上最初的真正的土壤。而最终，植物细胞中的叶绿素也使大部分土地变成了绿色。

上述这些变化并不像达尔文和他那一代人所期待的那样流畅且庄严。相反，大型生命体生活的进化历程充满了不可预测和风险，就像坐过山车一样。小行星撞击、地球内部物质的突然切换、地表大气层的剧烈变迁以及大规模的火山喷发都可能让进化步入新的意想不到的轨道。正如尼尔斯·埃尔德里奇（Niles Eldredge）和斯蒂芬·杰伊·古尔德（Stephen Jay Gould）在 1972 发表的一篇名文中所指出的那样，进化是“在间断中行进的”（punctuated）。[8] 或者套用一句有关士兵生活的老话，显生宙的进化实际上是长时间的无聊难耐，其间夹杂着短暂的恐怖，还有危及生命的暴力。这里所谓的暴力在生物大规模灭绝时期最为明显。

由此，我们再次看到偶然性与必然性的携手同行。在任何特定时期，多个物种的混杂在理论上都是可能的。偶然事件决定了究竟哪些物种能够活下来。在生物大规模灭绝期间，整个物种群会突然消失，而且显然是随机的。就像人类之间的战争一样，大规模的生物灭绝造成了可怕的损失。大灭绝对特化物种（specialized specie）——比如现代考拉熊（koalas，或称树袋熊）——尤其残忍，因为这些特化的物种在急速变迁面前根本没有余地去适应或回旋。大灭绝同样对大型生物毫不留情，因为后者需要更多食物且繁殖过慢，无法跟上快速变化的步伐。大灭绝事件甚至对整个基因系列进行重新洗牌，一方面为幸存者创造了新的进化空间，而另一方面，也特别能容忍新的进化实验。而随之而来的一般总是适应性辐射，即迅速地实验并随之把大批新的生物产品推向变化中的生物圈大众市场。不过，许多奇异的实验产品很快就会消失，只剩下最成功的。

第一次大灭绝发生在太古宙。25 亿年前的大氧化事件肯定扼杀了大批细菌类生物，因为氧对菌类生物有剧毒。事实上，这可能是有史以来规模最大的一次大灭绝。此外，元古宙末期，也有众多生物种群在冰天雪地中灭绝，而在埃迪卡拉纪末期，又有大批生物骤然消失。而在这以后，至少还有五次大灭绝事件发生，造成既有物种一半以上从此消失。

寒武纪生命大爆发（Cambrian explosion）最终以 4.85 亿年前一系列的灭绝事件告一段落。许多三叶虫物种因此踏上了不归路，此外还有为数众多的寒武纪奇异物种，后者的化石在加拿大的伯吉斯页岩（Burgess Shale）和中国的澄江都有发现。[9] 奥陶纪（Ordovician period）也以 4.5 亿万年前的一系列大灭绝事件告终，当时所有物种的 60% 都消失了。

大型生命体问世以来规模最大的生物大灭绝发生在 2.48 亿年前的二叠纪（Permian period）。这一次，有 80% 的物种全部死亡，包括最后的三叶虫物种。至于此次大灭绝的具体原因，科学家们至今还没有弄清楚。但很有可能是从地壳喷涌而出的火山岩浆量特别大，升腾到空中的火山灰遮蔽了阳光，使得光合作用无法继续进行。此说的证据是现代西伯利亚地区曾发现大规模的火山遗迹，被称作西伯利亚暗色岩（Siberian Traps）。火山喷发将大量的二氧化碳注入大气，所以当尘埃降落时，二氧化碳浓度急剧上升，氧气含量下降，海洋因此变暖。地球一打嗝，生物圈战栗了。据估计，海洋的温度可能高达 38℃，足以杀死大多数海洋生物，海洋中几乎所有的光合作用都被迫停止。海洋升温，其中的氧含量就会减少，其所能支撑的生物也会因之减少，而在深海处，解冻的甲烷团——被称为甲烷气水包合物（methane clathrates，俗称可燃冰）——可能释放了大量的甲烷气泡。这是一场温室大灭绝（greenhouse mass extinction），是通过加热而不是冷冻实现的灭绝。[10] 在极端的温室世界，大型生物只有躲到广袤的盘古大陆南北两端寒冷的极地环境中才能求得生存。

大地变绿与大气充氧

在早期显生宙剧烈动荡的凶险之下，一种新的生物圈正在形成。植物、真菌和动物此时业已迁移到陆地，所以极大程度地改造了地表的状况。尤其能够从事光合作用的植物，更是吞噬了大量的二氧化碳，并同时释放出海量的氧气。生物圈的恒温器被重置，从而创造出一种新的气候格局，大气中的氧含量比以往任何时候都要高，二氧化碳浓度比以往任何时候都要低。从根本上说，这种格局一直延续至今。

征服陆地是一项极其困难的事业，其难度丝毫不亚于征服一个新星球。此前的生物已经在水下成功生活了 30 亿年，每个细胞都更适应咸的海水，生物体漂浮在水下，从中汲取自身所需的气体和化学物质，甚至在水下捕获其他生物当食物。而一旦离开了水域，生物体就需要制备一套生命支撑体系，就像宇航员制备太空服一样。它们需要坚韧的皮肤助其锁住水分，以防身体干燥，但皮肤还必须有很好的渗透性，能够让二氧化碳或氧气自由进入。这里有一种微妙的平衡。植物的叶子处理这种相反的需求是通过一种叫气孔（stomata）的机制，这种微小的气孔能让二氧化碳进入，又能让水渗出来，而气孔的大小和数量取决于周围的温度、湿度和二氧化碳水平。

生物如何在出水的环境中自我繁殖呢？它们是如何做到让卵或婴儿免受干燥（desiccation）摧残的厄运呢？水还提供浮力，而陆地上没有太多浮力。对于跳蚤这样的小昆虫来说，这倒没什么，因为它体重轻，不用担心引力的问题，所以跳蚤哪怕跳下悬崖也能安然无恙。但对大型生命体而言，引力造成的问题就大多了。它们要站起来，就必须有骨架或木头支撑，而一旦站起来，还需精心设计的管道能够逆引力把液体循环传输至身体的每个细胞。植物通过根部和内部通道循环液体，利用的是水通过毛细管作用（capillary action）能够向上爬过狭窄通道的能力。而动物则开发出特殊的泵（心脏）来循环体液和营养物质，并同时去除身体中的毒素。

后生生物真正开始征服陆地是在 4.5 亿年前奥陶纪末期生物大灭绝（late Ordovician extinction）之后。那时候，最早一批勇敢的动植物群踮着脚尖走出海洋来到陆地，也许是受到大气中氧含量增加带来能量提升的鼓舞。

大约 4.3 亿年前，第一批维管束植物（vascular plants）出现在陆地上，这些维管束植物有能够循环体液和养分的组织。真菌和动物很快也跟上了。结构简单的蝎状节肢动物可能与最早的维管束植物比肩，也开始在陆地上繁衍。早在 4 亿年前，早期的两栖动物已经开始在陆地上行走，两栖动物足迹的化石在爱尔兰和波兰都曾有发现。两栖动物是由能在无水的情况下呼吸并能在干燥的湖泊与河流浅滩上行走的鱼类进化而来的，就像现代的肺鱼（lungfish）。但所有两栖动物都必须靠近水源并在那里产卵。第一批两栖动物是最早来到陆地的大型脊椎动物，有些就像现代人类一样大。

来到陆地的植物对大气环境的影响特别大，因为它们吸入二氧化碳，然后呼出氧气，奥陶纪时期大气中的氧含量因之迅速提升，从原来的 5%~10% 猛增至 35% 才开始稳定下来，比现在的含量还要高很多。从大约 3.7 亿年前开始，大气中的氧含量一直保持在大约 17%~30%。[11] 我们了解到这一点，是因为在这一时期，研究人员发现很多自燃火灾的证据，而假如氧含量远低于 17%，自燃现象就不可能发生。而到了二叠纪（Permian period，约从 3 亿年前至 2.5 亿年前），大气中的氧含量可能达到顶峰。

大气中氧含量提升的一个指标是此一时期出现了珊瑚礁，而珊瑚礁需要大量的氧气。最早的珊瑚礁出现于奥陶纪。珊瑚礁由大量体形较小、基因相同的共生无脊椎动物组成，从远处看，就好像一群庞大而绵延甚长的动物，身形健硕，但骨骼却有些奇形怪状。每个珊瑚礁实际上都有数量庞大的单细胞微生物在从事光合作用，以为珊瑚礁提供能量。珊瑚礁为许多大型生物提供了舒适的住所，包括三叶虫、海绵动物和软体动物。

在大约 3.7 亿年前肇始的泥盆纪（Devonian period）期间，大气中氧含量的提升驱动了第二波的后生生物登陆。最早的木质植物出现在大约 3.75 亿年前，其木质结构使这种生物能够抗拒地心引力并站立身形，而不久以后，最早的森林就出现了。森林通过光合作用锁住了大量的二氧化碳，于是地球变绿了。此时大气中的二氧化碳大约降至此前的 1/10。[12] 最早的森林的影响尤为显著，因为至此为止，还没有生物能够分解木材中的木质素（lignin），所以石炭纪（Carboniferous period，从 3.6 亿年前至 3 亿年前）的森林大部分被埋在了土壤下面，连同树木从大气中吸收的碳。随着时间的推移，森林变成化石，形成了后来推动工业革命的煤层。今天，约有 90% 的煤埋藏于高氧时期，大约是在 3.3 亿年前至 2.6 亿年前。有了充足的氧气，森林火灾很容易被雷击点燃。

因此，石炭纪和二叠纪早期的世界虽然寒冷，但很可能具有森林大火的刺鼻气味，这种气味在太阳系的其他行星上根本不会有，因为上面缺少高氧和火传播所需的木质燃料。

石炭纪森林的光合作用速率可能翻了一番，这足以使生物圈的总能量翻了一番，从而产出更多的生物。[13] 植物的到来改变了地球的地质恒温器，因为植物加速了岩石的风化，把更多的岩石捣碎并溶解到土壤中，而土壤更容易把埋藏的碳带入海洋；由此，碳下沉到地幔深处。埋藏的碳不能再与氧发生反应并生成二氧化碳，因此造成氧含量上升。所以说大气中游离氧的含量大致取决于有多少二氧化碳沉入地幔。可见，大气中的氧含量与二氧化碳浓度呈相反的方向运动。氧含量上升会造成地壳部分出现更多新的化学反应，从而造就了今天人们在地球发现的 4 000 多种不同类型矿物质中的大部。[14]

在 4.5 亿年前至 3 亿年前，也就是从奥陶纪末期到二叠纪初，森林和陆生生物极大地改变了地球的表面，使大陆变绿，又重新设置了生物圈的恒温器，从而创造出显生宙末期大气中氧含量高、二氧化碳浓度低的局面。

长时期大趋势：身体变大与脑量增加

如同一般复杂性的历史进程一样，大型生命体的演进也充满了偶然性和必然性。上述的多次生物大灭绝现象充分显示了偶然性的巨大作用。缺少偶然性，今日的生物圈肯定会是另外一幅图景。但进化从来不是完全由偶然性支配的，因为总有一些形式的变革比其他形式的变革更容易发生。所以，尽管偶然的运气曾经形塑过大型生命体的历史演进，我们还是能够从小行星撞击、火山喷发及生物大灭绝等种种历史的纷扰中廓清一些万古不易的大趋势，这种长时期的大趋势与突然降临的大灾难对我们而言同样重要。

其中的长期大趋势之一是生物体变得愈发庞大。其实正是这一趋势造就了后生生物。同时，这一趋势还使得后生生物变得越来越大，因为身形巨大通常具有很好的进化意义，毕竟，以捕食大型生物为生的动物很少。你可以试想一下用牙齿咬住蓝鲸会是什么样子！大型生物相对于单位体重所需的食物也较少，而且更容易躲过气候干燥带来的灾难。[15] 此外，显生宙早期出现的大气高氧格局也为巨型后生生物提供了额外的驱动能量。事实上，氧含量高更适合大型生物体的繁盛，因为此时二氧化碳的水平会更低，天气也趋于凉爽。这一规律对海洋和陆地均如是，冷水自然比温水能够容纳更多的氧气。

随着大气中氧含量的上升，进化中的许多不同物种开始尝试更大的身躯架构。在石炭纪和二叠纪，我们已经看到巨型昆虫和巨型脊椎动物。那时候，你可能看到有 50 厘米翼展的蜻蜓，或是 90 厘米长、重达 20 公斤的蝎子。最早的爬行动物出现于大约始于 3.2 亿年前的石炭纪，属于一组新的被称为羊膜类动物（amniotes）的物种，其中包括爬行动物、鸟类和哺乳动物。与两栖动物不同，羊膜类动物可以在远离水源的地方繁殖，因为它们的幼崽是在受保护的卵、囊或子宫中发育的。爬行动物最终发展出陆地上体形最大的一些动物，有的悠然漫步，有的大摇大摆，有的蹒跚踟蹰，有的东奔西跑。

紧接着二叠纪末期的生物大灭绝，在三叠纪（Triassic period，从 2.5 亿年前至 2 亿年前）就出现了新的适应性辐射。这是最早的体形庞大的恐龙问世之际。（其实并非所有恐龙都体形庞大！）不过到了三叠纪后期，大气中的氧含量再次下降，地球也因而再次变暖，大型后生生物的日子又不好过了。2 亿年前，三叠纪很突然地结束了，其后是又一轮的温室大灭绝。勉强活下来的恐龙家族进化出更有效的身体机制，能够在少氧的环境下照样呼吸，其中包括用两足行走（bipedalism，可想象一下霸王龙和现代的鸟类），因为用两足行走，爬行类动物的胸部便更开放，呼吸起来比用四条腿在地上踯躅爬行顺畅多了。到了侏罗纪（Jurassic period，从大约 2 亿年前至 1.5 亿年前），氧含量再次上升，直到接近当今世界的水平。恐龙的体形也再次变大。最大的恐龙出现在 1.6 亿年前至 6500 万年前的侏罗纪末期和白垩纪（Cretaceous period），此时恐龙的肺呼吸机制比其三叠纪的祖先更高效，它们充分利用富氧大气中的能流支撑着自己庞大的身躯。

最早的鸟类也是在侏罗纪进化出来的。鸟类也仰仗大气中的高氧含量，因为，现代的飞行员都知道，飞行需要很多能量。始祖鸟（Archaeopteryx）是最早的类似鸟类的动物，1861 年，在当今的德国，科学家发现了始祖鸟的化石，距离此前达尔文《物种起源》的发表仅仅不过两年。始祖鸟生活在距今 1.5 亿年前，身体差不多和现代的乌鸦一般大小。在达尔文看来，这一发现充分证明了其自然选择的理论，因为始祖鸟恰恰是一种过渡性的物种，介于爬行类和鸟类动物之间。始祖鸟身上有很多鸟的特征，但还保留着爬行类动物的一些特征，比如还有爪、骨尾和牙齿。近年来的考古发现证实，其实在白垩纪，还有许多种鸟类动物保留有牙齿，鸟类与恐龙可谓生活在同一时代。

哺乳动物与其他羊膜类动物（爬行动物和鸟类）一样，也出现在二叠纪生物大灭绝之后。哺乳动物最终也进化出一些身形巨大的物种，但却是在近 2 亿年之后。在此之前，它们大多生活在恐龙世界的阴影之中。在整个三叠纪、侏罗纪和白垩纪（从 2.5 亿年前到 6 500 万年前），大多数哺乳动物都属于小型的穴居动物，有点儿像现代的啮齿动物（rodent）。

哺乳动物属于恒温动物，与同属羊膜类动物的爬行动物和鸟类有一些关联。但哺乳动物与爬行类动物和鸟类也有很大区别。哺乳动物的大脑有新皮层，这使得哺乳动物特别精于计算。哺乳动物有毛皮（其实人类也有毛皮，只不过要比大多数哺乳动物都少），而且多数能够很好地照顾下一代。现代分类学的奠基人卡尔·林奈最早把人类从属其中的动物称作哺乳动物，因为它们共有一个显著特点：所有哺乳动物都用乳腺分泌的奶水来喂养幼崽。而对古生物学家来说，哺乳动物化石最明显的特征就是它们长有牙齿。即使最早的哺乳动物也长有尖牙，这样上下牙齿便可以相互啮合，从而比大多数爬行动物能够更有效地咀嚼并研磨新型食物。

此外，哺乳动物还展示了另一种强大的进化趋势，即更精密的信息处理能力。这在整个显生宙时期非常显著，尤其是在动物中，最显著的当然是哺乳动物。

我们业已看到，所有生物都会处理信息。它们收集信息、处理信息，然后依据信息采取行动。在最简单的生物体中，包括原核生物，第二个（信息处理）阶段还很初级，通常只是一种类似开关的做法，比如："这里太热，顺时针摇动鞭毛并迅速离开。"而在比较简单的后生动物中，则出现了某种有关痛感或快感的反射，且能指导更有效的信息处理。

但伴随生物变得更大且更复杂，其所需处理的有关周围环境的信息也增多了。所以自然选择为大型生物体配备了一种对更多信息的欲求，因为足够而准确的信息对其生存而言至关重要。难怪人类在解答出难题之后，大脑中竟有一种类似满足食色之需后才有的快感。[16] 自然选择还给大型生物体配备了多个传感器，传感器的种类也有所增多，诸如涉及声音、压力、酸度和光的传感器。自然选择同时为生物体进化出更多可能的反应。输入、输出信息的量和范围加大，信息处理阶段也变得更加精细，而这也需要更多神经细胞投入该工作。在动物体内，神经聚集在节点、神经节和大脑中，形成类似晶体管的开关网络，开关连接着数百、数百万甚至数以亿计的可以并行计算的神经元。这使得动物能够模拟外部世界的重要特征，甚至可以模拟可能的未来世界。不过，哪怕再聪明的动物（甚至包括你或我）也无法做到与环境直接接触；相反，我们都生活在一个由大脑建构的丰富的虚拟现实中。我们的大脑不断生成并及时更新有关身体及周围环境的最显著特征的信息图谱，就像气候科学家为不断变化的环境建模一样。[17] 这种图谱有助于我们对周围永无休止的变化做出适当的反应，至少大多数时候是这样。

决策过程在具备大脑的生物中的不同层次运作。其中有些决策必须快速做出，这当然是在确实没有足够时间仔细考虑的情况下。但另有一些决策过程却相对缓慢，需要沉思后才能做出，后者也足以提供更多的行动选项。实际上，那种简单的类似开关似的痛感传感器甚至在最复杂的后生生物中依然控制着大量的行为反应。把手放到火焰上，几乎不用想就会迅速把手移开。由边缘系统（limbic system）控制的情绪同样使生物体能够依靠禀赋和偏好迅速做出决策，好在这样做出的众多决策多数时候还是正确的。在查尔斯·达尔文看来，情绪是自然选择进化出的有助生物体存活的决策机制。总想着去拥抱狮子的羚羊不太可能将基因传递给后代。那些最不易受意识控制的情绪时常在我们人类的胸中涌动，其中包括恐惧和愤怒、惊讶和厌恶等，也许还包括一种快感。这类情绪通常使我们以特定的方式做出反应，并向身体发出化学信号，使身体做出逃跑或专注、攻击或拥抱之类的反应。[18] 情绪驱动所有具备大脑的动物的决策过程，诸如恐惧之类的情绪活动可能在所有脊椎动物甚至某些无脊椎动物中同样存在，尤其是其中最聪明的动物，比如章鱼。由情绪制造出的对某种特定结果和行为的偏好是人类追求意义与伦理的背后驱力。

我们常说的人之理性（reason）其实只是上述众多生物决策者中的一员。如果生物的大脑足够大、时间足够充裕，且其他系统出现锁定、不能给出清晰的答案，那么理性就会出面调停重大决策。如果对面并非真的是狮子，那么我真的有必要耗费这么多的能量逃之夭夭吗？对手只是做个威胁的表示，还是我真的必须做出反应呢？

感知、情绪和思想共同造就了所有人类——或许包括其他众多脑量较大的生物——共有的内在主观世界。我们称之为意识（consciousness）的东西似乎不过是大脑唤起的一种注意力高度集中的模态，就好像在法庭上必须要做出新的、困难重重且异常重大的决定时一般。也就是说，某种程度上，意识是许多生物都具备的，前提是这些生物体的脑量足够大，能够为真正复杂的决策提供必要的工作空间。[19] 但日常决策并不需要意识的帮助。

如果在决策系统中再加入记忆元素，我们就具备了复杂学习的真正基础，即记录下先前决策的结果并据此为未来做出更好决策的能力。比如，有一种鱼叫濑鱼或隆头鱼（cleaner wrasse），它会给其他鱼类清洁牙齿，而后者很容易借机将其吃掉，所以濑鱼必须学会辨认哪些鱼不会吃掉自己，而且还能从其牙缝间赚得一顿免费的午餐。记忆会自动地把有意识做出的决策储存起来，然后在快速、貌似自动的反应中借鉴先前的决策。再比如，一旦你学会了驾车，便不会在看到红灯后脑子里先过一遍一步步该怎样做，然后再做出反应，你甚至会不知不觉地脚踩刹车。

这种精致的决策及建模系统是在显生宙时期进化出来的，在动物身上表现尤其突出，因为相比植物，动物必须能够做出更多的决策。大多数无脊椎动物的神经元网络依然遍布全身，但已经出现特定的神经节点或神经节。有些无脊椎动物，比如章鱼，已经在这种网络的基础上建立了强大的信息处理系统；章鱼的神经元大多集中于腕足处。脊椎动物的神经元也有许多已经深入身体内部，并与传感器和执行决策的运动细胞保持联系。但伴随传感器数量的增加以及信息处理变得愈发重要，越来越多的神经元开始聚集到大脑，并在那里演变成了专门的信息处理器。信息处理对结构复杂且耗能巨大的鸟类和哺乳动物都特别重要，但两种颇为不同的生物体却进化出迥然相异的子系统，以不同的方式处理大数据。[20]

在哺乳动物中，日益重要的信息加工导致了大脑皮质、灰质及外皮层的进化和生长。大脑皮层为运算及运算能力提供了大量空间，因此，它能使动物在不熟悉或其他决策系统被锁定的情况下照样解决问题。终于，最聪明的哺乳动物进化出了借以处理信息和解决问题的统摄系统（或称通用系统，general systems），相对于细菌世界，足可谓现代互联网碰到了原始的算盘。增强的问题解决能力及与之相伴的信息处理系统的成功进化，最终导致由我们这个非凡物种所释放的信息大爆炸。

小行星撞击地球——哺乳动物的幸运时刻

在很长一段时间里，恐龙强健的肌肉似乎胜过了哺乳动物的大脑。而在 6 500 万年前，所有这一切在眨眼之间全变了。

伴随一颗直径约 10~15 千米的小行星猛烈撞击地球，恐龙世界仅在几个小时之内就消失了。[21] 巨大的撞击造成了大规模的灭绝事件，这一期间，大约所有物种中近一半的物种转瞬即逝。地质学家将其称为 K-T 事件（K/T event），因为此次事件发生在白垩纪（Cretaceous period，通常缩写为 K，白垩一词源于德语的 *Kreide*，意为“粉笔”）与第三纪（Tertiary period）交界的这一期间，后者起先被称为新生代（Cenozoic era），始于 6 500 万年前。

这颗小行星当时撞击地球的速度是 30 千米 / 秒（约合 10 万千米 / 时），仅用几秒钟就穿越了地球的大气层。其坠落的准确地点是现代墨西哥尤卡坦半岛（Yucatán Peninsula）的希克苏鲁伯陨石坑（Chicxulub）。小行星在穿越地壳的过程中完全蒸发了，但留下了一个大约 200 千米见方的巨坑。炽热的熔岩喷涌至空中，形成巨大的尘团，造成地面数月之内不见阳光。石灰石也熔化了，向大气中喷洒着二氧化碳。在撞击点数百千米的方圆内，完全不再有生命存在；由此向更外围的数百千米方圆，是森林大火的火海。在墨西哥湾，巨大的海啸水墙自上而下地坍塌，瞬间杀死数百千米内的鱼类和恐龙。在位于美国蒙大拿州及怀俄明州的地狱溪地层（Hell Creek Formation），甚至可以找到鱼鳃化石中塞满了来自小行星撞击残留的玻璃碎片。[22]

在更远一点儿的地方，小行星撞击的直接影响稍小一些。但在几周之后，整个大气层发生了变化。烟尘阻挡了阳光，造成类似今人想象的核冬天（nuclear winter）。硝酸雨从天而降，杀死了它所触碰到的大部分生物。整个地球表面陷入黑暗之中，前后长达两年之久，因而关闭了光合作用，要知道这是生命体连接阳光的生命线。当灰尘变薄，阳光开始从雾霾中重返地面时，地球很快变暖，因为整个大气层中更多的成分是二氧化碳和甲烷。几年以后，这场劫难的可怜的幸存者再度开始光合作用和呼吸，可它们置身其中的却是一个炎热的温室世界。

大气层真正恢复常态可能是在数千年之后。与此同时，此前已有的动植物物种差不多有一半都已灭绝。在此次危机中，大型物种遭受的打击尤为严重，因为它们需要更多的能量且数量较少，繁殖的速度也比小型生物慢。这正是大恐龙遭受灭顶之灾的原因。不过，现代鸟类是小恐龙的后代，因为有些小恐龙侥幸躲过了劫难。较小动物的命运稍好一些，如啮齿类哺乳动物，其中有些此后将成为我们的祖先。

有关此次小行星撞击的影响，最早的证据是地质学家沃尔特 · 阿尔瓦雷茨及其团队在意大利的山岩中发现的。此前，地质学家已经确知，以白垩纪末期为分界线，此前此后的岩石有着显著差异。被称为有孔虫（foraminifera）的浮游生物化石在此次劫难前的旧岩层中时有所见，但在此后的岩层中就彻底消失了。但地质学家当时尚不清楚，这一变化究竟是在数万年间还是在短短一两年间发生的。1977 年，在意大利古比奥附近的一个遗址，阿尔瓦雷茨的研究团队发现，自白垩纪末期，山岩中稀有元素铱（iridium）的成分显著上升。这一点非常令人奇怪，因为铱元素在地球上很少见，反倒在小行星中颇为常见。阿尔瓦雷茨及其同事在意大利其他许多地方也发现了铱元素颇高的情况，目前，我们已知全世界至少有 100 个类似的地点。看来，铱元素肯定是小行星带来的。而这便指向了一次灾难性的事件。

当时，大多数地质学家都坚信，所有的地质变化都只能是渐进的，所以很少有人接受以上看法。要他们接受也可以，但要有直接证据。1990 年，希克苏鲁伯陨石坑被发现，其大小合适，而且时间相当。从那时起，大多数地质学家不仅承认小行星撞击毁灭了恐龙，而且还主张，类似的灾难性事件在地球史上可能发生过多次。的确，目前已有证据表明，在 K-T 事件的边界附近，也曾有大规模的火山爆发，而火山爆发可能已经破坏了生物圈的健康，但现在毫无疑问的是：那致命的一击来自小行星撞击。

后希克苏鲁伯世界是作为我们人类先祖的哺乳动物进化的世界，即新生代的世界，从 6 500 万年前一直延续至今。

小行星撞击之后：哺乳动物出现适应性辐射

作为哺乳动物，我们人类基因的90%，或曰DNA中约30亿个碱基对（base pairs），与其他哺乳动物相同，从老鼠到浣熊均如是。也就是说，我们与其他哺乳动物的不同，都只在DNA其他10%的某个地方。

如同所有的哺乳动物，我们人类也属于恒温动物，这就意味着我们需要比大多数爬行动物更多的能量来维持自己的体温并使大脑持续运行。人类的大脑须特别强大，因为人类必需具备很多生态技巧，才能维持自身所需的大量食物和能流。虽然最早的类哺乳动物还没有老鼠大，但它们可能已经学会了照顾幼崽，就像今天的哺乳动物一样，其大脑相比自己的身体都出奇地大。有袋动物（marsupials，即幼崽需要特殊保护和营养的哺乳动物，通常在袋中喂养）与有胎盘类动物（placentals，即幼崽在子宫内通过胎盘喂养的哺乳动物）之间最基本的差异至少可追溯到1.7亿年前。

在侏罗纪和白垩纪的漫长1.5亿年左右的时间里，大多数哺乳动物仍然很小，在月光下的灌木丛中穿行。[23] 此时的哺乳动物形态各异，其中有些像狗，比如强壮爬兽（repenomamus）就是一种大到足以噬食小恐龙及其幼崽的动物。有些会游泳，于是又返回了海洋。有些酷似蝙蝠，有些会捕食昆虫，有些还会爬树。大约1.5亿年前，哺乳动物世界因新型植物的进化而发生改变，而此前在植物界居统治地位的是针叶树和蕨类植物。这里所说的新型植物是指被子植物（angiosperms），能够开花结果，被子植物从此一直统治着森林和林地，甚至在今日的公园和庭院中都很常见。开花植物为长有牙齿的哺乳动物提供了美味的食物，前者的牙齿甚至被设计得更适合咀嚼水果和种子，或咀嚼昆虫，当然昆虫要咀嚼开花植物并帮助后者授粉。

导致恐龙灭绝的小行星撞击可能同时造成了当时既有哺乳动物四分之三物种的死亡。但当时的哺乳动物大多都很小，所以其中有一些成功躲过了这场进化危机。在地球大致恢复常态后，希克苏鲁伯陨石撞击的幸存者发现自己身处一个陌生的新世界。恐龙的消失为它们带来了新机遇。哺乳动物在新的进化辐射中很快出现多样化，就像今天所有大公司一夜之间宣布破产后的小企业一样。许多哺乳动物的体形渐大。在 50 万年内，就进化出了奶牛大小的食草哺乳动物和同样大的食肉类哺乳动物。此外还有灵长目动物（primate），它们栖息在树上，靠吃水果为生，我们人类就是由这一类动物进化而来。虽然最早的灵长目动物曾与恐龙同处一个世界，但其真正走向繁荣却是在恐龙灭绝之后。

但哺乳动物要接管地球，还须成功度过另一次严重的危机。这就是古新世–始新世最热事件（Paleocene-Eocene thermal maximum，缩写为 PETM），即持续时间虽不是很长，却跨越古新世与始新世交界时段的严重温室气体致暖的一次危机，时间大约是在 5 600 万年前。这次危机同样造成巨大危害，致使大批物种灭绝。古新世–始新世最热事件对今天的我们颇有启迪，因为它是地球史上地球因温室气体迅速变暖离我们最近的一个事例，所以有助于我们理解当今的气候变化。那次最热事件与今日的全球变暖存在许多共通之处，甚至让人想起来都感到后怕。古新世–始新世最热事件期间，释放到大气中的二氧化碳总量与今日燃烧化石燃料释放的二氧化碳总量相当，而在 5 600 万年前，其结果是全球平均温度上升了 5~9℃。[24]

究竟是什么原因导致了气候突然变暖？原来，在 5 800 万年前至 5 600 万年前，火山活动异常强烈，来自火山的二氧化碳造成大气中的二氧化碳水平激增。而就在这个时候，在差不多一万年的时间里，相对于人类就是农业出现以来迄今人类史长短的这么一段时间，有件事情发生了，而且异常迅速。到这一时段结束，许多植物、动物和海洋生物都消失了。对此，目前最令人信服的猜测是：极地海洋的海水变暖，以至于甲烷气水包合物（冷冻的甲烷球，看起来像冰，可用火柴点燃）突然融化，释放出大量甲烷，而甲烷是一种比二氧化碳更强大的温室气体。结果造成整个地表很快升温。如果此说不误的话，我们真的要特别警惕今日极地海洋中的甲烷气水包合物呢。

在持续大约 20 万年的气温高峰之后，全球气温开始缓慢下降，虽然其间夹杂着几次短暂的逆转。大气中的二氧化碳浓度也开始下降，同时伴随氧含量上升。赤道与极地之间的温差加大，造成大面积的冰层横跨南、北极，水被冰川锁住了，因此出现海平面下降。

气候变冷的部分原因是出于地球轨道的周期和倾角发生变化。这种变化被称为米兰科维奇循环（Milankovitch cycle），是以最早发现这一现象的科学家命名的。伴随地球轨道周期和倾角发生变化，从太阳抵达地球的能流也出现了微妙的起伏。与此同时，板块构造过程也产生了一定作用，结果大西洋变大了，本来位于南部的冈瓦纳大陆（Gondwanaland）撞上了现已独立的多个大陆并与后者合并。南极洲被锁定在南极点，为形成巨大的冰盖提供了平台，而北部诸大陆则环绕极地的大洋依次排开，将北极极地与赤道暖流隔绝。同时，印度板块与亚洲大陆板块的碰撞造成了高耸入云的喜马拉雅山脉，加速了风化过程，也提高了碳从空中向海洋和地壳迁移的速率。

生物本身也有助于冷却生物圈。在过去的 3 000 万年里，随着大气中二氧化碳浓度的下降，新型植物不断进化出来，包括现代树木稀少的热带草原和郊区草坪上生长的草。这种新型植物使用了一种新的光合作用形式，即 C_4 光合作用，这种光合作用比旧植物使用的 C_3 光合作用更有效；因为更有效，所以能从大气中吸取更多的碳。[25]

且不管地表降温的具体原因究竟何在，大约 5 000 万年前开启的降温趋势一直持续至今。大约 2 600 万年前，即更新世（Pleistocene epoch）开启之时，世界进入了持续至今的冰期。而此前有大约 2.5 亿年的时间，整个地球从未像这般寒冷，因为盘古大陆自二叠纪末就已经分裂了。世界已经 2.5 亿年没有这么冷了。5 000 万年前，在这个后恐龙、古新世-始新世最热事件之后的寒冷且气候极不稳定的世界，我们的灵长目祖先开始进化了。

第三篇

我们人类

第 7 章

人类：节点六

共同的语言把群体成员用共享信息网络的方式联结到一起，使得群体的力量倍增。

——斯蒂芬·平克（Steven Pinker）:《语言的本能》(*The Language Instinct*)

整个人类是存在某种共性的，史学家的职责正在于发现这种共性，正如发现任何较小的群体如何实现团结一样。

——威廉·H. 麦克尼尔（William H. McNeill）:《神话历史》(*Mythistory*)

起源故事中人类的出现是一件大事。人类来到世上，只不过是在最近几十万年前，但我们人类却已开始改变生物圈。而在过去，要改变生物圈，往往是整个生物群协同努力，比如蓝藻，还从未有过一个物种拥有这么强大的力量。而且我们人类所为的是一种全新的事业：因为人类可以彼此分享对周围环境的图谱认知，所以共同创造出有关时空的更为丰富的集体理解，并以之支撑人类多种多样的起源故事。这一成就显然是我们这一物种所独有的，它意味着，在今天，宇宙的一小部分开始理解自己。

不过，我们在此叙述的人类史将很少触及其他史学家热衷讨论的问题，如战争及战争的领导者、国家与帝国，或不同艺术、宗教和哲学传统的流变。相反，我们只关注与人类现代起源故事相关的主题，包括我们这一新物种如何以更新颖的方式利用更多更大的能流以创造出新的复杂性，我们人类如何从最初仅局限于不同的地区发展至后来的遍布全世界，起初步履蹒跚，而后狂飙突进，直到今日成为改造整个生物圈、整个地球的一个物种。至于我们人类将如何使用自身的力量，我们目前还不是很清楚，但有一点我们很确信：我们人类，甚至整个生物圈，正处于某种深刻甚至是异常动荡的大变革的时刻。[1]

我们人类究竟是如何走到今日的呢？这段现代起源故事把人类史置于更大的地球及宇宙演化史大背景下加以考察，所以有助于廓清人类自身的位置。正所谓：山巅阅景人依旧，独与山中境不同。

寒冷世界中灵长目动物的进化

我们人类就文化而言可谓异乎寻常地多样化，而人类的力量恰恰来自这种多元性。不过从基因上讲，我们人类却比我们的近亲，如黑猩猩（chimps）、大猩猩（gorillas）和猩猩（orangutans）等，更具一致性。也许这是因为我们来到世上的时间还不够长，还不足以过度分化。此外，我们人类非常善于交际，喜欢旅行，所以人类的基因能够从一群人到另一群人颇为自由地流动。

我们人类属于哺乳动物纲的灵长目动物，此目动物还包括狐猴（lemurs）、猿猴（monkeys）和巨猿（great apes）。我们与灵长目亲缘有许多共性。最早的灵长目动物几乎肯定是生活在树上，而年轻人（包括我自己年轻的时候）都喜欢并善于爬树。要爬树，就需用双手、手指、双脚和脚趾抓紧。如果要从一个树杈跳到另一个树杈，则必须有立体视觉，因为这样才能判断距离，也就是说双眼要在脸的前端并能够形成交叉的视线。（千万不要尝试闭上一只眼，然后试图从一个树杈跳到另一个树杈。）所以，所有的灵长目动物都有可用来抓握的四肢，颇为宽阔的脸上长着一双眼睛，而且是在前端。

灵长目动物非常聪明。它们的大脑相对于身体显得异常得大，大脑的前顶层，即新皮质（neocortex），更是异常巨大。在大多数哺乳动物中，皮层占大脑大小的 10%~40% 之间；在灵长目动物中，这一数字是 50% 以上，而在人类则高达占 80% 以上。[2] 人类的皮层神经元数量之多更是罕见，大约有 150 亿个，超出黑猩猩（大约 60 亿个）两倍还要多。[3] 鲸和大象的大脑皮层神经元数量仅次于人类，有大约 100 亿个，但相对于自身的体重，二者都比黑猩猩还要小一些。灵长目动物具备超强大脑，意味着它们特别擅长获取、存储和利用有关周围环境的信息。

为何灵长目动物的脑量这么大？提出这样一个问题好像真是没脑子（请原谅这么糟糕的一语双关）。难道脑量大不是显而易见的一件好事吗？也不尽然，因为脑量大耗能也多。脑细胞的耗能几乎相当于等量肌肉组织耗能总量的 20 倍。在整个人体，大脑要消耗机体摄入能量总量的 16%，虽然大脑的重量不过整个体重的 2%。因此之故，在肌肉和大脑两个选项之间，进化一般总是选择前者而非后者。所以，自然界中脑量大的物种非常稀少。有些物种对拥有大脑简直不屑一顾，认为大脑不过是一种消耗性的奢侈品。有一种海蛞蝓（sea slugs，又称海蜗牛）幼年时还有些脑量，它们凭借这有限的脑量在海上巡游并寻找食物丰富的地界，可一旦找到这样的地界，它们就不再需要这么昂贵的设备了……于是就把脑子吞食了。（有些人开玩笑说，这种做法有点儿像大学里的终身教授，虽然这样说可能太不给教授们长脸了。[4]）

不过，灵长目动物更多脑量显然还是合算的。首先，灵长目动物要用大脑才能掌控灵巧的手足。而且，灵长目动物具备很好的视觉系统，还需用大脑处理图像（三棵树以外的那颗树上的梅子熟了吗？），因为图像处理需要很多的脑量，就像计算机上的图像文件特耗内存一样。更重要的是，灵长目动物善于交际，因为只有生活在群体中才能求得保护和支持，而到了日趋凉爽的古新世–始新世最热事件之后愈发开阔的世界，如一望无际的草场和林地，这种生活在更大群体中的压力也愈发增大。要想成功地与同类的其他成员一起生活，就有必要追踪家庭、朋友和敌人之间不断变化的关系。谁很兴奋？谁很沮丧？谁更友善？谁不友善？谁欠了我的情？我又欠了谁的债？所有这类问题都需要大脑进行计算，而且其复杂程度亦随群体变大而猛增。如果除了自己，另外只有 3 个人，你可能感觉还能应付，但如果还有 50 人或 100 人，那需要计算的任务就大多了。

要生活在群体中，还需要洞悉他者的脑子里究竟在想什么。能够直觉他者的想法和感受可能是走向意识的重要一步，即在自我的大脑中形成的更强化的知觉。[5]有学者对灵长目动物群体曾做过密切观察和深入研究，结果表明，如果这种有关社会关系的计算出了问题，就可能出现吃不好、保护不力、经常挨打等情况，而且会损害灵长目动物自身的健康，对下一代的健康成长也很不利。[6]所以说，善于交际、富于合作精神和脑量增加在灵长目动物的发展史上可能是同步进化的。事实上，灵长目动物群体的规模与其脑量之间似乎存在着某种相关性。显然，如果能够令其有机会生活在更大的群体中，许多灵长目动物还是愿意缴纳熵索要的税费的，即大脑税。

最早的灵长目动物可能是在恐龙灭绝之前就已进化完成了的，但现存最早的灵长目动物化石却只能追溯到希克苏鲁伯陨石撞击地球之后的数百万年。我们人类属于大型无尾灵长目动物，被称为猿类（apes）。猿大约在 3 000 万年前开始进化，至 2 000 万年前在非洲和欧亚大陆已颇为繁盛且已多样化。巨猿（或称人猿超科）包括猩猩、大猩猩、黑猩猩以及人类。巨猿的祖先是在古新世-始新世最热事件之后大气中二氧化碳浓度不断下降、气候变冷且日趋变化不定的世界中开始进化的。气候不稳定性加速了进化过程，迫使许多不同物种很快适应环境并保持适应状态。从大约 1 000 万年前开始，由于巨猿生活的大部分区域气候变得异常干燥寒冷，猿的种群遭到重创，死亡惨重，甚至自己的森林家园也被大草原所取代。我们人类的祖先正是这一被强力驱使的进化大军中的幸存者。

20 世纪 70 年代以前，大多数古生物学家基于化石证据都认定，人类至少是在 2 000 万年前就与其他猿类分道扬镳了。但在 1968 年，两位遗传学家——文森特·萨里奇（Vincent Sarich）和艾伦·威尔逊（Allan Wilson）——却提出，通过比较现存物种的 DNA，我们就可以大致估算出两个不同物种是何时分化的。这是因为，大量的 DNA，尤其是那些不参与基因编码的部分，总处于随机变异的过程中，且速度相对一致。基于这一洞见而进行的基因比较显示，直到大约 800 万年前，人类、黑猩猩和大猩猩依然有着共同的祖先，不过从此以后，现代大猩猩的祖先决定分道扬镳了。人类和黑猩猩则直到在六七百万年前还拥有共同的祖先。换句话说，在六七百万年前非洲的某个地方还生活着某种猿类，现代人类和黑猩猩都是其后裔。当然，我们并没有发现这种猿类的化石遗骸，但根据现代遗传学的说法，这种猿类真的生活在那里。

现代黑猩猩与人类有超过 96% 的基因组是相同的。但每个基因组有 30 亿个碱基对，也就是说，两者之间有大约 3 500 万个基因字母序列或碱基对是不同的。就在这些不同的基因字母序列中潜藏着我们所要寻觅的线索，它能解释为何人类与黑猩猩有着截然不同的历史，尤其是在最近的几千年里。为何与我们最亲近的黑猩猩发展至今总数却只有几十万，而现世的人类却超过 70 亿并主宰着整个生物圈？

早期人类的历史：最早的人类是什么时候出现的？

在人与黑猩猩进化分野的过程中，凡倒向人类一侧的猿都被称为人猿（hominins）。在过去的 50 年里，古生物学家已发现大约 30 种人猿化石遗骸（虽然有时不过是一节指骨或少许几颗牙齿）。我用“大约”这一词，是因为有时真的很难确定哪些是独特的物种，甚至古生物学家同样莫衷一是。有些古生物学家主张细分，所以呈现出许多不同的人猿物种，而有些则主张归并，物种的类别少多了，但每个物种下面又有几个子类。时至今日，我们人类是唯一活下来的人猿物种。这很不寻常，因为直到两三万年前，在非洲和欧亚大陆的大草原上，还生活着好几种不同的人猿物种。可后来，其他的人猿物种都消失了，而与此同时，人类却抢占了越来越多的土地和资源。仅这一点就足以说明：我们人类是何等危险的一个物种。

在过去的 50 年里，古生物学家们还发现了不少新的技术和技巧，为人猿演进的历史增添了许多细节。比如，牙齿化石就特别有用，而且巧得很，牙齿化石恰恰是我们所能发现的人猿的唯一遗骸。就像牙医能判断你是否吃过爆米花、巧克力和冰激凌一样，好的古生物学“牙医”也能判断我们的祖先是吃肉还是吃植物。牙齿的形状足以显示它是主人用来切割还是碾碎食物的，这里面就包含很多有用的信息。要嗑动坚果就需要磨齿，比如臼齿（molars，或称磨牙），而要撕咬肉类则需要切齿，比如犬齿（canines）。

在骨骼和牙齿中发现的化学信号也能提示我们许多有关人猿饮食及生活方式的信息。比如，草和莎草（sedges）之类的 C_4 光合作用系统会吸收更多稍重一些的碳同位素 C^{13}，而不是更为常见的 C^{12}。研究人员对大约 250 万年前非洲南方古猿（*Australopithecus africanus*）牙齿化石的分析显示，其 C^{13} 的比例高于预期，而且由于人猿肯定不吃草（猿类都不吃草），这说明它们吃的是食草动物的肉。而人猿吃肉则意味着它们要么是食腐肉，要么就是能够捕猎，也许还学会了使用石制工具。

对骨骼中锶同位素的化学分析甚至还能显示个体游历的范围有多广。[7] 有研究人员对早期人猿的南方古猿骨骼的研究表明，当时女性游历的范围比男性还要大些，这说明是女性加入男性群体，而不是相反。换句话说，当时的人猿社群是父系的，就像现代的黑猩猩一样，我们由此可了解到当时人猿的社会生活状况。所有上述都构成强大的侦探工具，但很不幸，这种工具制造出的问题通常比答案还要多，这也让我们认识到：我们人类进化的故事究竟是多么地诡谲和复杂。

现在，有关人猿化石的记录比以前要丰富得多。1900 年，人类学家只有两种来自古类人猿的化石，即最早于 1848 年在德国发现的尼安德特人（Neanderthals）和荷兰古人类学家尤金·杜布瓦（Eugène Dubois）于 1891 在爪哇首次发现的直立人。这两种化石的发现表明，人类有可能是在欧洲或亚洲进化而成的。但到了 1924 年，在南非从事研究的澳大利亚解剖学教授雷蒙德·达特（Raymond Dart）在非洲发现了第一块类人猿化石。这是一块头骨化石，和其他一些化石埋藏在一起。这块化石来自现被称为非洲南猿的一个幼童的头骨，是大约 500 万年前首次出现的大群南猿物种的一部分。此次发现之后，又有越来越多的类人猿化石在非洲被发掘。现在，大多数古人类学家相信，我们人类是从非洲的某个地方真正开始进化的。自 20 世纪 30 年代起，路易斯和玛丽·利基（Louis and Mary Leakey）夫妇开始致力于在非洲大裂谷中发掘古人类化石及人工器物，这个大裂谷正是当初由地幔向上涌动的岩浆撕裂非洲板块后形成的，目前的非洲大陆大部位于非洲板块。最终，大裂谷地带会变成一片新的海洋。不过与此同时，非洲板块的大裂谷让搜寻化石的人有缘一睹人类遥远过去的真容。

1974 年，在埃塞俄比亚，唐纳德·乔纳森（Donald Johanson）发现了另一种南方古猿物种——阿法南方古猿（*Australopithecus afarensis*）——40% 的骨骼化石。这具骨骼被命名为露西（Lucy），距今约 320 万年。此外还有其他一些南方古猿的遗骸被陆续发现，距今差不多有 400 万年。从那时起，在非洲其他地区又发现了更早的类人猿物种，可追溯到四五百万年前（*Ardipithecus*，地猿），甚至 600 万年前（*Orrorin tugenensis*，图根原人）或 700 万年前（*Sahelanthropus tchadensis*，乍得沙赫人或乍得人猿），这已经非常接近理论上的人类最后一个共同祖先——人猿——生活的时段。

不过总体而言，我们迄今所发现的早期人类化石还是非常地少，以至于只需一个新发现就可能从根本上改写整个早期人类史。我们还不清楚已发现的最古老的化石是否真正的人类化石，甚至也不清楚化石遗骸是否属于不同的物种。能人（*Homo habilis*）和直立人的脑量显著不同，我们究竟是否该把二者视作不同的属，还是该把能人视作晚期的南方古猿呢？总之，我们对早期人类史的理解还相当粗略，但这段故事中的一部分却变得日渐清晰。

最早的人猿物种似乎已经开始了两腿直立行走，至少部分时间是这样。类人猿行走的姿态与黑猩猩和大猩猩非常不同，后者只会四脚着地的跖行（knuckle-walk）。仅从骨骼上就可以看出某个物种是否有规律地两腿直立行走。在双足动物中，大脚趾已不再用于抓握，因此与其他脚趾更紧密地对齐，而且脊椎是从下面而不是从后部进入颅骨（只需双手双脚着地走一下，你就会明白为什么）。两腿直立行走还需重新调整背部、臀部，甚至脑壳。这种行走的姿态更容易造成较窄的臀部，从而使生育变得更加困难和危险，而且可能像现代人一样，许多原始人也因此生下了尚不能独立生存的婴儿。这就意味着孩子需要更多的养育，从而鼓励了社会交往，让父亲有机会更多地参与养育孩子的过程。用双足行走还有许多间接的影响。不过，我们目前还不确定为何类人猿会变成双足行走的动物。也许双足行走让我们的祖先在大草原上能够走得更远或跑得更远，毕竟在过去的 3 000 万年里，气候变得更加凉爽，而草原也变得更加宽阔了。双足行走还使人类解放了双手，这样就可以专门从事需要巧妙处理的任务，包括最终学会制造工具。

从灵长目动物的标准看，最早的人猿并没有变得特别聪明的迹象。它们的头骨比我们现代人的要小得多，更像是黑猩猩的大脑，体积大约为 300~450 立方厘米。相比之下，我们现代人的大脑平均约为 1 350 立方厘米。当然，比绝对尺寸更重要的，尽管不很容易计算，是大脑尺寸偏离特定生物群中给定体重预期大脑尺寸的程度，也就是脑化商（encephalization quotient，缩写为 EQ）。黑猩猩的脑化商约等于 2（与其他哺乳动物相比），而现代人类的脑化商非常高，约为 5.8。南方古猿的脑化商在 2.4~3.1 之间。[8] 人猿的首要特征并非极高的智商，而是双足行走。

目前被归到人属（*Homo*）的最早化石隶属于一种叫作能人的物种，生活在大约 250 万年前至 150 万年前的非洲。1960 年，在非洲大裂谷的奥杜威峡谷（Olduvai Gorge，又译奥杜瓦伊峡谷），玛丽·利基和她的儿子乔纳森发现了这一物种的最早证据：一块腭骨和几块手骨。利基母子认定化石与石制工具之间存在密切关联，遂将这一新物种归到人属，实际上等于说“我认为这些确实是人，因为他们制造了工具”，只不过古生物学家更喜欢前一种表述而已。

但利基母子发现的真的是我们人类的祖先吗？人类史真的是这样开始的吗？时至今日，大多数研究人员都不相信确实有某种独特的人属物种存在，包括我们人类的祖先和能人。毕竟，能人的大脑只略高于南方古猿，体积不过在 500~700 立方厘米，脑化商也刚刚超过 3 的样子。能人制造的所谓石器工具说白了就是把石头砸碎，然后捡些碎石片使用而已。某些南猿物种可能已经学会了制造石器，而黑猩猩也能制造工具（虽然不是石器）；看来能人与南猿很接近，似乎更应归到南猿类。制造工具并不能使南猿成为人类，因为我们现已知道，能够制造工具并非是人类独有的能力。

后期人类的历史：过去的 200 万年

至 200 万年前，也就是更新世肇始之际，人猿物种的身形已经变大，脑量也增加了，开始使用更复杂的工具，并尝试在更广阔的环境背景下利用求生。这一现象发生在气候变冷变干燥之际可能并非偶然。这一人猿物种通常被归为直立人（*Homo erectus*）或尔加斯塔人（*Homo ergaster*），但笔者在此后的文中一律使用直立人一词称呼这一种群。

直立人具有强大的大脑，这一点本身颇引人注目，因为我们此前已经说过，大脑是非常昂贵的进化设备。诚然，人猿大脑相对于体重比率增长的速度在整个进化史上比其他物种都更加迅速。[9] 人猿更善交际可能是这一增长背后的真实动因。社会计算（social calculations）的重要性在人类大脑的结构中是显而易见的，大脑结构中有大量的神经通路被用于社会计算。也许神经元多了，就意味着朋友和食物都更多一些，而且有益健康并提供更多更好的繁殖机会。当然，脑量增加还让人猿有能力生活在更大的群体和网络中。[10] 大多数灵长目动物，包括黑猩猩和狒狒，均生活在成员个体数少于 50 的群体中，而且大体上看，个体的脑量越小，群体的规模也就越小。但在过去的 200 万年里，伴随人猿脑量的增加，人猿群体的规模也变大了。直立人可能是第一个生活在成员个体数超过 50 的人猿群体。

我们迄今所知最早的直立人遗骸是 1891 年尤金·杜布瓦发现的。他之所以在印尼搜寻古人类化石，是因为他预感人类有可能并不是来自非洲的黑猩猩（African chimpanzees，达尔文把赌注就押在了非洲的黑猩猩上），而是来自亚洲的猩猩（Asian orangutans）。但他还是搞错了。不过，他所发现的这些遗骸的大脑体积已接近 900 立方厘米，可谓更接近现代人类的均值（约 1 350 立方厘米）。直立人的脑化商在 3~4 之间。直立人的遗骸在爪哇被发现，这表明直立人已具备从非洲迁徙到欧亚大陆南部诸地区所必需的技术和技能。但仅这一点并没有什么特别令人称奇的。其他许多物种，如狮子、老虎、大象，甚至还有我们人类的近亲猩猩，也都有过类似的迁徙，这是因为欧亚大陆南部多地的环境与非洲的环境没有太大的分别。事实上，最近有证据表明，与人猿关系密切的某个物种可能早已远行至印度尼西亚并在那里成为娇小的弗洛雷斯人（*Homo floriensis*，或称 Hobbits，即霍比特人）的祖先，后者在 6 万年前还生活在印尼的弗洛雷斯岛（Flores）上呢。[11]

直立人比能人的身材更高大，有些已经接近现代人的身高。直立人制造的石器工具也比能人高超复杂得多，外表美观，设计精巧，被称为阿舍利手斧（Acheulean axes）。直立人有了更优质的石器工具，也就有能力获得更多的肉食，肉食属高能食物，对增大脑量非常有帮助。直立人可能还学会了管控和使用火，而火的使用使他们有能力获取巨大的新能源。灵长目动物学家理查德·兰汉姆（Richard Wrangham）认为，直立人曾使用火来烹饪（换言之，是预先消化和消毒的过程）肉类和其他食物，而这大大拓展了他们可享用食物的范围，因为许多食物不经烹饪是消化不了或有毒的。烹饪还会减少直立人咀嚼和消化食物的时间。

此外，火的使用还有其他一些颇为紧要的后果。比如，烹饪减少了肠道消化所需的功，因此肠道就收缩了（是的，这一点有化石证据可以证明），而这样就可以节省出新陈代谢的能量以供给大脑。只不过迄今，这一有趣的假说还没有得到证实，因为直立人系统管控和使用火的证据只能追溯到大约 80 万年前，而普遍使用火的证据还要晚，只能追溯到大约 40 万年前。[12] 我们还知道直立人制造石器工具的技术差不多在 100 多万年的时间里鲜有变化，看来直立人似乎缺乏我们人类才具有的科技天赋和创造力。

在过去的 100 万年里，人猿的进化出现了加速。大约 60 万年前，新物种也开始出现在化石记录中，其大脑和身体越来越接近现代人类。而且并不令人奇怪的是，这一新物种生活的群体也更大，成员个体总数达 150，这似乎是我们人猿祖先群体规模的极限。[13]

至于 50 万年前的人猿究竟有多少种，目前还存在复杂的争论。我们知道确实有很多种，但比这更重要的是大的发展趋势：此时的人猿业已出现在冰期的欧洲和北亚，这里的环境迥然有别于非洲的大草原，在这种新的环境中生存显然需要新技能和新技术。因此，他们的工具要比直立人更复杂多样且更专业，这也就不足为奇了。他们第一次给石器工具装上木质手柄。在德国的舒宁根（Schöningen），考古学家发现了 40 万年前的木质鱼叉，制作非常精巧。此外，甚至还有人类学家发现了人猿从事艺术和仪式活动的证据。在尤金·杜布瓦的发现中，就有装饰性的贻贝（mussel shells），年代可追溯至 50 万年前，貌似某种简单形式的艺术品。

只不过，上述所有形式的变革都不具革命性；真正引人注目的变化始于大约二三十万年前，即我们人类作为物种的真正问世——智人（*Homo sapiens*）。

人类与动物的本质区别：跨越节点六

我们设想一个来自外星、环绕地球、从事科考的科学家团体，他们正在寻找有智慧的生命，并为此展开持续数百万年的纵向研究，考察地球上的各种生命形态。行至 20 万年前，他们不可能注意到我们人类的祖先有任何特出之处。在非洲和欧亚大陆的部分地区，他们可能已经发现了几种大的两足灵长目动物，包括我们称之为“尼安德特人”（*Homo neanderthalensis*）和“海德堡人”（*Homo heidelbergensis*）的物种。他们甚至可能看到了现代古生物学家称之为智人的个体，因为通常被归入人类的最古老的颅骨化石差不多可追溯至 20 万年前，是在非洲大裂谷中部埃塞俄比亚的奥莫河流域（Omo Valley）发现的。（2017 年 6 月，在摩洛哥发现的人类遗骸可追溯到 30 万年前，但这一发现与我们人类之间的关系目前还不能确定。）但这些早期人类与其他许多大中型灵长目动物和哺乳动物几乎没有什么区别。他们生活在小而分散的游牧社区，总人口最多可达几十万。像所有的大型动物一样，他们从事采集或狩猎，以获取自己所需的食物和能量。

如此又过了二三十万年（这对古生物学家来说根本就是一眨眼），来到我们今天的这个时代，寻找有智慧生命的外星科考团一定会注意到这一特定物种的行为发生了翻天覆地的变化，甚至会为这一学术发现击掌庆贺。他们注视着人类在全球范围的每一步扩散，而且注意到，从一万年前最后一季冰期结束，人类在数量上出现迅速增长的势头。他们还可能注意到，人类在这一过程中如何通过烧毁森林、改道河流、耕耘土地、建设城镇，试图以此让环境更好地适应自己的生活方式。在刚刚过去的200年里，人类的人口数量已超过70亿，而我们这一物种又开始改造海洋、陆地和空气。人为修建的道路、运河和铁路蜿蜒穿越大陆，把成千上万的人为建造的城市和数十亿的人口连接起来。巨轮在大海上航行，飞机把货物和人口往返输送至各个大陆。就在100年前，白炽灯开始把地球点亮，让夜间的行星闪耀着斑斑点点。外星科考团还可能通过仪器检测到海水正在变酸，大气正在变暖，珊瑚礁出现死亡，极地冰盖的范围正在缩小。生物多样性下降得如此之快，以至于有些外星生物学家开始担心：这是否另一次生物大灭绝的开始呢？

从古生物学的尺度看，这种快速的变化相当于一次爆炸。我们人类虽未曾想过，但事实上已变成一个改变整个行星地球的物种。我们有足够强大的实力——如果我们习焉不察的话——在几个小时之内摧毁整个生物圈的大部，只需把全球范围已进入高度戒备状态的1 800枚核弹头中的一部分发射出去就完事了！在生物圈40亿年的历史上，还从未见某个单一物种具有如此强大的力量。

显然，这是业已跨越一个新节点的表示。外星科考团的科学家们肯定会自问：这一奇怪的物种究竟有何与众不同之处呢？

长久以来，我们人类的史学家、人类学家、哲学家以及来自众多学科的学者又何尝不在追问同一个艰深复杂的问题呢！有些人觉得这问题太过复杂、太过缠绕、太过多维，所以不可能给出科学的答案。但奇怪的是，如果我们放开视野，把人类史视作更大范围的生物圈史甚至宇宙史的一部分，人类这一物种的鲜明特征就变得呼之欲出，甚至显而易见了。如今，来自众多学科的学者对人类本质特征的问题给出了愈发相同的答案。

目睹上述突然且迅猛的变化，比较稳妥的做法是去寻找那些能够带来巨大影响的细微变化。复杂理论及相关的混沌理论中简直充满了诸如此类的变化。这种变化通常被描述为蝴蝶效应（butterfly effects）。蝴蝶效应的隐喻最初是由气象学家爱德华·洛伦茨（Edward Lorenz）提出的，他指出，在气象预报系统中，微小事件（也许就是蝴蝶拍动翅膀这样一类的事件）可经正反馈循环得到放大，从而通过一系列的变化在数千千米之外引发龙卷风。那么，引发人类史剧变的微小事件是什么呢？

人类有多种不同的特性，比如灵巧的双手、超强的大脑、善于交际等，但真正使人类有别于其他存在的是我们实现了集体掌控有关周围环境的信息。我们不只像其他物种那样能够收集信息，我们还会播种（cultivate），甚至培育（domesticate）信息，就如同农民栽培庄稼一样。我们人类会创造和分享越来越多的信息，并利用信息以求得更大更多的能流和资源。新信息能够使人类改进矛叉和弓箭，让他们有能力安全捕猎更大的动物。新信息使人类建造更大更安全的船只，让他们接近新的渔场、抵达新的陆地。新信息让人类具备更多新颖的植物学知识，让他们学会从木薯（cassava）等食用植物中过滤掉毒素。到了现代，新信息使人类拥有强大的科技能力，让他们有能力利用化石燃料，建造把世界联成一体的计算机网络。

在这一规模尺度上实现信息管理绝非是个体人所能做到的。这有赖于无数代的无数人实现信息分享和信息积累。终于，就这样一个社区联结一个社区，一个俄罗斯地质学家弗拉基米尔·维尔纳茨基称之为智慧圈（noösphere）的全球网络形成了，它凝结着人类共有的心智、文化、思想和观念。迈克尔·托马塞洛（Michael Tomasello）曾这样写道："就我们所知，只有一种生物机制能在如此短暂的时间内带来人类在行为及认知上的巨大变革……这一生物机制就是社会或文化传播，其传播的幅度、强度和速度远胜于生物进化。"托马塞洛将这一过程称之为"累积文化演变"（cumulative cultural evolution），是一种为我们人类所独有的过程。[14]

使人类得以分享与积累这么多信息的微小变化是人类具备了语言能力。许多物种都有自己的语言，比如鸟类和狒狒会警告同类捕食者的到来。但动物语言只能分享最简单的想法，几乎都与眼前发生的事情有关，有点儿像哑剧表演（可想象一下，怎样以哑剧的形式向人讲述生物化学或酿酒）。有研究人员曾试图教黑猩猩说话，而且黑猩猩确实可以掌握和使用一两百个词语；它们甚至还会把成对的单词联结成新的模式。但黑猩猩的词汇量毕竟还很有限，而且它们不会使用仅有少量符号便能生成多种意义的句法或语法。黑猩猩的语言能力似乎从未超过一个两三岁的孩子，这当然不足以创造出今天的世界。

而这正是蝴蝶拍动翅膀的地方：人类语言跨越了一个微妙的语言节点，从而赋予人类一种全新的交流方式。更重要的是，人类语言让我们能够分享有关抽象实体、不在眼前的事物或仅在人的想象中存在的可能性的多种信息，而且能够快速有效地做到这一点。除了能告诉同伴在哪里可以找到花粉的蜜蜂之外，我们不知道哪种动物还能传达有关不在场事物的准确信息。没有哪一种动物可以彼此讲述有关未来或过去的故事，或警告同类北方 10 千米外有狮群来袭，或跟你谈谈神魔的镜像。它们或许也能思考这类事情，但却不能表达。所以我们还找不到证据说明其他任何物种中间存在教学的现象，甚至包括人类的近亲猴与猿类。[15]

上述语言能力的加强使人类能够非常精确、清晰地分享信息，人类知识也因此世代累积。动物的语言是因为太过有限且不精确，所以做不到这一点。假如早期物种具备这种能力，那肯定会留下痕迹，包括其生存范围的不断扩大及对环境日益深刻的影响。事实上，有关人类史就有愈来愈多诸如此类的证据被不断发现。人类语言非常强大，会像文化锯齿（cultural ratchet）一样锁定一代人的思想并将其传给下一代，从而实现接续强化。[16] 我把这种接续强化的机制称为集体知识（collective learning）。集体知识遂成为变革的新驱力，像自然选择一样有力地推动变革；不过，因为集体知识能够做到信息的瞬时交换，所以其运作要快得多。

那么，我们人类究竟如何，又为何能够获得超强的语言能力以至激发出如此强大的变革驱力呢？对此，我们还是不清楚。是真的如美国神经人类学家特伦斯·迪肯所说，一切都源于人类有能力将大量信息压缩成符号（事实上，像符号这样貌似简单的一个词也同样包含有大量信息）吗？还是如语言学家诺姆·乔姆斯基（Noam Chomsky）所说，一切乃源于人在大脑中进化出新的语法回路，依据精确的语法规则，人类就能够把不同的词加以组合并表达多种多样的意义呢？后一种想法颇为诱人，因为，正如另一位语言学家斯蒂芬·平克所言，真正困难的一步是如何“设计出一套代码，使其能够把纠结凌乱的概念面团挤压成线性的语词面条”，而有效做到这一点，又能使接受者依据线性面条迅速重建概念面团。[17] 人类语言是通过新增大脑皮层释放出更多的空间才得以实现的吗？因为毕竟是有了更大的操作空间才能使复杂的思想就位并形成符合句法的复杂语句或让个体记住成千上万个语词的意义。[18] 还是改进的语言形式本根植于我们这一物种特别发达的交际能力与合作意愿？[19]抑或是所有上述驱力的协同作用所致？

无论历史上究竟发生了什么，我们人类似乎是第一个跨越语言节点的，而后便实现了社区内部和代际的信息分享和知识累积。集体知识就像是人类发现了一个巨大的黄金富矿，因而旋即释放出有关各个主题的海量信息，如植物和动物、土壤、火与化学物质，甚至包括文学、艺术、宗教及异域风情。虽然每一代人都可能会丢失一些信息，但从长远看，人类积累的信息还是越来越多，而知识的累积遂成为驱动人类历史发展的动力，它使人类获得越来越多的能流，同时增强了人类对周围环境的支配力。诺贝尔奖获得者、记忆研究的先驱埃里克·坎德尔（Eric Kandel）是这样描述上述机制的：

> 虽然人类的大脑从智人最初在东非问世以来便未发生体积和结构上的变化……人类个体的学习能力及历史记忆却因数世纪的知识分享（shared learning）——即通过文化传递（transmission of culture）——而得到极大提升。文化进化属非生物模式适应行为，它与生物进化一道，是人类实现知识传递和代际行为适应的手段。人类从远古至今所有的成就均是数世纪累积起来的共享记忆的产物。[20]

曾撰写出《西方的兴起》这一世界史经典著作的伟大史学家威廉·麦克尼尔完全认同这一理念，并坦言："驱动历史发生显著变化的最主要的因素是与不同于己且具备新颖别致技能的他者发生关联"。[21]

旧石器时代的生活状况

如此说来，人类史始于集体知识。但集体知识又何时启动的呢？

其实，上述外星科考团的科学家们 20 万年前在环绕地球飞行时可能也未曾注意到集体知识的最初肇端。某种形式的集体知识很可能在直立人的生活圈子中即有发现，但却并未产生多大的影响。不过，由非洲的考古发现可知，至少在大约 30 万年前，这里已有技术迅速发展的迹象，表现在石器工具日趋精巧，很多工具都装有手柄。[22] 而且不只智人表现出强大的创造力，还有尼安德特人，甚至作为人猿物种的海德堡人都有类似创新的迹象。很可能所有这些物种的语言能力都有所提高，使它们迫不及待地趋近节点六。有关早期仪式、象征性或艺术活动的证据特别能够说明问题，因为这表明当时的人们具有象征性思考或讲述虚构故事的能力，说明现代形式的语言已经问世。

不过，也许进化只允许其中的一个物种跨越集体知识的节点。有一种进化机制被称作竞争排斥原理（competitive exclusion，或译竞争排除原则），说明两个物种为何不能同时共享同一个生态位，结果只能是一个物种淘汰另一个物种，因为前者能够更有效地利用这一生态位，哪怕只是稍微强那么一点点。因此，我们可以这样想象一下：有好几个物种都接近了进化的集体知识节点，但最终却只有一种脱颖而出，该物种充分有效地利用自身的环境，因此出现成员数量大幅增长、规模急剧扩张局面，而对手一下子失去了发展的余地。[23] 正因如此，我们最近的人猿亲戚，比如尼安德特人，早已灭绝，而我们尚在世的最近亲戚——黑猩猩和大猩猩——也濒临灭绝。

有关 10 万年以前技术与文化变革的证据至今还非常模糊，而且难以解释。我们人类这一物种至迟是在 20 万年前在非洲开始扩散，可能得益于集体知识的助力。[24] 但那时的社群小而分散，大多数社群的规模比几代同堂的家庭大不了多少，所以变革非常迟缓且不稳定，而且很容易发生逆转。整个群体——连同其数世纪以来积累的技术、传说和传统——都有可能突然消失。这类灾难中最惨重的一次发生在约 7 万年前。有遗传证据表明，当时的人口数量突然锐减至几万人，一个中等大小的体育馆就能装下所有的人类。所以说，此时的人类已濒临灭绝。这场灾难可能是由印度尼西亚托巴火山（Mount Toba）的一次大规模喷发引发的，火山灰将烟尘注入大气中，阻止光合作用长达数月或数年，许多大型动物物种都受到威胁。但此后，人类的数量又开始增长，而且扩散得更加广泛，集体知识再次驱动人类社会走向繁荣。

现在，我们对过去 10 万年人类祖先的生活方式已经有了更多的了解，而这一阶段也存在有关集体知识的更清晰的证据。像所有大型动物一样，我们的祖先从周围的环境中采集或狩猎各种动植物资源。但这类动物与早期人类之间有一个重要区别。其他物种采集狩猎的技术和信息历经数代也几乎没有什么变化，而人类却能伴随对环境的日益了解而分享、积累更多有关植物、动物、季节和景观的知识。集体知识意味着，历经数代，人类采集狩猎的技术和效率在不断提高。

而通过某些考古发掘点，我们对人类祖先的生活还获得了一些细致入微的认识。在南非印度洋海岸的布隆伯斯洞穴（Blombos Cave），考古学家克里斯托弗·亨希尔伍德（Christopher Henshilwood）及其同事已经发掘了 9 万至 6 万年前的遗址。布隆伯斯洞穴的居民吃贝类、鱼类、海洋动物以及陆地哺乳动物和爬行动物。他们在精心打理的灶台上做饭。[25] 他们制造的石刀和骨刺（bone points）都很精致，还用特制的胶粘上了木柄。他们还擅长艺术。考古学家发现这些先民在赭石上做出几何形的划痕，看起来像是符号，甚至就是文字。他们还制作出了不同色彩的颜料和鸵鸟壳珠。这一诱人的证据很能说明布隆伯斯人珍视集体知识的保存和传播，也就是说这一地区的人已经习惯用故事的形式总结归纳时人的集体知识。

从布隆伯斯洞穴先民的生活，我们不难看出其与现代觅食群落存在不少相似之处。如果这种相似之处不是在误导，我们由此可以想象：当时肯定有不少类似布隆伯斯洞穴先民的群落，他们有着数代人积累起来的各式各样的采集狩猎技巧。我们还可以想象，他们通过家庭纽带、共同的语言和传统，在熟悉的家乡地区迁移。他们当然还会跳舞、唱歌、讲起源故事，而且几乎可以肯定，他们中间还盛行着我们现代人称之为宗教的东西。

在澳大利亚的蒙哥湖遗址，有关宗教存在的证据是颇令人信服的。那里有大约 4 万年前的火葬场和墓地，以及错落有致的死者遗骸，这些都是时人仪式传统的证据。该遗址的其他一些证据也提醒我们，旧石器时代社会与现代人类社会一样，都曾经历深刻的动荡，其中多次动荡是最近冰期不可预测的气候变化造成的。从大约 5 万年前人类第一次到达威兰德拉湖区开始，就一直间或出现干旱时期，而从大约 4 万年前，干旱进一步加剧，整个湖泊系统也开始萎缩。

2 万年后，在冰期最寒冷的时期，现代乌克兰干旱大草原的苔原地带也出现了人类的社群。在梅日列奇（Mezhirich）等遗址，人们以猛犸骨为骨架，上面覆盖着兽皮，搭起了巨大的帐篷，里面还有炉火取暖。他们猎捕猛犸及其他大型动物，然后在土质的冰窖中把肉储存起来，以备漫长的严冬之需。他们捕猎毛皮动物，还用带装饰的骨针把毛皮缝制成温暖的冬衣。在冰期漫长的严冬，仅梅日列奇一地就可能有多达 30 人一起生活。梅日列奇附近还有其他一些类似的遗址，说明相邻群体之间还有固定的联系，而通过这种网络就可以交流新技术、气候变化情况、动物迁徙情况以及其他有关资源的信息，甚至还包括故事。当然，在不同群体间还有人员的流动。

旧石器时代社群留下的遗骸为我们提供了有关远古社会斑斑点点式

的粗略快照，但其实每个快照都代表着一个完整的文化世界，包括故事、传说、英雄与恶棍、科学及地理知识，还有有助于保存、传承古代技能的传统和仪式。正因为有了这种思想、传统和信息的积累，我们旧石器时代的祖先才能获得自身所需的能流和资源，才得以生存、繁衍并在冰河世界严酷的环境中不断迁徙，且范围越来越大。

来自冰芯测算的科学证据更使我们能够精确追踪过去数十万年间全球范围的温度变化。在更新世，包括直立人进化以来200万年的时间，地球上曾见证许多季冰期。每季冰期通常持续10万年或更长时间，其间有较短的暖期或间冰期。我们现在生活的时代就属于温暖的间冰期，从一万年前的全新世（Holocene epoch）开始。上一次间冰期发生在10万年前，可能持续了2万年甚至更长时间。此次间冰期结束后，全球气候变得越来越寒冷干燥，虽然也曾有多次暂时的逆转和局部变化。最后一季冰期最冷的时期大约是2.2万至1.8万年前之间。

随着气候转冷，人类曾居住过数百年甚至数千年的某些地区就不得已被放弃了。比如，北欧有些早在4万年前就有人居住的遗址就是这样，而且被遗弃长达数千年之久。即使在澳大利亚最北端气候较温暖的地方，人们也是侥幸才活了下来。[26] 昆士兰最靠西北端的草坪山河（Lawn Hill River）横穿厚厚的石灰岩峡谷，众多的河流和周围的高地为当地人提供了丰富的鱼类和海洋动物资源。但在最寒冷时期，人们却不得不完全放弃了冰封的高地，躲到受峡谷保护的狭隘地带求生。

有生物圈的地方就有人：人类向世界各地的迁徙

伴随科技与生态知识的累积，许多人类社群受多方因素的驱使或推动迁入了新的生存环境，比如气候变化、与邻里发生冲突或人口过剩。历经数千年的时间，这种小规模的迁徙渐次地把我们人类这一物种最终带到了除南极洲以外的每个大陆。如今，我们完全可以通过世界各地的考古遗迹并比较现代人群的不同基因来追溯上述迁徙过程。[27]

10 万年前，即尚在最后一次间冰期期间，差不多所有人类都生活在非洲，虽然也有极少数人业已抵达中东地区。在现代以色列的某些遗址，比如斯虎尔（Skhul）洞穴和卡夫扎（Qafzeh）洞穴，当地居民可能曾遇到过尼安德特人，甚至不时与尼安德特人杂交。（我们知道这一点，是因为大多数生活在非洲之外的人种都有一些尼安德特人的基因。）不过此后随着气候变冷，我们的先祖似乎把中东留给了尼安德特人，因为他们的身体更能适应寒冷的气候。我们人类的先祖直到 6 万年前才又回到中东。不过，此时的人类可能业已扩散至中亚和南亚。之所以这样认为，原因之一是人类在 5 万至 6 万年前就已抵达了萨赫尔（Sahul，包括澳大利亚、巴布亚新几内亚和塔斯马尼亚在内的冰期的大陆）。6 万年前从非洲动身的移民必须非常迅速才可能到达那里，所以很有可能的是：最早一批抵达澳大利亚的人来自曾在亚洲长久定居的居民。[28] 定居澳大利亚是人类史上的一个重大事件。我们还不知道最初来澳大利亚的人是受什么力量的驱使——很有可能是出于人口压力或与印尼南部其他族群发生了冲突，但我们却很清楚，要漂洋过海必须具备高超的航海技术和快速适应全新动植物环境的能力。此前的物种还没有哪些能够漂洋过海的。（澳大利亚野犬是最近几千年才来到澳大利亚的，但几乎肯定是得到了人类的帮助。）

人类最早迁徙到西伯利亚和北欧可能只是在暖期短暂的试探性探索。但正如梅日列奇这样的遗址所示，我们的祖先在 2 万年前还是可以应对极寒环境的。早在 4 万年前，有些人可能就在西伯利亚定居。2 万年后，在最后一季冰期最寒冷的阶段，有些西伯利亚人开始徒步东迁，穿过白令陆桥（Beringia），当时大量海水被极地冰川锁住，海平面比今天要低得多，所以跨越这一陆桥并不是很困难。人类祖先从白令陆桥向美洲扩散，要么是经过阿拉斯加，要么是乘小船沿北美西北海岸向南突进。而后，有些人又从那里抵达南美洲，可能在两三千年内南至火地岛。目前，人类最早抵达北美洲的证据可追溯至1.5万年前。

在旧石器时代，迁徙可能是人类对创新或人口压力做出的最常见的反应。小股的移民不断意味着，伴随人类这一物种在全球范围的扩散，每个人类社群的规模可以长时期保持大致不变，而这又意味着不同社群可能形成许多传统社会规则。正因如此，我们迄今很少发现旧石器时代曾有过大规模定居点的证据，虽然有足够的证据说明早期人类社群的数量和人口总数都在增加。英国人类学家罗宾·邓巴（Robin Dunbar）认为，150人是人类大脑通常能应对的最大的群体规模，所以一旦群体规模再大，就自然会出现分裂。邓巴主张，哪怕是当今时代，大多数人类亲密关系的网络也不超过150人，虽然人们间或与许多外人发生短暂的关系。现代人类的社群规模巨大，但只不过是因为人类创造出了新的特殊的社会结构才得以成型。

不管真实原因究竟是什么，大多数旧石器时代的社群规模很小，其组织的形式是家庭或亲缘，同大多数现代觅食群落一样。所以说旧石器时代的社群是家庭而非社会，这是有道理的。假如现代觅食群落能够提供某种镜鉴的话，那旧石器时代的人可能对家庭有一种非常宽泛的理解，即家庭不止包括人，还包括了其他物种，甚至周边的景观，比如山脉和河流。旧石器时代的社会在生态和文化上都深深地嵌入了周边的大自然，这一点是现代城市人很难理解的。

旧石器时代不断提升的复杂性

尽管旧石器时代的社群规模很小，但却同样具备积累新思想、新见解和新知识的人类的普遍本领，因此，哪怕我们还不能细致入微地追踪这段历史，我们也非常清楚：先民的社群如同后世的人类社群一样，同样具备文化和技术上的鲜活和创新，虽然前者的规模要小一些。

如同现代的觅食群落一样，我们旧石器时代的祖先对他们猎捕的动物和昆虫的习性、生活模式，以及用于食物、衣物和装备的植物，都有着密切而精准的了解。那时人群之间的网络虽然相对松散，但却足以凭此交换人口并传递故事、仪式和信息，从而把分布区域广泛的不同社群联系起来。从考古学和人类学的证据看，我们可以得出如下结论：那时的家庭群体大多数时候是分散居住的，但也有类似奥运会那样的定期聚会，前提是有足够的食物来支撑数百人的临时聚集。例如，在澳大利亚东南部的雪河（Snowy River）地区，每当数以百万计的布冈夜蛾（bogong moths）孵化时，就会有许多群体前来聚会，因为孵化的布冈夜蛾提供了必要的食物，这种集会现在被称为原住民歌舞会（corroborees）。在这种聚会上，人们彼此讲故事、交流礼仪、交换礼物，舞蹈和仪式成为团结的纽带，婚姻的伴侣（或不满的个体）也从一个群体转移到另一个群体。1.5万年前，在法国南部也有类似的聚会，这是因为时人要追踪并狩猎成群的马、鹿和牛，并定期举行仪式，于是产生了非常漂亮的岩画艺术。在现代人看来，多尔多涅地区的拉斯科岩洞（Lascaux Caves）与拉马德兰（La Madeleine）岩洞居所等地出产的艺术品和雕塑，甚至澳大利亚多地发现的更古老的石雕，都是精美复杂的艺术品，堪与人类制造出的任何艺术品媲美。这种艺术品有助于我们了解旧石器时代先民的思想和精神世界。

随着狩猎和采集技术变得更加复杂，我们的祖先便开始以新的方式塑造他们的环境。在世界的某些地方，人与周边物种的混合格局因此出现了改变。最早的澳大利亚人在那里发现了许多大型动物或巨型动物（megafauna），有些动物就像南非的犀牛、大象和长颈鹿一样大，南非是当今世界唯一还有大量大型动物生存的地区。在澳大利亚，则有巨型袋鼠、袋熊和不会飞的巨鸟，如牛顿巨鸟（*Genyornis newtoni*）。不过此后，很突然地，澳大利亚大部分的巨型动物消失了，就像大型动物在西伯利亚和美洲最终消失一样。

上述大型动物的消失，可能是因为气候的改变。但这种大型动物毕竟曾成功度过前一次的冰期，所以我们很难不去想象：是否人类凭借其日益复杂的狩猎技术，最终把它们推向了灭绝的边缘呢？从历史年代看，这一说法是成立的。在澳大利亚、西伯利亚和北美，巨型动物在人类到达后不久就消失了。也许，如同毛里求斯的渡渡鸟（dodo）一样，巨型动物并不像非洲巨型动物那样害怕我们的祖先，非洲巨型动物曾与人类共同进化，并且知道我们人类会有多危险。但不管怎么说，巨型动物和所有的大型动物（包括恐龙）一样，特别容易受到突然变化的负面影响。我们有许多现代大型动物灭绝的例子，比如在人类到来的几个世纪内，被称为恐鸟（moas）的新西兰大型鸟类就消失了。而在西伯利亚和美洲，我们甚至还有更直接的屠杀场所的证据，所以我们知道：人类确曾捕猎大型动物，如猛犸。

清除巨型动物改变了人类生活的自然景观。大型食草动物能吃掉很多植物，所以其一旦消失，就增加了人们使用火的频率，因为大量植物残留物未被食用。大约在 4 万年前的澳大利亚，许多地区的火灾数量的确有所增加，其中很大一部分可能是雷击引发的，但我们知道，就像旧石器时代其他许多地方一样，这里的人也开始系统地利用火，以使土地变得更加肥沃。这种技术被考古学家称为火棒耕作（fire-stick farming），即在历史上的某个时期，澳大利亚土著人会把大量木棒放到田地中去焚烧。系统地使用火并不仅仅是为了烹饪或自我保护，而且还有助于改变环境，这也是我们这一物种改变生态的能力不断增强的最初迹象之一。如果你具备安全管控火的技能，那么定期焚烧一下土地还是颇有好处的。烧毁一片草地，然后在一两天之内沿着火生发的路径逆行，首先会找到大量烧烤好了的动植物。再过上几个星期，你会发现大自然又催发了许多新的生长点，因为大火已把灰烬作为肥料撒开了，还同时加速了动植物残骸的分解。禾本科及其他植物会很快萌芽，而且可以更快收获。新生植物通常会吸引大批食草动物与小型爬行动物，从而使狩猎变得更轻松和高产。

简而言之，火棒耕作提高了土地的生产力。在旧石器时代晚期的世界，许多地方都曾使用过类似技术。虽然严格说来，这种做法本身并非一种耕作方式，而是借以增加特定土地上可用动植物产量的一种方法。换句话说，这是一种密集型强化生产的形式。火棒耕作让我们提前见证了农耕所释放出的丰富的食物、资源和能量。

人类史的最初阶段

伴随人们不断分享信息、思想和见解，甚至笑话、闲话和故事，数代以后，在邻里社群的人们中间，会慢慢累积一大堆各式各样的信息，笔者倾向于称之为当时的科学（scientific）知识。旧石器时代的科学知识包括各种可供狩猎或采集的资源，服务于吃、穿和治疗；可用于航行、狩猎或挖掘植物根茎的技术；以及有关天文和社会的知识，后者主要规定年轻人该如何接近年长者及如何与其交流、如何对待陌生人、如何标记人生中的重大转变等。这些知识非常有价值，因为它关乎群体的生存，所以保持并向后代传递这些知识是非同小可的大事。这种知识历经多代人头脑的精心过滤，也验证了它的权威性、准确性和有用性，并最终被纳入作为教育核心的起源故事中。这种知识会伴随时代缓慢增长并赋予人类不断提升的对自然界及生物圈能流的控制力，因而成为人类史变革的主要驱力。这种知识还会随人类的扩散而不断传播。虽然这种知识会因群落或社区不同而有所分别，但我们还是可以想象，在地球史上，一种新型的共享知识层次——智慧圈——就这样首次缓慢成型。

在旧石器时代，伴随人类数量的不断增加，智慧圈也渐次经非洲扩展至欧亚大陆、澳大利亚和美洲。人类群体在非洲内部扩散期间，其总人口数可能已达数万甚至数十万，尽管不同地区也存在一些数量的局部波动。上面我们说过，大约 7 万年前，人类数量曾一度骤然降至数万人。据意大利人口统计学家马西姆·利维巴奇（Massimo Livi-Bacci）估计，3 万年前，地球上的总人口可能有 50 万，而在一万年前全新世开始时，可能已多达五六百万。[29]

如果只从最后两个数字看，我们有理由认为，在旧石器时代的最后 2 万年中，人类人口增长了大约 12 倍（平均每千年增加 25 万）。我们由此合理地假设，此时每人消耗的能量都不少于从前，这就说明人类消耗的总能量也增加了大约 12 倍。10 多万年来，集体学习极大地加强了人们对世界许多不同地区的能源和资源流动的控制。由此可见，在大约 10 万年的时间里，集体知识显著提升了人类在世界多地操控能流的能力。

这种日益增长的能流其中大部分支撑了人口增长。在地方层面，反倒没有多少能流被用来提升复杂性；正如上文所述，人类社群依然规模很小，属于亲密家族型。但在物种层面，人类在世界各地的扩散却无疑代表了复杂性的提升，因为到了一万年前，人类使用的技术和信息已然多种多样，超过了地球上的任何其他物种，而且人类还把这种技术和信息传播应用到全球多地。

我们没有证据说明更多的能量使人类变得更加富裕。不过，有些觅食群落可能生活得很好。诚如人类学家马歇尔·萨林斯（Marshall Sahlins）所说，在某些地方，旧石器时代的社群享有各式各样的饮食，健康水平也很高，且有大量的闲暇时间，人们可以闲下来讲故事、睡大觉或径直放松一下，还可以举办长时间的舞会，而大多数小型社群正因此建立了牢固的关系。[30] 但此时的觅食群落在财富方面不可能存在显著差异，因为他们随时能够从周围环境中获取自身所需的大部，所以没有理由积聚货物。而且，当时的人经常要迁移，能够随身携带的只是最贵重易携的物品。

2 万多年前最近一次冰期最冷的时期过后，随之而来的是长达数千年的不稳定复暖期，直到大约 1.2 万年前，全球气温才开始稳定下来，进入全新世更为稳定的暖期。到上一季冰期结束时，外星科考团的科学家们肯定对地球上正在发生的咄咄怪事非常感兴趣。随着气候变暖，人类行为也变得更加引人注目。非常突然地（在古生物学的尺度上看就是这样），人类通过农业获得了比此前大得多的能流，而这种新能流又使人类社会复杂精微的程度、多样性及规模经历了一次巨大突破。

第 8 章

农耕时代：节点七

在亚当耕田、夏娃纺线的时代，又有谁是绅士？从天地之初，所有人都是生而平等的，束缚和奴役是坏良心的人后来强加到我们头上的。假如上帝真的愿这世间有人被奴役，那上帝一开始就会指定哪些人为奴，又有哪些人是自由的。

——约翰·鲍尔（John Ball），在英国农民起义期间的布道

在最初的 20 万年甚至更长的时间里，我们的祖先都是以觅食者的身份生活在这个世界上的。这期间，源源不绝的创新活动使觅食效率不断提高，觅食环境也变得日趋多样化，这样直至一万年前——最后一季冰期末期，世界上的大部分地区都已有人类生存。在过去的一万年间，大量的创新活动改变了人类的生活方式，我们将这种的创新活动称为农耕或农业。

农耕可谓是一种重大创新，有点儿像早期的光合作用或多细胞结构问世。农耕为人类史开辟出了新的更富活力的进路，我们的祖先因之获得了更多的资源和能流，有了更多作为，还创造出多种新式的财富。就如同发现黄金富矿一样，新的巨幅能源引发了众多变革，并最

终改变了人类与生物圈之间的关系，因为，伴随农耕社会的不断扩大，整个人口数量也大幅提升，而此时的游牧部落也逐渐胜过觅食群落的规模。更多的能量、资源、人口以及不同社群间日益增多的关联造成了一种正反馈循环，而这又加速了变革的过程。基于上述原因，我们将农耕看作标志不断提升的复杂性的第七个节点。

集体知识一经形成，便为人类的变革创新提供了巨大潜势。而今，这种潜势在三种主要金凤花条件的促动下渐次成为现实，包括新技术（加之集体知识同时让人类对自然环境有了更多的了解）、人口增长的压力和全新世时期的温暖气候。

什么是农业？

伴随人类收集和管理周围环境信息能力的提高，其对采集狩猎的理解也进一步加深，技能也愈发娴熟，从而导致人类对周边环境和动植物的影响在不断加大。比如，火棒耕作改造了广袤的地貌，提高了人类生活所需的动植物产量。1770 年，库克船长率领的船队沿澳大利亚东海岸向北航行，映入眼帘的并非一片荒凉景象；相反，他们看到了澳大利亚原住民焚烧土地时冉冉升起的浓烟；他们还看到了因人类活动而被改造的自然景观，就像英格兰故国的乡间花园。昔日里生活在澳大利亚的巨型生物早已不见，而性喜火烧的桉树（eucalyptus）在澳大利亚却是漫山遍野，这都是流行数千年之久的火棒耕作所赐。

如同早期的觅食者一样，从事农耕的农民也在使用累积数千年的知识信息。但后者使用的方式颇有不同，并凭此把人类控制环境的能力提升到前所未有的新高度。

农耕最基本的原则就是简便。基于对自然环境的了解，农民们知道哪些动植物最有用，他们会因此增加这些品种的产量，并减少那些不能使用的品种。他们会除草、浇水，以帮助那些人类所需的植物更好地生长，比如小麦和水稻；他们还把对人类有价值的动物放在围栏里圈养，比如绵羊和山羊。他们会除掉杂草，驱赶或杀死那些不受欢迎的动物，像蛇和老鼠。诸如此类的人类活动改造了整个的自然景观，而动植物本身也会对这种新环境做出反应，正如此前它们以改变基因和进化的方式对环境变化做出反应一样。正因如此，伴随农耕对环境的改造，新的动植物物种也开始渐次生发。最繁盛的物种都是人类喜爱的，因为人类会格外精心地照料这些物种。更富营养的植物，比如经人工驯化的小麦和水稻，以及对人类有用的动物，比如家犬、马匹、耕牛和绵羊，也因之进化成型。家畜可以帮忙捕猎、驮运人与货物，还能提供羊毛和牛奶。家畜宰杀之后，还能提供肉食、毛皮、骨头和肌腱等可资利用的产品。

不过，农民们也发现，要改造周围的自然环境绝非易事。但作为回报，经历砍伐、耕作、除草、排水和围栏之后，他们的确能够从周围的土地、河流和森林中获取更多的能量和资源，因为这样一来，他们珍视的那些植物会更加繁茂。这种作为使最早的农民从流经生物圈的光合作用中获取了更多能量。当然，光合能量的总量倒未必增加，而且很有可能因农民砍伐掉产量更高的植物——如树木——而有所减少。但对农民来说，最重要的是在既有能流中分得更多的能量。

农民从农耕中获得的不只是食物、木材和纤维，他们还因此间接地获取了新的能流。比如，人类不能直接吃草，但马和牛却可以；于是农民们就学会了利用吃草的马、牛，如骑行、负重、宰杀食肉，实际上等于从草场资源获得大量的光合能量。这是具有重大意义的变革。一个人至多能发出约 75 瓦的能量，而一匹马或一头牛却可以超出这一量级十数倍。牛、马身上这种超出的能量就可以被利用来深耕——远超过人用锄头所能达到的深度——驮运货物或者载人。农民们还可以提高其他非食品动植物物种的产量，因为它们有其他用途，比如，亚麻和棉花可用来制造纺织品。另外，他们还可以种树，然后使用木材建造房屋、农场、谷仓和栅栏，或用于烹饪食物、房屋取暖。

简而言之，农耕是聪颖机智的单一物种对能流和资源的攫取，凭借的是其日渐丰富的信息资源，并以此实现对周边环境更好的开发利用。换言之，人类凭借神奇的集体知识，学会了如何从生物圈中分得更多的能流和资源以为己用，而且后来又学会了把大江大河分流以灌溉自己的田地或输送到城市以提供饮用水。

对生物学家来说，农耕看起来像是一种共生关系，即不同物种之间的一种亲密互利关系。觅食群落曾利用并了解数百种不同的植物、动物，而农民则只关注他们青睐的少数物种，因此后者与这少数物种之间发展出极为亲密的关系。强烈的共生关系常导致两个物种在行为和基因结构上发生变化。例如，现代蜜蚁（honey ants）会“驯化”蚜虫，它们能保护蚜虫，给后者提供食物并帮助其繁殖。如今，蚜虫已发生很大变化，而且仅靠自身已不能生存。蜜蚁轻触蚜虫，蚜虫会吐出蚜蜜以换取食物和保障。相比之下，我们更熟悉的是植物与蜜蜂之间的共生关系，而这对我们人类而言也更重要。蜜蜂从植物的花朵获取花蜜，而植物花朵亦因蜜蜂把花粉从一枝带到另一枝得到更有效的繁殖。过度捕杀蜜蜂，那今日数十亿人所需的口粮就会成为一个大难题。

农民曾为之付出大量精力和劳动的物种——经过驯化的物种——本身的生活质量其实并未得到多少改善，对这些受人青睐的物种而言，其最大的收获是数量有了大幅提升。伴随被驯化物种数量的急剧攀升，野生动物（也就是那些农民不感兴趣的动物）的数量却骤然下降。依据

2000 年的数据，所有生活在野外的哺乳动物总量仅有家养哺乳动物的 1/24。[1]

在不同物种共同进化的过程中，上述共生关系改造了所有参与其中的物种。例如，比较一下现代玉米与其先祖墨西哥类蜀黍（teosinte），便不难发现后者形容枯槁且生长在无人关照的野外。或比较一下野生默隆羊（wild mouflon sheep，又译欧洲盘羊）及其经驯化的现世血亲，也不难发现其间的巨大差异。那些经驯化的动物看上去就好像天生是为了取悦人类：温顺（有些人甚至不怀好意地认为，看样子就不如其乡下的亲戚机灵！）；身上的毛远超自身所需；其肉质对人而言异常鲜美且脱离了人类便无法生存下去。如果仅从数量上讲，这些物种的进化策略可谓异常成功。如今，全世界被驯养的绵羊数量已超过 10 亿，而相比之下，默隆羊的数量已寥寥无几。

当然，这一共同进化的过程中，人类自身也发生了变化，只是方式不同而已。人类的变化大部分体现在文化上，而不是基因的改变。人类确曾有过基因上的改变，而且是农耕生活方式导致的。比如，出身牧民从小喝牛奶或马奶的人，即使长大成人也可能更容易消化奶制品，因为他（她）身上还会分泌乳糖酶（lactase），一种能够消化并吸收乳糖（即奶中的糖分）的物质。一般狩猎采集部落的幼儿只是在幼年四岁前吸收母乳，而待长大之后，体内便不再需要也不再分泌吸收牛奶的乳糖酶了。但在以牛马奶为主食的地区，人们即便成年之后，体内还是会分泌乳糖酶，也就是说发生了基因突变（genetic mutation）。

不过总的来说，人类对农耕生活方式促发的共生关系做出适应性调整主要不是在基因变化方面，而是在人类发展出一系列新的行为模式，包括由集体知识累积支撑的技术创新、社会创新和文化创新。人类发明出了用于耕地、造林和航运的新方法。而与此同时，人类还学会了如何合作与共同生活。文化变革远比基因变化来得快，所以说农耕仅用几代人的时间就改变了人类的生活方式。

早期农耕的历史与地理分布

人类历经 10 万至 20 万年的时间才把自身的觅食技术应用到地球上变化多端的自然环境，而农耕在世界各地的传播却只用了不到一万年，在此期间，农民们还依据各自不同的物种、土壤和气候条件调整了农耕技术。今天，我们完全可以像追溯传染病从不同传染中心传播一样，去追溯农耕生活方式在全世界范围的传播。

农耕生活方式并不是以一种平稳而均衡的方式向外传播的。其传播的速度在有些地区要快一些，有些地区慢一些，而在其他地区则几乎没有得到传播。这一差异对人类史的地理格局产生了巨大影响。农耕兴起之初，地球上的人口还极为分散，因此世界上一个地区发生了什么事儿很难对生活在其他地区的人产生影响。人类史上的重大变革通常是在某个群体中间肇端，而后传播至另一群体，传播依赖局部的网络。不过久而久之，不同地区的思想观念还是会传播到很远的地方，但直至 500 年前，人口、观念和包括农耕在内的技术传播或流动依然存在根本性的障碍。最后一季冰期结束后，海平面的上升阻断了欧亚大陆与美洲之间的联系；欧亚大陆与澳大利亚及西太平洋诸岛屿之间也几乎没有任何往来，虽然这些岛屿上的居民早在 3 万年前就已经来此定居了。事实上，此时的人类还生活在彼此分立的少数几个世界岛屿或世界地带（world zones），彼此的居民相互隔绝，就好像生活在不同的星球上一样，而人类的历史恰恰就是这样展开的。

世界上占地面积最大、最古老的地区是亚非欧大陆（Afro-Eurasia）。

这是人类开始进化的地方，而且由于非洲和欧亚大陆之间有陆路连接，所以观念、人口和货物可实现接力式的长距离传播。规模仅次于此的另一个历史悠久世界地带是澳大利亚。人类来此定居的时间大约可追溯至6万年前。在最后一季冰期，澳洲地区与巴布亚新几内亚和塔斯马尼亚是连在一起的，只不过与欧亚大陆却几乎没有往来。第三大世界地带是美洲。人类最早来此定居的时间距今至少有1.5万年之久。不过，伴随最后一季冰期结束，白令陆桥被海水淹没，美洲地区便与欧亚大陆断绝了大部分往来。而在最近数千年的时间里，世界第四大地带也在太平洋浮现。位于该地带西部的岛屿，如所罗门群岛（the Solomons），可能早在4万年前就有人居住，但东部和南部的岛屿（包括新西兰、夏威夷和复活节岛）却直到3.5万年前才有人定居，因为在此前后，曾出现一波接一波的海上移民潮，场面颇为壮观。

世界呈现为不同地带，这一事实本身启发我们对自然格局与历史演进之间的关系展开思考，如此回望过去，我们会进一步看清人类历史在不同境遇中究竟是如何展开的。[2] 不同世界地带的历史进程存在诸多惊人的相似之处。在世界各地，人们都是通过集体知识造就了新技术、新的社会关系和新的文化传统。但不同世界地带发展变化的速度却颇为不同，也就是说农耕生活方式在不同地带是以截然不同的方式展开的，并因此成就了不同的历史轨迹。当世界不同地带在1500年后重新被联结到一起时，这种差异的重要性就蓦然凸显了出来。

农耕生活方式最早是在亚非欧大陆兴起，而且在这里得到最广泛的传播，因而产生的影响也最深远。另外，农耕在巴布亚新几内亚也很早就出现了，并最终传播至整个美洲。而在其他地区，虽然间或也有一些群落尝试农耕，但农耕生活方式却未能引发实质性的变革。

至1.4万年前，觅食群落已遍布世界各大地带，其中某些地带（尤其是亚非欧大陆）已有人定居并重新规划周边环境。5 000 年后，非洲与欧亚大陆的枢纽地带出现了一座座从事农耕的小村庄，主要集中在尼罗河畔，以及地中海东岸被称为新月沃土地带（Fertile Crescent）的弧形高地上。又过了 2 000 年，在另一处巴布亚新几内亚高地也出现了从事农耕的村庄。而到了 4 000 年前，农耕村落已遍布非洲和欧亚大陆的大部分地区，如南亚、东南亚和东亚大部，以及美洲世界地带。至此，很有可能绝大多数的人都仰赖农耕过活，因为农耕比觅食能够养活更多的人。但在世界其他一些较大的地区，包括澳大利亚、太平洋诸岛以及美洲、亚非欧大陆多地，人口却依然分散稀少，而且多是从事游牧的觅食群落，虽然有些地方也有人逐步向农耕模式靠拢。

农耕或类似农耕的生活方式在世界各地是彼此独立地演进的，而且农耕不是一次就能够完成的发明创造。这一点提示非常重要：彼此独立的人类社群在不断积累技术和生态知识的同时，很有可能经由觅食阶段积累的知识而最终发展出农业技术，而不论生活在什么地方。但觅食群落走向农耕还需具备一个条件，即觅食群落一定特别急切地渴望只有农耕才能提供的额外资源。毕竟，农耕是很艰苦的劳作，而且意味着整个社群的生活方式都要随之改变。

人类为何要从事农耕？跨越节点七

在最后一季冰期末期，整个世界经历了两大变化，而在这两大变化的共同作用下，才出现很少一部分适合从事农耕的地区。其一，全球气候逐渐变得更加温暖湿润；其二，及至此时，全球绝大部分地区已被觅食群落占据，以至有些地方开始出现人口过剩问题。

这两大变化均促使人类向农耕转向。由于这两大变化在各主要世界地带的不同区域都产生了一定程度的影响，所以在前后相差不足数千年的时间里，世界多地均发展出了农耕生活方式，而且彼此间相互独立，并无关联，可谓既真实又令人感到奇怪。

大约 2 万年前，地球的气温开始反复无常地上升。至 1.3 万年前，全球平均气温已接近现在的水平。此后曾出现过一段气温骤降的时期，即人们所熟知的新仙女木（Younger Dryas）时期，前后持续至少有 1 000 年，不过之后的气温再次升高。自此大约 1 万年的时间，全球气候颇为罕见地保持稳定状态。气候温暖湿润且能保持稳定，恰好使农耕生活方式变得切实可行，为人类转向农业时代提供了良好的金凤花条件，实为此前至少 10 万年所未见。从过去 6 万年间世界平均气温的数据记录看，即使在远离热带的地区气温会出现一定程度的波动，但过去 1 万年间的气候总体非常稳定。

全新世早期更加温暖湿润的气候在少数几个地区造就了植物生长异常繁茂多样的局面，对当地的觅食群落而言，俨然是一个丰饶的"伊甸园"（Gardens of Eden）。在其中有些地方，丰富的自然资源让觅食群落甘愿定居下来，并逐渐形成永久性的社区或村庄。最近，有研究人员在澳大利亚西海岸附近的丹皮尔群岛（Dampier Archipelago）发现了圆形石屋，据说已有 9 000 年的历史。[3] 同样，有学者对位于地中海东岸的新月沃土地带进行了仔细考察，认为这里也发生了类似的变化，即 1.4 万年前，人类学家所谓的纳图夫人（Natufians）开始在此建立永久性的村庄，定居者达数百人。他们把尖锐的燧石镶嵌在驴领骨中，并以此为镰刀收割野生的谷物。他们还把瞪羚放在围栏里圈养。此外，村民们还建造了房屋，并将逝者安葬在公墓里。只不过在此时，农耕还尚未开始：研究人员在此发现的花粉均来自野生谷物。但村民们确已在此定居。考古学家把这种业已定居但尚未从事农耕的群落称作"富裕的觅食者”（affluent foragers）。

人口压力同样是纳图夫人在此长期定居的一个动因。大量纳图夫人在此定居，这说明在新月沃土地带，人口增长的速度正逐渐加快。因为新月沃土地带横跨非洲与亚欧大陆，所以毫不奇怪，这里吸纳了许多新移民。

定居生活方式往往以不同的方式促进人口增长。觅食群落非常清楚一定量的土地可以养活多少人，因此总设法限制人口增长。而在定居的村落，农民不必再背着幼儿四处游走，而且渐渐地，孩子也会在农耕中派上用场。村落中的人甚至因此改变了对家庭、子女乃至性别角色的态度。在村落中，子女多了就能为家庭劳作提供更充足的劳动力，孩子还可以担负起保护和照顾老人的职责。因此，在定居社群，人们总是期待妇女多生孩子，当然其中的部分原因在于，生下的孩子可能有一半还不及成年就会夭折。这种期待使性别角色问题显得愈发突出，而且决定了大多数妇女一生的主要任务就是生育和抚养孩子，在整个人类史的农业时代均如是。基于同理，上述丰裕的觅食者不过几代人的时间，就已感觉到了人口过剩的挑战。[4]

由于人口增多，纳图夫人不得不尝试从土地中开采更多的资源。也就是说，他们要更加悉心地利用土地资源，并最终开启了某种形式的农耕。不过这样一来，纳图夫人就掉进了一个甜蜜的陷阱（honey trap）。他们最初兴建的村庄仿佛是一个生态乐园，然而仅几代人的时间，他们就再一次经历了新一轮的人口危机，而且由于附近社群也出现了人口迅速增长的局面，试图利用更多土地资源的想法也落空了。所以摆在面前的唯一选择是充分利用自己所掌握的一切知识和技能，以提高现有土地的产量。于是，纳图夫人在这种增产的压力下，可能非常不情愿地开始了艰苦的农耕生活，而待他们习惯了农耕生活方式之后，也就逐渐忘记了先前曾是觅食者。集体知识就是这样，在人们不断积累新知的同时，那些旧有的知识和见解就慢慢被淡忘了。同样，在世界其他地区，伴随人口的增长，许多觅食群落也被类似的人口压力所改造。[5]

地处幼发拉底河附近、当今叙利亚北部的阿布胡赖拉（Abu Hureyra）就曾见证人类从丰裕的觅食者转向农耕的一幕。这一遗址是20世纪70年代初被发现的，但随后的考古发掘刚刚进行了半年，就因修建大坝而被水冲毁了。在最早的农耕社区，通常是多座房屋围成一圈儿，典型纳图夫人的风格，建造时间可追溯至1.3万年前。村民照样还会去猎捕瞪羚和野驴，并采集各种食物，包括坚果、水果及野生谷物。而在随后长达千年的新仙女木寒流时期，气候环境恶化，只在温暖气候中才能生长的水果已无迹可寻，村民们只能靠谷物才得以谋生，虽然谷物很难采集到，也不易加工。最终，村民们培育出了能够适应严寒气候的黑麦（rye）品种。因此我们看到，至少在阿布胡赖拉，是气候变化迫使当时的觅食群落最终转向农耕。在此次寒流结束前的好几个世纪，这一遗址事实上早已被放弃，差不多直到1.1万年前，这个地方才有人重新居住。而此时的村庄规模也大多了，往往有数百所长方形砖混结构的住房，居民的数量达到数千人，他们一边种植各种人工培育的谷物，一边还到野外猎捕瞪羚和绵羊。自此，遗址中羊骨的数量猛增，也就是说，此时的绵羊已被完全驯化。而从人类的残骸来看，我们也不难觉察当时最早的农耕生活有多么艰难。所有人的牙齿都严重磨损，因为时人要用牙齿来碾碎坚硬的谷物，而在陶器出现之后，牙齿磨损有所减轻，因为有了陶器就可以把谷物熬成粥。女性的骨头有明显磨损的痕迹，因为她们要双膝跪地，长时间地研磨谷物。[6]

我们可以非常肯定地说，最早的农民从事农耕是很不情愿的，因为早期农庄的生活水平实际上呈下降趋势。从新月沃土地带发掘的早期农庄的人类遗骸看，其身材普遍要比临近觅食群落要矮一些，这说明农民的日常饮食不如后者那么丰富。农民虽能生产出更多的粮食，但他们也更容易面临饥荒，因为，俨然不同于觅食群落，农民只能依赖少数几种主要粮作物，而一旦收成不好，麻烦就大了。早期农民的遗骨还显示，他们体内都缺少维生素，这或许因为在青黄不接之际，他们往往有一段时间要挨饿。另外，从这些遗骨还可以看出，时人的劳动强度是非常大的，他们要耕地、收割庄稼、伐木、维护房屋和篱笆、研磨谷物等。同时，村庄还会产生垃圾，而垃圾又招来害虫，害虫多了就会引发疾病的传播，而这在规模较小且不断移动的觅食群落则根本不会出现。以上事例均说明，早期农耕者的健康状况并不乐观，早期农民是被迫步入农耕互联且日益复杂的生活方式的，而不是受农耕的种种优势所吸引。

那么早期农民是如何做到从有限土地中获取更多粮食的呢？他们又是如何找到农耕的途径的呢？在此，集体知识的力量是显而易见的。上文曾提到，其他大多数物种遭遇类似的生态危机会无计可施、颓然衰落，所以大多数生物生长衰落的轨迹呈 S 形曲线：一个新物种最初总会经历数量成倍增长，而待消耗尽其生态位的所有食物之后，很快就出现个体饿死的现象，生育率迅速下降，增长亦随之陷入停滞期。而相比之下，人类的可选项要多一些，因为人类有更多的信息。这类信息中的大部分在以前并未有明显的需求，属于潜在的知识，就像潜能一样，提前储备起来，直到真正需要时才会被激活或启动。现代觅食群落就具备大量诸如此类的潜在知识，遭遇危机，就可以马上激活，而纳图夫人也同样具备类似的知识。他们知道，经常浇灌那些自己喜爱的植物品种，或经常除草，也就是铲除其余的竞争者，这些植物就会生长得更加茂盛。在澳大利亚，觅食群落在最近几个世纪也引进了一些密集型的农业技术，比如收割谷物（在澳大利亚北部地区，人们会把尖石做成镰刀，还在手柄上装上动物的毛皮）、磨碎种子等，还学会了在人工修建的小沟渠里饲养鳝鱼。[7] 不过，觅食群落多数时候不大在意这种技术，因为他们在日常生活中并不怎么需要它，而且还因为使用起来太费时费力。因此我们说，在新月沃土地带，全新世早期的气候变化和人口压力为使用上述潜在的知识和技能创造了机会，也提供了动机，从此，人们才开始大致连续地使用集体知识的。而觅食群落也由此步入了农耕生活方式。

综上所述，气候变暖使少数条件适宜地区建立村庄并从事农耕成为可能，人口压力有时会使这一举措变得很有必要，而几千年来觅食群落积累起来的知识储备则为最早的农民提供了启动技术。

早期农耕的地理分布是板块构造的偶然性决定的，此外还有特定地区动植物类型的进化状况。有些动植物相对更容易被驯化，而有些则不可能被驯化。类似新月沃土地带的地区自然对受觅食群落有更大的吸引力，因为这里有很多动植物物种都很适合驯化。[8] 可以想见，当时的觅食群落肯定物色了多个物种作为驯化的对象，其中最受人喜爱的是种子里含有丰富营养物质的植物，比如果树。那种长有块茎或硕大种子的季节性植物当然更好，因为里面丰富的营养能帮助人类度过青黄不接的时段。至于小麦和水稻，如果适时收获，更能提供异常丰富的营养物质，所以早期农民才会不辞辛苦地投入大量时间和精力种植、看护、灌溉、收割并储存。[9]

同样，动物对人的用处也各不相同。比如，斑马天生脾气暴躁，所以很难被驯化。狮子和老虎太过危险，而且肉质也不十分可口。相比之下，山羊、牛和马之类的群居动物则更容易控制，特别是人能置身其中并充当首领的时候。如果被驯化的是食草动物，那这些动物就可以把吃进去的草变成肉、奶、纤维和能量，等于使人类驾驭并充分利用了地球上广袤的大草原，更何况这种动物的肉质既美味又营养。但在农业开始向世界各地广泛传播之际，可惜只有亚非欧大陆才能找到可供驯化的大型食草动物了。诚如上述，在澳大拉西亚（Australasia）和美洲生活的大多数巨型动物（类似南美的美洲驼等骆驼科动物除外）早已灭绝，而且很可能是在人类到来后不久。正因如此，相比其他世界地带，农业在亚非欧大陆兴起得要早一些，而且传播得也相当广泛。

早期农业时代：农耕传遍全世界

从事农耕的乡村生活模式最初在几个核心世界地带出现之后，便很快向世界各地传播、蔓延。在这一过程中，农民们磨炼了自己的农耕技术，也学会了能够增产的新方法，并把农耕生活方式带到了新的地区。

世界各大主要河流——比如底格里斯河、幼发拉底河，中国的黄河、长江，印度次大陆的印度河、恒河——历经数千年沉积下来的肥沃的冲积土吸引了为数众多从事农耕的农民。可能早在 1.1 万年前，新月沃土地带和尼罗河流域就出现了从事农耕的村落，而在随后的一两千年里，长江和黄河流域也出现了这样的村落。至六七千年前，人类已在巴布亚新几内亚的高原上栽培类似芋头的农作物了。到了 5 000—4 000 年前，印度河流域及西非地区也发展出了农耕村落。而就在此时，美洲地区也有农耕者在作业了，有的在密西西比河沿岸，有的在今日墨西哥及中美洲部分地区，还有的在安第斯山脉附近，那里的群山造就了周边多样化的自然环境，同时也带来了丰富的物种资源，有的就可以被驯化。

当然，农耕生活方式并非是在核心区域产生后就必然自发地向外传播。比如，巴布亚新几内亚高原地区的农耕模式就未被传播至沿海低地，因为在高原上长势良好的芋头和甘薯到了沿海低地却颇不尽如人意。

迫于人口压力而迁徙到新居住环境的农民也不得不根据新环境调整自己的耕作技术，有时还要等待被驯化的物种进化出新品种。在8 000—4 000年前，农耕从新月沃土地带扩散至中亚和土耳其，而后又传播至巴尔干半岛、东欧和西欧。一旦农耕传播至气候凉爽、草木茂盛的地区，鉴于这里的土质、生长季节以及害虫的种类均有不同，农民和农作物都需一段时间去适应新环境。所以，中欧和北欧的农民培育出了新型的谷物品种。而在林区，人们则采取轮耕或火耕（swidden agriculture），本质上属于游牧式的农耕作业。从事火耕的农民会焚烧并砍伐大量树木，然后在树桩之间灰黑色的土壤中耕种。这样，几年后，一旦这里的土壤不再肥沃，他们便会迁移到新的地方去耕种。在印度河流域，农耕在4 000年前就已兴起，后来虽经历了一段衰退期，但到大约3 000年前，农耕再次兴旺，并在印度河流域和恒河流域广泛传播，直至遍及整个印度次大陆。在非洲撒哈拉地区（当时的气候比现在要湿润，物产也更丰富），养牛业在5 000年前甚至更早的时候就已相当发达。至3 000年前，西非的农业已非常成熟，而后又从这里，继续传播至中非和南非。同样，生活在美洲的农民也需适应新环境。比如，这里进化出一些独特的玉米品种，是从中美洲沿密西西比河一路北进传播过来的。

伴随农耕社群数量上的猛增，农耕社会变化的速度也在提升，因为农耕的生活方式比觅食传播得更快，由农耕带来的变革速率也自然加快。不过，农耕为何能够快速传播的原因并非一目了然，因为农耕生活方式毕竟非常艰难，而且正因如此，觅食群落才得以延续数千年，甚至与农耕比肩。在某些地区，如西伯利亚和澳大利亚，农耕的劣势甚至超过了其可能的优势，所以直到现代，觅食群落还依然健在，甚至颇为红火。但在另外一些适合农耕，或可以改造成农耕模式，或人口增长严重威胁到既有资源供给的地区，农耕的优势则远超与其为邻的觅食群落。甚至在从事火耕的地区，每平方千米的土地也足以养活二三十口人，几乎是等量土地上觅食生活方式能养活人口总数的 100 倍。[10] 一旦遭遇迫不得已的境况，农耕社会通常能够调集更多的人口和资源加以应对，远非觅食群落所能比拟。农耕社会在人口数量上完全压制了觅食群落，如果有必要，前者还可以击败后者。正因如此，可能早在 5 000 年前，人类中的大多数就开始仰赖农业过活，而且自此以后，农业社会及其遂行支撑的体制也开始主导人类史。

随着从事农耕的农民在数量上的增长，他们也在很大程度上改造了周围的环境。他们砍伐树木，搭建村舍；他们深翻土地，驱赶害虫，割除杂草。农耕活动本质上是对自然环境的一种操控。觅食群落通常会觉得自己与整个生物圈密不可分，而从事农耕的农民却相信人类可以操控、开发、利用、改善，甚至征服自然。集体知识赋予了农民操控自然环境所需的认知，而从事农耕更为他们带来繁衍生息所需的食物和能流，因此，经农民们改造的周边环境也越来越大，其自身的实力越来越强，技艺也愈发精湛。

集体知识与新能流，正是这两个因素驱动了农业时代动荡的历史发展，释放出一种旧石器时代所未见的具有颠覆性的变革力量。

农耕如何改变了人类历史

在最后一季冰期结束后大约 5 000 年的时间里，从事农耕的村落构成了人类史上农业时代的主体。这种村落正可谓当时的大城市，是地球上最复杂、人口最稠密、最具实力的社会群体。随着农耕生活方式的传播以及人口的不断增长，小村落的数量也在成倍增加，直到最终，人类中的大部分成员都搬到了村子里居住。如果你恰好生活在农业时代，没准儿你自己就是农民，或至少生活在农民中间。

出现人口如此稠密的社会群体可谓人类史上的新鲜事儿。按照现代社会的标准，当时的村落可能看上去很简单，但若按旧石器时代的标准，当时的村落绝对是社会、政治与文化的大块头了，有着不可估量的影响力。村落的形成不仅需要新技术的支持，还需与之相应的新型社会规则和道德准则，以及共同生活的新观念、避免冲突的方法、分配财富的方案等等。如果英国人类学家及进化心理学家罗宾·邓巴所言不误的话，即进化只能使人的大脑应对不超过 150 人的群体规模，那面对比这个大得多的群体规模，就必然需要新的社会技术才能把这么多人拢到一起。

在人类史上农业时代的前半段，大多数的村落还只是一个个独立的社会群体，彼此之间的联系非常有限，而且村落的规模很小，只靠传统的亲缘规则就足以应对了。虽然村落之间人员、物品和观念的交流变得愈发重要，但当时还不存在国家、帝国、城市或军队等庞大的组织形式。最近 5 000 年主导人类史的巨型复杂社会是在农耕生活方式广泛传播之后才出现的，传播使人类史的发展达到某种人口、资源和新技术的临界状态。但农业文明的源头却只能到早期农业时代的村落中去寻找。

此前我们已经了解到，觅食群落具备多种潜在知识的储备，其中包括如何管理较大规模人群的信息。其实，这种有助于社会复杂性不断提升的潜能，以至后来形成大规模的政治、经济和军事网络，甚至包括所有农业文明中都可以发现的巨型建筑，都可以在觅食群落和早期的农耕社群找到原型。

位于安纳托利亚的哥贝克力石阵（Göbekli Tepe）遗址就足以向我们展示隐藏在早期觅食群落和农耕社会背后的人类智慧与技术潜能。哥贝克力石阵最初被人占领是在纳图夫村落时期，后来在 12 000—9 000 年前之间也曾不时地被人占领。[11] 整个石阵用大约 200 根雕刻精美的石柱围成 20 个圈儿，其中有些石柱超过 5 米高，重达 20 吨。许多石柱上刻有奇特的浅浮雕图案，比如带爪的或尖嘴的鸟兽。石阵中间并未见有人能居住的房屋，然而令人奇怪的是，许多石柱是通过某种仪式埋在这里的。人类学家还在遗址间发现了酿造啤酒的痕迹，而这一点也暗示着此处曾举行过多种仪式活动（包括酒神节狂欢）。这说明哥贝克力石阵，就像英格兰的巨石阵（Stonehenge）或美国新墨西哥州的查科峡谷（Chaco Canyon）一样，可能是供周边族群举行仪式庆典的中心场所，类似现代的奥运会或联合国。哥贝克力石阵也可能是时人的天文台。但无论如何，要搭建哥贝克力石阵需要时人极大的付出，而这种付出又显示出在一个人口激增的时代，不同族群之间的对外交往与技术往来有多重要。无论是石柱的尺寸、雕刻的精美程度，还是运送和雕刻巨石动辄数百的人力需求，所有这一切都说明当时的社会组织业已达到新的层次和复杂度。这一点颇令人惊讶，因为最早从事石阵建设的人可能还算不上真正的农民，倒像是纳图夫人一样的早期定居者或丰裕的觅食者。

随着村落与村落间网络的不断扩大，传统的亲缘关系准则也遭遇挑战。[12] 早期的农耕村落在向外扩张的同时也与邻村建立起了新的关系网络，有时还进一步发展成小城镇。这时，传统意义上的亲缘关系准则就必须加以修正或补充，增添一些新规，以维护财产、权利、等级、权力等不受侵犯。而原先只适用于一二百人的传统社会模板也必须链接到更大的社会网络中，而这种网络不可避免地是按等级划分的。这样，伴随农耕制度的逐渐普及，在很多地方，一种新型的等级制的社会形态取代了由传统亲缘关系准则维系的村落社区。

要追溯千人村落中邻里与等级关系的真实状况，我们可从传统的亲缘关系规则入手，然后沿时间轴向后逆推。具体运作如下：如果你的父母、祖父母和曾祖父母均是他们那一代的长子，那么你和你的小家庭在整个大家族中的地位就会在众人之上。通过这样的机制，整个家族中每个人的地位和等级就可以根据谱系辈分排序了。而这正是阶级与种姓制（castes）的源头。不过与此同时，个体的才能或天分也很重要。由于时人居住在较大而密集的村落中，有关土地权、继承权、人身攻击与财产损失的纷争可谓有增无减，就像最初恒星形成期间收缩的物质团中质子必然发生相互碰撞一样。但要在规模庞大的村落中解决人际纠纷显然与平息家人之间的拌嘴有天壤之别。调停者或是法官要处事老练圆滑，同时还需兼具智慧与经验，甚至有时还需动用武力才能解决问题。

针对小型村落社会的当代研究表明，在处理诸如此类的矛盾的过程中，很自然地就会产生某种形式的领导阶层，尤其是那些更为宽宏或力量强大、通晓传统和法规、特别虔诚或谙熟纷争处理的个体，会被赋予某种形式的权威，地位明显高于其他普通的村民。这些人会比其他村民更适合享有权威。如果这些人同时又善于交际且有政治手腕，那他们就很容易成为众人眼中的“大人物”（big men），以慷慨大方、领导卓越和组织能力高超著称。基于家族谱系或才能的简单等级为后世的阶级和种姓制奠定了基础。后世帝国的权力架构其实在古代村落的盛宴与争斗中已见雏形。

伴随人口的增长和交流往来的日益频繁，集体知识机制也开始展现出越来越大的协同作用和力量。大量的创新活动提高了不同地区的农耕效率，有些创新甚至从根本上改变了原有的农耕模式。这其中有两大创新需要特别说明，一是驯化大型动物，二是用于灌溉农作物的大型工程问世。

人类开始驯养动物的时间很可能与最初培植农作物的时间大致重合。甚至早在觅食群落时期，人类就已经驯化了狗，狗可以协助先民狩猎或充当护卫，甚至在冬季还可以帮人取暖。但起初，人类驯养动物的效率并不高，至多是把动物放到围栏里圈养，花销还是蛮大的，因为这些牲畜只能被最后宰杀，为人提供的也只有肉食、皮毛、骨头和肌腱。至六七千年前，尤其是在能够牧养大批牲畜的草原地区，农民和牧人在屠宰牲畜之前，会先用一些方法对它们加以利用。他们学会了从牛、马、山羊及绵羊身上获取奶，同时剪下羊毛，还骑马出行或让牛马拉车。考古学家安德鲁·谢拉特（Andrew Sherratt）把这种新型技术称为“次级产品革命”（secondary products revolution），因为人类除了利用牲畜的原始产品（即宰杀牲畜后直接获得的资源）之外，还学会了如何利用次级产品（即牲畜在未宰杀之前能够提供的能量和资源）。不过直到现代，也只有亚非欧大陆这一世界地带的人才掌握这种强大的农业技术，因为在美洲，人们对巨型动物的大量宰杀已造成大型动物物种数量锐减，几乎不存在可供驯化的动物了。而在亚非欧大陆的某些地区，如中亚、中东以及北非，来自次级产品的收益非常高，以至整个社群的人都完全依赖这种牲畜过活，他们赶着牲畜，从一片草场到另一片草场，平时就住在帐篷里，俨然回归了从前的游牧生活。我们把这类人称作游牧民族（pastoral nomads）。由于游牧民族居无定所、四处迁移，遂成为遥远地域之间理想的沟通使者，他们沿着所谓“丝绸之路”（Silk Roads）在亚非欧大陆间传递着思想、技术、人员、货物，甚至还包括疾病。

用于灌溉农作物的大型工程同样发挥了巨大的改造作用。在美索不达米亚（Mesopotamia），人口压力迫使大量农民从新月沃土地带水源充足的高地迁移到干旱贫瘠的南部地区，也就是当今伊拉克的核心地带。该地最主要的两条河流——底格里斯河和幼发拉底河都流经此地。但此地干旱少雨，若要从事农耕，就必须引河水灌溉。起初，农民们只是开挖了简单的沟渠，但后来，整个社群的人通力合作，建造了复杂精巧的运河和水坝并悉心维护。其中规模最大的工程有数千人共同参与，包括众多头人和工程协调人员。但此举的收益非常巨大。由于有了河水灌溉，此地的土壤变得异常肥沃，且数千年不辍。农耕在适合灌溉的地区得到突飞猛进的大发展，这些地区包括印度北部、中国、东南亚，以及后来美洲的部分区域。灌溉农业的发展一方面为更多的人口解决了生计问题，而另一方面，这类工程往往需要社会群体之间更多的相互协作。因此，灌溉工程的建设有助于把农耕村落融入规模更大的社会与政治网络。

随着农耕技术的提高及农耕生活方式的广泛传播，人口数量也呈现出快速增长的势头。此前，在最后一季冰期末期，人口数量至少经过10万年才达到500万，而到了5 000年前，人口数量骤然猛增至两亿，几乎是最后一季冰期末期的40倍。

但人口增长却从来都不是稳步上升的。在世界各地，人口增长都会被各种灾难打断。基督教《圣经·启示录》中的四骑士（the Four Horsemen），即战争、饥荒、瘟疫和死亡，在整个农业时代是颇为肆虐的。正如前述，农耕村落不同于可以到处游走的游牧民族，农民要长期住在村子里，因此会产生大量垃圾，垃圾又招来害虫，从而导致疾病的快速传播。而一旦新型的疾病暴发——类似人们毫无免疫力的传染病，如天花——就可能出现一半的人口死亡，这一点儿都不稀奇。此外，饥荒对从事农耕的人造成的威胁也比觅食群落要大，因为前者赖以谋生的农作物品种非常有限。在食物短缺的时候，人们会以杂草、橡子或树皮充饥，但这些东西并不能支撑多久。此时对孩子和老人来说最难熬，他们也最容易被饿死。随着人口增长，村落间还会为土地、水源及其他资源而你争我夺。频发的争斗会导致战争，而战争的破坏力更甚于疾病和饥荒。更糟糕的是，在历史上，战争、疾病和饥荒往往结伴而行。人类之间的战争从未停止过，但在农耕社会，会有更多的人卷入战争，而且此时的武器也变得更加致命，拼杀的双方会使用金属制成的长矛、双轮战车，甚至还有攻城器械。上述四骑士之一的死亡常常躲在三骑士之后。

福兮？祸兮？不管怎么说，人类历史已步入一个更富活力的时代，唯一不变的是变化本身。伴随人类社会在群体数量、规模和复杂性几方面的不断提升，农业文明的根基就这样被奠定了，并构成过去 5 000 年人类史的主基调。

第 9 章

农业文明

那时，阿伽德（Agade）的地窖储满了金银，
黄澄澄、白灿灿，闪亮耀眼，
丰盈的谷仓还有铜、锡和天青石
宝藏堆积至屋顶……
码头上百舸争流，一派繁荣景象
仓库的围墙高耸，简直像座山
每当神圣的伊南娜（Inanna）打开大门
喔，货流就像底格里斯河的水顷刻入海流。

——苏美尔人的诗歌，克雷默（S. N. Kramer）英译

农耕村落及其人口为过去 5 000 年人类史上占统治地位的农业文明提供了大部分的人力与物力资源。农业文明常令人忆起帝国军队和城市、寺庙与金字塔、商队与船队、文学与艺术、哲学与宗教，但在所有这些的背后，而且通常远离文明的腹地，却是成千上万的农耕村落，还有庞大且更贫穷的流浪汉及被剥夺者，其中许多甚至是奴隶。这些来自下层的民众生产了大部分的谷物和肉类、亚麻布和丝绸，他们还

提供了大城市所需的大量劳力（有的是自由民，有的是契约奴隶）。他们的产出与劳作为富人享用的堤道、宫殿、庙宇、丝绸、美酒和珠宝买单，而他们的人身和马匹还要在军队中服役。农业文明动员了农耕村落所能产出的人力、物质财富和能源，建立起比任何早期人类社群都更令人敬畏和复杂的社会结构。农业文明如同所有生物一样，还会动员信息，因为更多的信息就意味着更多的能量和资源。

农业文明的出现代表着不断提升的复杂性的另一个节点。只不过农业文明植根于早期的农耕社群，是由后者经数千年演化而成的，所以在此，我们并不把农业文明看作是一个全新的节点，而视为农耕时代的第二阶段。

为理解文明涌现的过程，本章重点关注的并非具体文明的历史轨迹，而是起源故事自始至终都在探询的大问题：这种新型复杂存在的金凤花条件究竟是什么？农业文明涌现出哪些新属性？又是什么样的能流支撑了这类新属性？

剩余产品、等级制与社会分工

在整个全新世，尽管饥荒、疾病和战争不断，农耕村落却一直在突飞猛进地在全球蔓延，因为大多数年景，农耕村落除了能够生产自身所需的产品之外，还有一定量的剩余，等于把来自太阳光的能量变成了剩余的财富。这与觅食群落的境况颇为不同，后者会存储一定量的知识，但却不觉有必要存储多余的产品，比如食物和原材料，因为这些在身边到处都有，可以很轻松地得到。为什么要从事农耕呢？为什么要做农夫呢？生活在喀拉哈里沙漠（Kalahari Desert）的现代觅食群落不禁要问，周围不是有那么多蒙刚果（mongongo nuts）可以吃吗？[1]

在觅食社会，人们缓慢地积累着知识，目的是能够找到新的环境延续自身的生活方式，而不是去有意地积攒物品，但相比之下，农耕社会的人们却不得不尽可能大量地存储物品，因为许多动植物只在几周内就可以收获，但却要提供一年甚至一年以上时间的口粮。所以，所有的农耕社群都建有家舍、谷仓、棚屋和专门用于存储待消费物品的场地。

随着生产力水平的提高，农耕社群生产出的产品也开始超过人们的年度需求。过剩的劳动力、过剩的食物、过剩的产品和过剩的能量代表着新的财富形式，但也同时提出这样一个问题：由谁来控制（并享受）这些财富呢？随着时间的推移，过剩的财富被少数有权势的人占用了，后者甚至为此建立了相应的社会架构，且常采用粗暴的强制形式，而这正是农业文明架构的关键支撑。

剩余财富就意味着劳动力过剩。伴随生产力水平的提高，就出现了不必人人都须从事农耕的局面，所以新的社会角色产生了。许多人因此成了流浪汉或奴隶，而也有一部分不务农耕的人成了社会剩余财富的支配者，因为他们渐渐成了这种社会角色的专职人员。他们于是成了全职的牧师或陶工或士兵或哲学家或统治者。专职人员后来又成了专攻其道的专家。但社会分工又同时造就了新的依赖形式。伴随社会角色的多样化，人类社会，正如同后生生物一样，变得日趋网络化、彼此更多差异、更加相互依赖，或简言之，社会变得更加复杂。这时，新的链接结构就出现了，颇相当于骨骼、肌肉和神经系统的社会等价物。

专家往往更依赖上述链接结构，而农民通常能够自食其力。考古学家对这种社会分工的演变可以做细致入微的追踪。在美索不达米亚，制陶业可谓这种追踪研究的一个经典案例。最早的美索不达米亚陶器形式简单、结构随意，可能是普通的农户制造的。但从大约6 000年前，就出现了特别的作坊及制陶专用的轮子。专业陶工生产出大量标准化的碗、盘和壶，并将其远近销售。这种专业陶工显然是全职的，且投资专业设备，还曾经历漫长的学徒期。专业化鼓励新技能和技术，因此既是技术变革的度量衡，又是技术变革的驱动力。比如，陶工需要用熔炉来烧制陶罐，所以随着时间的推移，他们建造出了更高效的熔炉，温度更高且烧制的成品更好。但高效的熔炉正是把铜、锡或铁从矿石中分离所必需的，而如此提炼出的金属就可以进一步模制、弯曲或锤炼成家用物品、装饰品和武器。所以说，铜匠、金匠、银匠和铁匠实际上都使用了专业陶工开创的技术。

随着剩余产品量的增加，专业化也变得日趋多样。5 000 年前，在美索不达米亚南部的乌鲁克（Uruk）城，有人编纂了一份专职行业表，里面列举了 100 多种不同的行业，被称为标准行业列表（Standard Professions List）。这份列表显然非常重要且广为人知，因为此后有数百年，接受培训的文员还基本照表抄录。该列表按等级排列，包括国王和朝臣、神父、税吏和文士、银匠和陶工，甚至还有艺人，如耍蛇人。陶工和耍蛇人不同于农民，他们不生产食物、皮革或纤维，所以靠其产品与服务来换取食物和其他生活所需。所以，贸易、市场及货币和书写等记账手段对这种复杂社会至关重要，就像动脉和静脉相对于人体一样重要，因为这些机制使个体与个体之间及群体与群体之间的货物与能流交换成为可能。甚至我们称之为牧师的宗教专家也必须用其精神服务来交换自身所需的食物与其他必需品。凡有寺庙的地方，也必然有捐赠和供奉的现象发生。

专业化程度的高低以农业生产力水平及每个农民能额外养活的人口数量为限。在大多数农业文明中，大约有 10 个农民就可以养活一个无须从事农耕的人。这也说明为何大多数人必须要种田。甚至在最早的城市兴起时，大多数人还在自家的后院或城墙外种庄稼。不过，虽然农民占总人口的大部并提供社会所需的大部分资源，但随着社会的相互依赖度增加，专家还是变得越来越重要。农民们也开始购买小饰品或农具，不得不经常与小贩、税吏、地主和监工打交道。各类不同的专家在城镇之间转移着货物和资源，制造出市场上人们习惯使用的货币，还有农民使用的金属犁和士兵使用的刀剑，他们还记账、施行法制、代表凡人向上帝祈祷，或组织并管理他人。专家为农业文明提供支柱与支撑，所以他们最终成了社会的组织者和管理者。

伴随专业化程度的提升，不平等也加剧了。最早的农耕社区相对平等，哪怕是社群人口规模达到极限的150~200人之后亦如是。新石器时代的小镇恰塔尔许于克（Çatalhüyük，在今土耳其）在八九千年前已相当繁荣，而且人口可能已达数千，但在个体家产的规模上却几乎没有什么差别。不过最终，还是有少数人变得更加富有，而且这种富有的少数人群体变得越来越多。我们可举个相当随机的例证：在黑海的瓦尔纳（Varna）附近，有一个6 000多年前的墓地，里面有200多座坟墓。许多死者埋葬时基本没有什么随葬品，或只有少数几件简单的器物，但大约有10%的墓主陪葬品甚多；其中有一座墓里的陪葬品竟达1 000多件，而且大部分是金制的，包括手镯、铜斧等，甚至还有一个阴茎鞘（penis sheath）。[2] 这样一种三级分层的财产状况颇令人熟悉，即大约有10%的精英，其顶端只有一个人，而大多数人只能勉强度日。而当考古学家发现大量陪葬品旁边还有殉葬的幼童时，他们几乎可以确信：当时社会不只存在等级制，而且还有跨代的等级制，因为儿童不可能自己获得很高的地位。所有这些都是贵族制和种姓制的标志。诸如宫殿、埃及金字塔、美洲金字形神塔和寺庙等大型建筑同样提示我们：当时的人有能力组织许多其他人从事劳动。

随着权力与特权的梯阶变得更加陡立，就必须要有新的社会支柱来支撑。市场必须有人管理，扒手和小偷必须得到惩罚，纳税额必须能够计算，农民、流浪者和奴隶必须组织起来才能形成建造宫殿和维护运河的劳动大军。复杂社会还需要宗教专家来确保神的保佑，使他们免受疾病侵袭，并提供充足的降雨。这种支柱架构一旦失效，整个社会的人都会受影响，所以大多数时候，哪怕处于社会最底层的人也通常会服从其上司。

有人类学家曾研究过近代小规模社会中等级制涌现的过程，比如位于西太平洋的美拉尼西亚（Melanesia）社会。在这里，被人类学家称为大人物或首领的实权人物，其权力来自家庭、盟友及追随者的尊重、忠诚和支持，但这些人的权力却总是岌岌可危：一旦他们不能通过财富与特权的分配来维系追随者的忠诚，他们很快就会失去权力、财富，有时还包括生命。首领既不能强制成员行事，成员亦不能从首领那里得到好处，那还有什么人会追随首领呢？

最终，在更大型的社会中，出现了更有力的领导人：他们统治着数十万人口，控制着巨大的财富，自己与盟友在有必要的情况下随时可通过武力将自己的意志强加到对手身上。事实上，在整个农业文明，通过使用武力来获取劳动力、产品或财富的现象简直无所不在，所以奴隶制和强迫劳役在农业文明中普遍存在。从统治者榨取农民财富和劳役的方法来看，农民的境况通常比奴隶好不了多少。有个来自公元前 2000 年末埃及的文献，对农民缴纳剩余资源的例行过程做了深度描述。[3] 文献作者本身是一位书吏，内容是说为何当书吏是件好差事。为此，作者先叙说了农民生活的艰辛，说他们每天要在田里长时间地劳作，无论酷暑严寒，还要照料牲畜、修理农具、维修房屋等。然后，作者又记述了税吏带武装保镖收税时的一段遭遇。

> 税吏【对农民说】：“快交粮食！”【农民说】：“一点儿都没有啦！”于是农民遭毒打，后被五花大绑头朝下投到了井里。农民的妻子也被当着农民的面绑起来，孩子也被上了镣铐。邻居见状，慌忙逃窜。

这里的描述当然有讽刺戏谑的成分，但这里有足够的证据说明：所有农业文明都曾使用这种敲诈的手段来维持秩序，并从大多数人口那里榨取劳动力和资源。

我们通常把这种能够在广大地区行使控制权力的结构称作国家。国家是在人口众多、物质富足的情况下涌现的，往往拥有多座城镇、大量农耕村落及足够的剩余劳动力，以为军队和官僚机构提供人力保障并支付费用。

从乡镇到城市与统治者：社会动员与人类营养新水平

伴随人口与剩余产品的增长，人类社群的规模也变得愈来愈大，而且社群与社群中的人口也日趋专业化。原有的一些村落大幅扩张，甚至开始承担起新的角色，因为这些村落靠近商路、占据江河交汇的战略地位、拥有吸引附近村落卖家买家的市场或位居重要的宗教场所。安纳托利亚南部的恰塔尔许于克小镇就是这种得天独厚的所在，附近有良田环绕，还有大量的黑曜石（obsidian）——一种坚硬的火山晶体，可用来制造质地高超且异常锋利的新石器。当地居民甚至把黑曜石贩运到遥远的美索不达米亚。杰里科（Jericho，也译耶利哥）是世界上最古老的持续有人居住的小城之一，最早来此定居的是纳图夫人，因为这里有一眼井，井水从未干枯过。至迟在 9 000 年前，杰里科可能已发展成拥有 3 000 人口的城镇。

随着城镇数量的增加，有些城镇便开始提供新的服务、工作机会和专门产品，从而吸引了更多的人，而随着时间的推移，这些城镇就享有了超越其他众多村落和城镇的权力和地位。到 5 000 年前，有些大城镇又进一步发展为城市，规模庞大，社区众多，周边还有许多小城镇和村庄的支持、拱卫，这种城市往往拥有相当多且门类多样的专家。技能、工作、商品和人才的多样化因而把这类城市打造成了农业文明中充满活力的技术、商业和政治中心，把周边乡村的人才源源不断地吸收到城市中。

城市与国家的出现标志着人类社会的构成发生了根本性的改变。

传统国家与现代国家多有不同。首先，传统国家不具备现代国家才有的通信技术和官僚体系，所以不能像后者一样能够深入所有公民的生活。传统国家的统治者在局部地区可能施加强有力的影响，但要把上峰的命令传达至边远省份则往往需要数周或数月的时间，结果要反馈到上峰也是同样迟缓。因此，在远离主要人口中心的地方，统治者行使权力要仰赖较松散的、层级制的地方领主，而后者管理起来却像是经营大致独立的封地或采邑一般。但不管怎样说，最初国家的问世是人类史上的一种新现象。国家均有从农耕社群、小城镇和大城市征调财富的权利，后者也因此从国家获得某种程度的保护。正如英国政治理论家托马斯·霍布斯（Thomas Hobbes）在《利维坦》（*Leviathan*, 1651）中所写的，分配资源的权利“属于英联邦，属于君主政权。因为没有英联邦，就会出现……个人与邻里之间争斗永无休止的局面。”传统精英享有的权力，部分是由于传统农耕社群先天虚弱又相对孤立。正如卡尔·马克思所说，农民之间的团结尚不如麻袋里的土豆。[4] 这使得农民特别容易遭受掠夺，因为即使统治者很弱小，也足以利用少数人把自身的意志强加给每个村子。正是由于这种权力上的不均衡，才会有数千年来只需很少量的统治者和官员就能成功控制大量农民群体的现象。

最早的城市，最早的国家，以及最早的农业文明，史上最有名的莫过于美索不达米亚南部的苏美尔（Sumer）地区。在大约 5 500 年前的苏美尔，有一大批城市在短时间内兀然问世，其中乌鲁克常被认为是人类史上的第一座城市。乌鲁克最初是幼发拉底河上的一个港口。如同美索不达米亚大多数城市一样，乌鲁克在很大程度上依赖由大河供给水源的灌溉系统，结构复杂且管理得当。与此同时，乌鲁克还与南部河流三角洲的沼泽相连。事实上，这座城市可能是在一段干旱时期形成的，因为干旱迫使外围村落的居民迁徙到城市，毕竟这里有管理良好的灌溉系统。5 500 年前，乌鲁克已有 1 万居民，居住在幼发拉底河两岸，而在 200 年后，这里的居民竟增至 5 万，集中生活在大约 2.5 平方千米的狭窄地带。[5] 后来的某个时候，幼发拉底河发生了转向，开始绕着城市的边缘流淌。

若在今日，一座拥有 5 万人的城市可能不会令人感到印象深刻。但在那个时代，乌鲁克绝对算得上一个庞然大物，也许是人类史上有人居住过的最大社区。乌鲁克市内有两个巨大的寺庙群。也就是说，这里曾居住过力量强大的祭司或国王，能够动员数千人从事劳动，其中许多人是奴隶身份。乌鲁克还有很多作坊，能够制作出精美的物品，此外还有粮仓和存放贵重物品的仓库。几百年后的记述同样能让我们一窥乌鲁克城的繁荣景象，这里曾是吉尔伽美什国王（King Gilgamesh）的首都，而吉尔伽美什也是人类第一部史诗中的英雄。据史诗描述，这里有大型寺庙群和皇宫，花园林立，但街道狭窄，还有不少小巷，里面遍布大大小小的作坊、旅店和神龛。城市四周有砖墙环绕，有专门挖掘的运河通往港口和附近的农田。在史诗《吉尔伽美什》(*Gilgamesh*)中，有国王亲口述说："城市的三分之一是房舍，三分之一是花园，三分之一是田野，皆与伊丝塔女神（Ishtar）同在。"考古学家甚至在遥远的安纳托利亚和埃及发现了乌鲁克风格的物品，这表明乌鲁克商人曾在辽阔的地域从事贸易活动。

大约 5 000 年前的某个时候，最初的文字在乌鲁克问世了，刻在泥土烧制的刻写版上，是在埃安纳（Eanna）神庙中发现的。更高程度的复杂性必然意味着更多信息；实际上，这些文字代表着一种新技术的问世，它使富人及把持权力者能够随时记录下自身支配的日渐增多的资源和能流。在美索不达米亚，几乎所有最早的文字都包括大量存货清单——记载诸如"有母牛及公牛 xxx 头""有绵羊 xxx 只""有亚麻布 xxx 包""有奴隶 xxx 个"等信息。由此，我们不难发现，此时的人类进入了一个日益不平等的世界，在这个世界上，出现了统治者、贵族和官员，他们盘根错节，控制着信息流和权力，所以能够动员大量的奴隶、农民和工匠从事生产并操持能量和产品。

大英博物馆展出复制的著名藏品乌尔军旗（Standard of Ur）生动再现了约 5 000 年前南部美索不达米亚诸城市的生活状态。乌尔军旗外形像个盒子，可能原本属乐器的一部分，或在军队出征时擎举，但现在我们还不确定它的真实功能究竟是什么。

乌尔军旗的两侧镶嵌着多幅图案，是由波斯湾的贝壳、阿富汗的青金石和印度的红宝石制成的。一侧显示和平中的乌尔城，其中有国王和富有的贵族在宴饮，还有歌者抚弄竖琴。国王和贵族的形象比仆人要大，这当然是凸显前者的地位和重要性，也是一种艺术传统。下面一层显示货物和牲畜被带到城市，也许正是为上述宴饮之故。农民生产的剩余产品正向上输送，以供上层精英群体的消费。军旗的另一侧显示战争中的乌尔城，并说明维持这一陡立的财富和权力梯阶的多种力量。顶部的人物最大，所以肯定是个国王。国王下面是军队，身着军服，军官们则坐在驴拉的战车上。此外还有一些图案显示践踏敌军士兵，以及战士拖曳着赤裸的俘虏，后者身上还有明显的伤痕。

5 000 年前美索不达米亚南部的城市实际上代表了一种社会模式，且在未来的数千年间成为主导社会模式。一方面有昂贵、装备精良的军队，另一方面又有社会精英的支持，统治者便得以拒敌于城门之外并维护权力与财富的梯阶，而其自身的权力和财富正有赖于这一梯阶。就像质子泵维持着细胞膜内外的能量梯度一样，国王的军队与贵族的武装侍从维持着规劝与强制的梯阶，并以此把财富从村落汲取到市镇和政府。所有农业文明都不乏这种权力等级的形象，穿着华丽的国王和领主震慑着强敌，同时也支配着臣下和平民。

从生态学角度看，国家及统治者代表着食物链的一个新台阶，或曰人类营养的新水平。我们业已见证来自阳光的能量如何通过光合作用进入生物圈，而后又经植物到食草动物再到食肉动物；我们还看到，能量在每一营养水平都出现大部分被浪费掉的现象，就好像在缴纳高额的垃圾税一样。其结果就是层次越高，其所能享有的能流就越少，所以说狮子总要比羚羊少，原因正在于此。农业为人类提供了更多可用的资源，所以在等级制的顶层又添加了一个营养的新水平。统治者、贵族和官员从农民的劳动和产出中榨取财富，农民从农耕活动中获取能量和食物，国家再利用这种劳力、产品和能流来支付军队、官僚机构、宫殿和使他们变得强大而富有的物品。

从生态学视角审视上述过程，我们便不难得知：其实财富从不只是物，而是由制造、移动、开采和改造物的能流组成。财富本质上是压缩的阳光，就像物质本质上乃凝结的能量一样。从大量人口中调用这种压缩的能量以及使之成为可能的资源流动，从来都是统治者和政府的基本任务，而要完成这项任务则形塑了整个进化过程和农业文明史的方方面面。

事实上，征调工作对传统国家而言要比现代国家更重要。传统国家的统治者没有必要特别关注臣属的教育、健康及日常生活，因为作为臣属的农民一般都能养活自己。许多农民实际上完全可以继续生活在远离国家和帝国的独立的村落，所以他们即使接受了国家的统治，但主要任务依旧是在本地开采资源。随着时间的推移，统治者、官员和贵族对征调任务也愈发圆熟，所以哪怕有时需要征调更多的资源来建造宫殿或修路、招募新兵或为自己的奢侈品买单，也很少有传统的统治者会选择投资创新以提高生产力，后者是到了现代才有的发展战略。换言之，传统的统治者在技术上相当保守，因为变革创新很难在他们有生之年有显著回报，甚至还会扰乱既有的财富流动。统治者可能会投资新式武器的制造或修路，但其面对的最大挑战依然是在现有技术的条件下使用传统征调形式实现可利用资源的增加。

要增加财富并提升权力，传统的统治者有三种主要的选项。最富远见的统治者会规劝农民开荒拓田，敦促商人寻找新商品。但更多统治者会选择另外两种获利更快的选项，后者显然更具危险性和强制性：加大对民众的盘剥力度，哪怕会引发民众暴动或经济崩溃；或派军队洗劫邻国的财富，虽然胜负难料，因为这明显是一种赌博。后者相对危险，但时常很灵验，难怪大多数传统精英都异常好战。还有，统治者很喜欢为自己立碑，以标榜自己的英明，为此，常披坚执锐、一身戎装，因为这毕竟是个资源有限的世界，要获取更多就必须诉诸武力，而且有能力施暴于敌常得到世人的广泛赞颂。身为国王，能够从邻国获取财富可谓提振经济最重要的手段，而一旦成功（可试想一下亚历山大大帝的征战事迹），便会为国王赢得无数赞誉，而没人理会这样的做法会造成多少人间惨剧。

征调的核心作用从众多传统统治者编订的治术手册中更是一目了然。比如，印度的《政事论》（*Arthasastra*，又译《治国安邦术》）中就有大量的例证。该书成书大概不过 2 000 年。印度次大陆北部沿印度河流域一带出现强大的国家，可能要追溯到 4 200 年前。但所谓的印度河文明才不过 400 年后就解体了。此后过了 800 年，沿恒河流域一带又出现了新的国家，而此时的冶铁技术也使得清林造田成为可能，所以农业规模扩大、人口激增。至公元前 500 年，强大的城市和国家纷纷崛起，有的甚至还征服了规模较小的城邦。此后 200 年间，强大的摩揭陀国（Magadha）问世了，都城华氏城（Pataliputra），靠近现在的巴特那城（Patna）。摩揭陀国鼎盛时期，华氏城人口可能已逾百万，与西方罗马帝国的首都罗马城（Rome）不相上下。大约公元前 320 年，摩揭陀国在亚历山大大帝于公元前 327 年入侵印度北部未果的情况下被孔雀（Mauryan）帝国征服。据说，《政事论》的作者考底利耶（Kautilya）是孔雀帝国皇帝旃陀罗笈多（Candragupta Maurya，公元前 320—前 298 年在位）的宰相，但《政事论》很可能是在其后几个世纪才问世的。

如同许多治术手册一样，《政事论》开篇便明言：人类最可怖的情形便是无国无君，世间无以惩处罪恶“遂导致大鱼吃小鱼的池塘法则——没有人惩治罪恶，弱者便遭强者欺凌；只有君主才能保证平民不受侵犯。”[6] 当然，这是统治者乐见的陈词滥调，但尽管如此，此言却道出一普遍真理：即使对大多数农民而言，存在一个有法有度的国家还是多有裨益的。

至于统治者的主要任务，《政事论》是这样小结的：

> 农业、畜牧业和贸易构成经济。经济之裨益，在其能提供粮食、牲畜、金钱、林产品和劳力。君主（统治者）以经济、财政和军队为手段，就可以将己方势力甚至敌方势力置于自己的麾下。既让人有所作为又不失安全感……关键在有恶必惩【*danda*，或君主的权杖】；惩恶的机制全在政治。政治之义，在求得尚不得者，捍卫已之所得，增益已之所贵，使贤者终有所获。惟如此，良世才得始终。故此，惩恶实为三种知识体系之根基。[7]

显然，这里所说的关乎征调，关乎能流驱动机制，关乎劳动力，关乎农民、普通劳力及工匠创造的财富能否上达高层统治者，关乎维系国家稳定。手册以大量篇幅规谏税收、选拔官员、组建并供给军队、监狱管理等程序，以确保农民创造足够的财富，保障社会繁荣。

及时准确的信息是保障合理征调的关键。事实上，成功的征调意味着征调者必须掌握比被征调者更多更全面的信息。《政事论》详细描述了如何建立间谍网、如何归档法庭记录，以及如何清查政府的各类资源和全部资产。因此，人口普查至关重要。负责中央财政税收的官员必须详细记录村庄的总数，并按其财富、粮食、牲畜、货币、林产品、劳动力及服役士兵的数量加以分类。负责城管的官员必须“根据种姓、血统、姓氏、职业、收入与支出等情况，详细记录每个群体（指家庭群体）中男女的数量。”[8] 负责地方财政税收的官员则必须详细记录人口中有哪些是“农民、牧人、商人、工匠、普通劳力抑或奴隶”，还须记录其他规模较小的群体，包括魔术师、妓院老鸨、酒店老板、士兵、医生和官员等。此外，还有其他一些官员负责记录马匹（按年龄、颜色、健康状况和原产地列出）、大象及其他重要资源。[9]

国家如同生物一样，是一种复杂的适应性系统，因此与生物有机体有许多共同之处。事实上，有许多学者都注意到了二者的相似之处。比如，托马斯·霍布斯在《利维坦》中，就把国家描述为一个巨大的怪物或利维坦：

> 主权国家实为一种人造的个体，虽然身形和力量都比自然人要大得多，……其中，所谓君主是人造的灵魂；……大法官及其他司法官员是人造的关节；奖惩……构成神经元……所有个体拥有的财富可谓国家的力量所在；民众的安危（Salus Populi）乃国家之营业；各类资政官员……乃国家之记忆；公平与法律系人造之理性与意志；上下协调一致，可谓国之康泰；发生叛乱，可谓处于病态；若陷入内战，国家即告死亡。

国家的主要特征确与生物体颇为相似。就像生物细胞一样，国与国之间有半渗透性的边境，从而造成受严密保护的腹地。发生在边境的人、物流动对国家的生存至关重要，因此受到严密监控。国家也有“新陈代谢”过程，其间要征调能流与资源并适当分配，先顾精英（《政事论》中所谓的“贤达”），再养军队与官僚，保卫加管理，以保障国家能够正常运转。还有一点国家与生物体也是一样，即大部分能流的终极来源是植物的光合作用，所以才有农民从太阳光那里获取能量。另外，国家与生物体均须悉心管控能流，能流过小，国家也会饿死；能流过大，臣民会反抗或饿死，而且能流与资源流还会枯竭。生物体有驱动能流的电化梯阶，国家有规劝和强制的梯阶。国家使用法律、教育和宗教规劝臣民，说明国家权力的正当性，而一旦规劝失败，还会使用军队和专业的强制集团迫使臣民接受其统治。所以《政事论》将惩恶作为国家的根基。强制对所有农业文明的征调运作至为根本，因此，农业文明都特别强调战争的重要性，并在社会和家庭层面普遍使用体罚。

国家如同有机体，会密切跟踪有关资源和敌人的信息，以不断适应不稳定的环境。警惕危险并追踪财富流动都需要有章法地记录信息，这对法警、间谍和人口普查人员都是一样。因此，所有国家都发展出了某种形式的文字，甚至南美的印加帝国（Inca empire）也不例外，后者的文字其实就是结绳文字，或称奎普（*qipu*）。无论在何地，文字得以进化都是因为它能记录有用的政治信息。国家有规则，就像细胞有基因组一样。在各国，这类规则都比比皆是，如法律书籍、上层统治者及地方官员的宣示、类似《政事论》的治术手册等，还被刻到石柱上，成为上层统治者或基层官员集体智慧的结晶，或渗透到宗教传统中。

如果我们把国家看作是一种生物的类属或某种类型的政治有机体，我们便可以看到：传统的国家有一个漫长的进化过程，其间，统治者与官员学会了新的治国方法，获得了新的政治、军事和官僚技术。事实上，国家与农业文明数千年的进化过程足堪与生物圈的演进史相类比：国家进入新的生态位，于是发展出新的统治方法和新的政治技术，有些国家消失了，有些国家发展出新的种类，还有些国家发展壮大，权力与知识也随之不断提升。

农业国家的普及

国家亦如同农耕生活方式的发展历程，也是在世界各地独自历练而成。有一点毫不奇怪，国家往往是在农耕相当发达的时代产生的，有时竟至数百年，甚至数千年，待后者发达到足以支撑庞大的人口、大额的剩余产品、商贸网络及蓬勃发展的市镇之后。但国家及其附属的点缀物却并非在所有农耕的区域展开。比如在巴布亚新几内亚或密西西比河流域，农耕催生了大型村庄的问世，也能支撑某种形式的权力架构，但却无力促成更大规模的城市或国家。

我们追溯农业文明在不同世界地带的展开，就如同一睹某种传染病的传播，更类似农耕生活方式的扩散。

5 000 年前，只有美索不达米亚及尼罗河流域有国家存在。但即使在那时，既有的国家已经呈现出多样化的格局。美索不达米亚最早问世的国家多只基于单个的城市，而且彼此之间战争不断。而在尼罗河流域，最初国家的规模却要大得多，城市的作用反倒不甚显著。此后 1 000 年，随着人口增多和治术的演进，美索不达米亚的国家变得异常强大，统治的地域也不断扩大。至 4 000 年前，在尼罗河流域南埃及一带，在苏丹、印度河流域、印度次大陆北部、中亚及中国北部黄河流域都出现了国家。再过 1 000 多年，大约在公元前 1000 年左右，地中海东部的广大地区、中国南部尤其是长江流域、东南亚各地也都有国家的建构出现。而在欧洲和西非，也先是出现强大的酋邦（chiefdoms），而后又进一步演化成完善的国家体系。至 2 000 年前，美洲世界地带也出现了国家和农业文明，特别是在中美洲及安第斯山脉地区，这里的国家有着与亚非欧大陆国家基本相似的新陈代谢机制。

国家与帝国都变得异常强大和富有，而且伴随统治技术的演进，其掌控的地域和人口也不断扩大且日趋多元。爱沙尼亚学者赖因·塔格佩拉（Rein Taagepera）曾试图量化国家疆域增长幅度的规律。根据塔格佩拉的估算，最早的国家在公元前 3000 年只是覆盖了地球的一小部分，也许只有 1/10 兆米（megameter）。（一兆米等于一百万平方千米，大致相当于现代埃及的大小。）公元前 2000—前 1000 年这 1 000 年间，各国辖区面积加起来增加到一兆米或一兆米半，但这仍不过今日世界各国辖区面积的 1% 左右。当时世界上大部分人口仍居住在独立的村落或过着觅食群落的生活。

距今 4 000—3 000 年的 1 000 年间（公元前 2000—前 1000 年）的历史表明，国家在发展过程中出现兴灭简直太常见了。在印度河流域地区，也就是现在的巴基斯坦，整个一个系列的国家体系几乎转瞬即逝，留给后世的只剩下些许残垣断壁和迄今仍撩弄人心却无力解读的铭文。但在公元前 1000 年后，国家迅猛增长的势头又回来了，新国家在新地区不断兴起，而既有的国家体系也在蓬勃壮大。由波斯皇帝居鲁士（Cyrus）在公元前 560 年奠基的阿契美尼德帝国（Achaemenid Empire）是在此前位于美索不达米亚北部的亚述帝国（Assyrian Empire）遗址上建立起来的，可算是人类史上第一个超级帝国。在鼎盛时期，阿契美尼德帝国控制的疆域可能达到了 6 兆米。两个世纪以后，印度北部的孔雀帝国（Mauryan Empire）可能已超过 3 兆米，而在中国的汉帝国与阿契美尼德帝国不相上下。2000 年前，当罗马帝国与汉帝国竞相繁荣之际，中美洲与安第斯山脉地区也出现了当地最早的国家体系，只不过其规模相比亚非欧大陆世界地带的大帝国要小，人口也少很多。塔格佩拉估计，至 2 000 年前，国家体系控制的区域大约为 16 兆米，约占地球陆地面积的 13%。

国家与文明的扩张伴随技术、商品、观念、宗教和哲学在广大世界地带的传播，又刺激了新式集体知识的问世。驱动人口增长、贸易网络扩张及国家体系层出不穷的不只是来自农耕的食物和能流，还包括各式各样的创新。有更多的人生活在更多元化的环境中，就有了信息与创新更加快速的积累。这其中特别重要的是不断加速的技术交流，比如新式货币，或改进了的船舶和道路。亚非欧大陆的帝国均擅长筑路，而道路正可谓帝国的大动脉。帝国统治者注重道路建设，便可以实现军队和商队在更宽广的地域快速移动，与此同时，帝国还不断兴建信息的快速传递系统，使帝国很快就能获悉反叛者或敌方威胁的信息。由波斯的苏萨（Susa）到现代以弗所（Ephesus）附近萨迪斯（Sardis）的皇家大道是由阿契美尼德皇帝大流士（Darius）修建的，对此，希罗多德（Herodotus）曾有过描述。它绵延 2 700 多千米，使信使通过换马驿站只用 7 天的时间就可以穿越此前步行 90 天才能走到的距离。

文字的问世使帝国统治者可以很便捷地存储有关帝国及臣民的重要信息。新的军事技术——比如更好的马具、驼鞍、更强大的弹射器或更快的战车等——改变了战争的性质，而陆海交通的改进则改造了商业运营的模式，使农产品的运输变得更快捷。从古苏美尔时代起，新的冶金技术就传播至整个亚非欧大陆世界地带。先是铜锡合金的青铜（bronze）；从大约 3 000 年前开始，熔炉的效率已足以熔炼铁，而且铁比青铜更坚硬、更便宜，铁矿也比锡矿或铜矿更常见、更容易获得。自始于公元前 1000 年的铁器时代（Iron Age），金属开始被用于制造武器、农具、马具、手推车和马车，甚至用于制造普通家庭用品，如罐和锅。

集体知识改造了人们有关教育、哲学和科学的思想，甚至还包括各主要国家宗教背后丰富的神学思维，所有神学都融汇了时人有关整个世界的起源故事。大多数国家都试图影响臣民的宗教认知，所以大量修建庙宇并豢养官方的祭司。不过，国家却通常都严厉打击萨满师（shamans）或其他宗教首领，因为后者保留了很多非官方认可的宗教信仰和习俗。最初的国家都崇拜地方神祇，但伴随国家在地域上的扩张，其神祇似乎也变得更加强大，管辖的地域也增多了。在规模较大的帝国，也因此出现了至高无上的神祇，比如琐罗亚斯德教的阿胡拉·玛兹达（Ahura Mazda），即阿契美尼德帝国的至上神。这种至上神在信徒的眼里都是普世的统治者，因为其崇拜的帝国都号称统治着当时已知的整个世界。世界各主要宗教，包括犹太教、基督教、伊斯兰教，以及希腊罗马的传统宗教、印度教、佛教、儒教、美洲的宗教等等，都把神灵看作是某种超人的存在。而且在大多数情况下，世俗统治者与宗教机构的领袖都是相互合作，因为他们非常清楚，虔诚的宗教信仰有助于其从现行体制赢得支持并双双受益。

深谙治术精髓的统治者有很多增加财富的高招。他们会努力保护农民，使其免遭过度剥削，因为他们知道，其所拥有的大部分财富来自农民。如若过度剥削，最终会给自己带来危险；所以这些统治者会很明智地保护农民，使其不受敌军和贪婪地主的侵害，在庄稼歉收时甚至还会开仓赈济。《政事论》曾指出，农民是国家的经济基础，所以明智的统治者都希望农民兴旺发达。娴熟老练的统治者还鼓励国际贸易，以使富人有机会获得稀有物及有战略价值的物品，如珠宝或丝绸、制造青铜用的锡以及养活城市人的谷物。此外，还有许多商家贩卖人口，因为捕获来的奴隶就可以拿来买卖，可充当劳工、仆人或投入战场去作战。这种人口贸易在地中海东部和中亚等地都有很大的市场。从贸易中获益的统治者们又会投资市场和商队（caravansaries），他们保护商人，兴建公路、航道和港口，目的是使货物移动得更快更远。

随着国家的不断扩张，不同地域间彼此交流的网络也在扩大。早在 4 000 年前，美索不达米亚的城邦国家已与印度、埃及和中亚多地存在贸易关系，而中亚各国也与中国进行贸易。及至 2 000 年前，经由这种贸易网络有大宗货物——包括丝绸、硬币、玻璃器皿和香料——横穿亚非欧大陆及印度洋航线被转运至世界各地，其中的陆路贸易网络被称为丝绸之路。当然，这种国际性的贸易往来还同时传播着没有人想要的东西，那就是疾病，比如天花（smallpox）和黑死病（bubonic plague）。亚非欧大陆本来人口非常密集的地区在 2 000—1 000 年前这段时间出现增长缓慢，其原因正在于不时爆发的瘟疫，比如大约 1 500

年前，拜占庭帝国皇帝查士丁尼一世（Justinian I）统治时期就曾有大规模的瘟疫爆发。

早在2 000年前，横跨亚非欧大陆的大帝国已经出现，其中包括罗马帝国、萨珊（Sassanian）帝国、贵霜（Kushan）帝国、孔雀帝国和汉帝国。在这些大帝国的夹缝中还有众多半独立的小国。在此后的一个千年，即2 000—1 000年前的这段时间里，有些大帝国溃败了，其中就有上述规模最大的罗马帝国和汉帝国。所以说，瘟疫的传播与帝国的解体使人类社会的增长迟滞了近千年。但到了1 000年前，又有了新的增长迹象。村落、城市和贸易网络在此前人烟稀少的中国华南、北欧和非洲迅速扩张。不过，这中间最令人震撼的恐怕还是公元8世纪一种新政治体系的骤然崛起，与此相联的还有一种新的世界性宗教——伊斯兰教。

4个世纪后，也就是公元13世纪，蒙古帝国更是在成吉思汗的领导下由牧民创建起来。蒙古帝国虽然前后还不到一个世纪，但却是人类史上疆域最大的帝国，横跨整个亚非欧大陆，从朝鲜一直延伸至东欧。美洲最早且货真价实的国家体系是在大约2 000年前问世的，主要集中在中美洲与安第斯山脉地区。美洲许多国家，如玛雅，都只基于单个的城市，如同3 000年前苏美尔的城邦国家一样。但至蒙古帝国时期，美洲也出现了帝国体制，帝国控制着多座城市和大片领土，其中包括阿兹特克（Aztec）帝国和印加（Inca）帝国的前身。

衡量人类史上农业时代的变化

人类发展至农耕时代，我们才第一次拥有了足够的信息，得以衡量人类史上的重大变革。我们可以尝试评估一下：人类社会是如何使用能量的？能量与不断提升的复杂性在人类史上究竟有何关联？并与恒星及生物圈的演进历程加以比较。本书附录中的数字让读者能够大致看清能量在人类史上的作用及其对人类生活的影响。当然这些数字还只是试验性的，但却基于我们现有的对人类史上大规模变化的最精心细致的估计。由此而来的大历史故事非常重要，因为它可以帮助我们看清人类史在更广阔背景下的形态。

在前一章我们看到，人类的总人口在旧石器时代已出现增长，但却非常缓慢，在最后一季冰期至今的 2 万年间大致是每千年增加 25 万。附录中 B 栏的数字显示，在引进农业之后，人类人口出现极速增长的局面，在 10 000—5 000 年前，人类总人口翻了两番；在此后 5 000—2 000 年前，又几乎增长了 10 倍。所以说，在 10 000—2 000 年前的这段时间，人类总人口增长了大约 40 倍，平均每千年增加 2 500 万，大约是旧石器时代末期平均增长率的 100 倍。

人类总人口的快速增长得益于人类能量消费的大幅提升（附录 C 栏）。2 000 年前，人类的能量消费是最后一季冰期末期的约 70 倍。这种巨幅的能量消费和人口增长自然是由农耕买单，包括熵索要的各种复杂税以及富人和有权势者的大量财富。但对大多数人而言，却并未见生活改善的迹象。

上述能量总量中的大部分——但并非全部——都用来支撑人口增长了。由附录 D 栏可看出，自 5 000 年前开始，人均能量消费事实上确有小幅提高。我们迄今还不能准确测算被用于人口增长之外的额外能量是如何分配的，但我们确知的农业社会的进化历程却能显示这种能量消费最重要的取向。能量首先被用来提升自身的复杂性。从附录 F 栏中，我们可粗略看清复杂性不断提升的大趋势。其中有这样一个假定，即城市规模能够显示人类建造、维护并支付复杂社会与技术结构的能力，因为城市如同文明一样，要维持就必需大量的组织工作及大幅支出，比如要有建筑、联通城市内外的公路、引水的沟渠、宫殿和寺庙、官员、警察、市场和士兵。我们当然可以把这类支出看作是熵索要的复杂税。但除此之外，熵还会索要一种垃圾税。这是一种没有人能够真正受益的能量，包括战争、自然灾害及流行病期间浪费的能量。

我们知道，上述额外能量中的一部分被用来改善农业文明中差不多10%的精英群体的生活。精英群体掌控着大量财富，而且上述（附录E栏中）预期寿命出现的增长可能也仅限于有权势者和富人。所以说，至少上述额外能量中有少部分被用来改善部分人的生活。只不过除去所有这些支出之后，几乎再没有多余的能量借以提高其他人的生活水准了。因此，从现有的全部证据看，虽然农业时代的人们偶然也能享受奢华，但大多数时候，绝大多数的人却只能维持温饱而已。据法国经济学家托马斯·皮凯蒂（Thomas Piketty）估计，在欧洲大多数国家，甚至到1900年，也只是1%的人口拥有大约50%的国民财富，10%的人口占有国民财富的90%，而另外90%的人口拥有的财富仅占国民财富的10%。从现代意义上说，所谓中产阶级其实根本不存在，因为“中间40%在财富分配方面几乎与最底层的50%一样贫穷。绝大多数人几乎什么都没有，而整个社会资产的大部分只属于少数人。”[10]

假如上述财富分配状况适用于大多数农业文明，那我们断然可得出如下结论，即源自农耕的大量能流只改善了总人口中稍超10%的人的生活。从既往的历史看，哪怕人类发现再多的宝物，其发展轨迹也不过大致如此。若要实现更多人受益，我们还需另一种能源富矿，一种超越农耕能源的富矿。本书下一章将描述通向节点八的重大变革，这一新节点将为人类开掘异常丰富的能源奠定基础，也即步入当今世界。

第 10 章

处于当今世界的边缘

美洲大陆的发现及经好望角至东印度群岛航线的开辟，可谓人类史上意义最重大的两个事件。……相距遥远的地区实现某种程度的联结，能够使彼此的需求都得到满足，增进彼此的福祉，且促进彼此的工业发展，其总的趋势是双方受益。但对当地土著人而言，无论东、西印度群岛的土著，上述事件的后果却是惨痛的，那就是他们从此丧失了全部的商业利益。

——亚当 · 斯密（Adam Smith）:《国富论》（*An Inquiry into the Nature and Causes of the Wealth of Nations*）

先生，我这里经营全世界都想要得到的东西——力量。

——马修 · 博尔顿（Matthew Boulton），詹姆斯 · 瓦特改进版蒸汽机的主要投资人

在描述此前复杂性不断提升的诸节点时，我们所谓的金凤花条件其实只不过依据大量有根据的推测，说明这类条件造成了历史发展的节点。而当我们接近当今世界，我们对金凤花条件的描述会愈发精确，

让读者更容易看清金凤花条件如何一步步累积，并最终为当今世界爆发式的创新做好准备，当今世界也就是人类世（Anthropocene）。

六百年前的世界

到1400年，人类总人口已从最后一季冰期末的大约500万增至近乎5亿，也就是几乎增加了100倍。在此时的世界，虽还有大片地区人烟稀少，而且大多数人还过着觅食、狩猎或游牧的生活，比如澳大拉西亚、非洲部分地区、欧亚大陆中部、西伯利亚和美洲，但人类中的大多数却早已步入农业文明，直接或间接地仰赖农耕过活。事实上，此时大多数人确是农民，农民已扩散至世界各地，正如一万年前觅食群落散落至世界多地一样。甚至太平洋诸岛也开始有人定居，这就是波利尼西亚的水手们，他们不顾危险、劈波斩浪，很快便移民散布至太平洋上的多个岛屿，包括奥特亚罗瓦（Aotearoa，即现在的新西兰），这是太平洋诸岛中最后一片面积较大的可耕地，大约是700年前开始有人定居的。

随着人口数量的增加，人们寻找新土地、新资源和新财富的压力也加大了。甚至西伯利亚的觅食群落和驯鹿牧民也感受到来自多方的压力，如税务官员、毛皮商人、经销商，甚至还包括牧民，迫使前者猎集并销售更多的毛皮、海象牙（walrus tusks）及其他林产品。澳大利亚虽无农业国家催逼更多的资源，但人口增长还是迫使当地农民增加产量。在土地比较肥沃的地区，比如现代悉尼附近，部落领土伴随人口增长也逐渐缩小，而且当地社群被迫开发更专业、更密集的技术。近几个世纪以来，在悉尼港，甚至出现了大批妇女用异叶瓶树皮（kurrajong bark）制成的鱼线和“头巾”型贝壳雕成的特殊鱼钩到深海捕鱼的现象，她们往往在夜间乘坐一种用树皮做的“诺伊”（*nowie*）独木舟下海捕鱼，还在独木舟内生火取暖，为自己，也为怀里抱的孩子。1770 年，跟随库克船长（Captain Cook）远航探险的约瑟夫·班克斯（Joseph Banks）在悉尼曾看到博特尼湾（Botany Bay）满是“诺伊”独木舟星星点点的灯火。[1] 在澳大利亚的部分地区，此时已有半永久性的村落，可谓农耕生活的开端。

在太平洋较大的一些岛屿，比如夏威夷、汤加和新西兰，此时的农业已较发达，且已出现小城镇或城市。在中美洲及安第斯山脉地区，农耕更是在较大的范围内得到普及，以至出现了规模较大的国家，甚至还有美洲最初的帝国体系。其中阿兹特克帝国的核心地带——今墨西哥——在 15 世纪迅速形成，首都特诺奇蒂特兰城（Tenochtitlan），也就是当今的墨西哥城所在地。与阿兹特克帝国同时代的还有印加帝国，后者的核心地带在安第斯山脉中麓，即当今的厄瓜多尔和秘鲁所在地，首都库斯科（Cuzco），在今秘鲁的东南部。

而此时在亚非欧大陆，这一最古老、面积最大、人口最稠密也最多样化的世界地带，人们感到的人口压力也最大，对新资源的争夺也最激烈。人们四处寻找更多的能源和资源，而统治者、企业家和缺少土地的农民也开始激烈地争夺新的可耕地及新式财富，包括皮毛、香料和矿产，[2] 而且遇到觅食群落，必要时肯定会把后者赶走。这种压力甚至使农民乐于在先前不屑一顾的地带定居下来，比如斯堪的纳维亚半岛北部、欧亚草原边缘的干旱地区，后者如乌克兰和俄罗斯的部分地区。在亚非欧大陆，资源征调的压力也愈发加剧，交流网络也因此变得更加多样化且增大了规模，各式各样的物品和思想观念经丝绸之路及印度洋航线穿梭往来。

1400 年前后，自西向东，出现了这样一个连续的人口、城市和农田密集的地带，西边始自大西洋，经地中海两岸，穿过波斯和中亚部分地区，向东一直延伸至印度、东南亚和中国。其中最富庶、人口也最密集的地带是明朝治下的中国，鼎盛时期是1500年前后。15世纪初，明朝的永乐皇帝派遣太监郑和率船队经印度洋抵达印度、波斯及东非富庶的港口，郑和的船队可谓当时人类史上规模最大、船体设计也最为复杂的船队，而郑和的多次远航则颇有意味地预示了不久即将展开的全球化历程。但1433年后，明朝的宣德皇帝却下令停止远征。当时的中国富有且能自给自足，因此郑和的探险几乎没有任何商业价值。另外，船队外出探险也耗资巨大。新皇帝及其大臣们决定把用来探险的资金花到更有用的地方，比如加强帝国北部针对游牧民族入侵的防御。

拥有资源不多而人口又少的君主更容易冒险越界求富。15~16世纪的俄罗斯帝国尚在初建时期，但很快对外扩张，帝国政府觊觎肥沃但常遇干旱的南部草原，所以步步为营，向黑海北部突进；在东南，则向中亚的丝绸之路市场挺进；向东，又很快占领了皮毛及矿产资源丰富的西伯利亚。当时的奥斯曼帝国（Ottoman Empire）是伊斯兰世界中最强大的帝国，到16世纪，奥斯曼帝国的势力已抵进东南欧，穿越美索不达米亚，横跨北非。1517年征服埃及后，奥斯曼帝国又垄断了从印度洋到地中海、再到欧洲的有利可图的贸易通道。在同一世纪，印度次大陆又出现了一个与奥斯曼帝国匹敌的伊斯兰帝国，即由成吉思汗的后代巴布尔（Babur）建立的莫卧儿帝国（Mughal Empire）。在非洲，撒哈拉沙漠以北、尼罗河沿岸、西非及东海岸也散布着大小不等的多个国家和帝国，其中有些城市因贸易昌隆而异常繁荣。欧洲恰好位于欧亚大陆的西部边缘，远离穿越地中海与印度洋的商贸活动和财富流。威尼斯人曾设法从中受益，但这又谈何容易。1500年，欧洲最强大的帝国是神圣罗马帝国，其实不过是一大堆摇摇欲坠的国家、主教辖区和公国的混合体，从奥地利经德国延伸至荷兰和西班牙，彼此间的联系要么是通过婚姻，要么通过征服。

1400 年的世界依然显现出不同的地带，且彼此间缺少明显的联系。但不断增长的人口和不断加剧的征调压力注定迟早要打破不同地带间海洋的这层隔膜。只不过由谁率先动手打破隔膜以及何时动手仍不确定，亚非欧大陆的征调压力特别大，所以极有可能是这里先有人动手起事。

1492 年，热那亚航海家克里斯托弗·哥伦布（Christopher Columbus）率领的远洋船队终于跨越了隔绝两个最大世界地带的大洋。哥伦布成功说服了西班牙统治者支持自己的探险，声称跨越大西洋就可以找到一条从欧洲通往东亚财富市场的便捷通道。此后三个世纪，阻断澳大利西亚与太平洋地带的海洋隔膜也被打破，从此，人类第一次实现了在整个世界范围内交流信息与观念、交换物品、人员互通、技术互利、宗教碰撞，甚至还包括疾病传播。

这是一场巨大的变革。从 2.5 亿年前板块构造造就盘古超级大陆以来，基因、生物体、信息甚至疾病首次实现了在全球范围的流动。世界史学家艾尔弗雷德·克罗斯比（Alfred Crosby）将这一生态革命称之为“哥伦布大交换”（Columbian Exchange），证明全球化同时改造了生物圈和人类史。[3] 马克思和恩格斯在《共产党宣言》（*The Communist Manifesto*）中提出，正是这种变革催生了现代资本主义。

> 美洲的发现、绕过非洲的航行，给新兴的资产阶级开辟了新天地。东印度和中国的市场、美洲的殖民化、对殖民地的贸易、交换手段和一般商品的增加，使商业、航海业和工业空前高涨，因而使正在崩溃的封建社会内部的革命因素迅速发展。

把不同世界地带连接起来产生了强烈的震撼，以至在短短几个世纪内，人类社会就跨越了复杂性不断提升的第八个节点。这种变化之所以异常迅速，首先是因为它发生在一个全球化的世界。在过去，集体知识只能在局部或地方尺度上发生作用，所以农民要经历一万年的时间才扩散到世界各地，而在一个全球网络的世界，人类仅用几个世纪就改变了地球的大部分地区。这是整个生物圈 40 亿年历史中发生的最重大变化之一。突然间，人类发现自己已处于单一的全球思维空间，即智慧圈。至 20 世纪，智慧圈已成为整个生物圈内具有破坏性的变革力量。

建立单一的世界体系

欧洲的航海家率先把世界各主要地带连接到一起。仅此一个简单的事实便赋予欧洲的统治者和企业家以巨大的先发优势，前后获益数世纪之久。此前的欧洲远离巨大的财富流和权力中心，而今却因此掌控着人类史上最大财富流与信息流的通道。欧洲航海家之所以能够与其他世界地带实现沟通，是因为欧洲难以接触南亚与东南亚富庶的市场，也就是说欧洲人若想赢得自己应得的市场份额，就必须敢于冒险。最重要的是，欧洲人必须绕过占据地中海贸易圈的奥斯曼帝国势力。因此，在 15 世纪中叶，葡萄牙政府开始派遣高度机动化的轻型快船（caravels）绕行非洲西海岸，帆船上还装备了火炮。这种装有后帆的轻型快船，其灵感来自伊斯兰模型，而指南针和火炮则源于中国的发明，快船本身可谓亚非欧大陆世界地带智力协同累积的范例。至 15 世纪中叶，葡萄牙航海家已与马里帝国建立起利润颇丰的海上贸易，前者因此获得大量的黄金、棉花、象牙和奴隶，而在此前，这种货物均靠横穿撒哈拉沙漠陆地航线的驼队。

葡萄牙人的成功刺激了对手。热那亚航海家克里斯托弗·哥伦布就是其中之一。哥伦布说服了西班牙统治者费迪南和伊莎贝拉支持他寻求一条西向的更直接的通往亚洲的航线，就是先绕行大西洋。当时，他错误地认为，大西洋到中国的距离远比许多人想象的要小。费迪南和伊莎贝拉赌定了他的想法，因为他们知道如果哥伦布恰好是对的，其回报也将是惊人的。

1492 年 10 月 12 日，哥伦布的船队到达了他称为圣萨尔瓦多（San Salvador）的一个小岛，位于巴哈马群岛。哥伦布至死一直坚信自己已抵达亚洲，或印度群岛（the Indies），所以称他遇见的当地人为印第安人（Indians，在英文中与“印度人”是同一个词——译者注）。也正因此，他很好奇这些人为何赤身裸体，显然非常贫困，[4] 而没有穿着想象中的和服和丝质长袍。被哥伦布俘虏的当地人带他去了古巴，在那里总算发现了少量黄金，好歹能说服费迪南德和伊莎贝拉为后续的航行提供资金。哥伦布的这次航行使美洲与亚非欧大陆这两大世界地带首次开始了定期接触。1498 年，在哥伦布第一次横渡大西洋仅 6 年后，一位名叫达·伽马（Vasco da Gama）葡萄牙船长就证明了：绕道非洲南端航行也能到达东南亚。这时人们才认识到，原来印度洋并非许多人想象的那样广阔，也并非是个封闭的内陆湖。

不同世界地带早期的许多次——可能是大多数——接触都充满了暴力、混乱和毁灭性。究其原因，陌生人的彼此怀疑为其一。但更重要的却是不同地带的众多差异，比如人口密度、技术水平、社会与军事组织格局，甚至还包括数千年来渐趋形成的对不同疾病的抵抗力。相遇便有赢有输，对输家而言，结果可能是灾难性的。就像最初出现含氧较高的大气层或恐龙的突然灭绝一样，上述相遇恰恰验证了奥地利经济学家约瑟夫·熊彼特（Joseph Schumpeter）所谓的创造性毁灭（creative destruction）概念，即新事物常以颇暴力的形式取代旧事物，而熊彼特更是将此视为现代资本主义的核心命题。为数众多的社群遭破坏，数不清的人被毁灭。但这其中也有创造，因为首个全球交流网络的巨大规模使地球人的集体知识出现了协同互进的局面，因而释放出巨大的信息流、能流、财富流和权力流，并最终改变全世界的人类社会。

差不多所有的优势都在亚非欧大陆西端渴求资源的国家和帝国一边，也正是后者的舰船率先冲破了横亘在不同世界地带之间的障碍。这些国家和帝国充分利用了自己的全部优势，带着掠夺性者的欢乐和近乎无情的效率。仅在哥伦布首航后的 50 年内，葡萄牙人就用他们的武装快船建造了坚固的据点，把印度洋连缀成一个贸易帝国。商人和水手往往要承担巨大的风险，但其可能获得的利润也同样是巨大的。在美洲，西班牙征服者，如埃尔南·科尔特斯（Hernán Cortés）和弗朗西斯科·皮萨罗（Francisco Pizarro）几乎瞬间掌控了阿兹特克人和印加人的文明和财富。他们成功做到这一点其实只用了很少的军队，主要是利用了两个美洲帝国内部的政治分歧。此外还有为其帮了大忙的欧洲人给美洲带去的疾病，比如天花，诸如此类的疾病造成了美洲主要帝国近 80% 的人口骤然死亡，而且严重破坏了当地古老的社会结构和传统。以当地人巨大的损失为代价，征服者最终真的找到了黄金，使自己和自身的社会都富了起来。

西班牙征服者除了在美洲发现大量的黄金白银，还找到了可以种庄稼——比如甘蔗——的土地，那时欧洲人对蔗糖的需求正与日俱增。西班牙人（包括哥伦布自己的亲戚）此前早就在加那利群岛（Canary Islands）学会了如何用甘蔗制出廉价的蔗糖，即开辟甘蔗种植园，强迫奴隶劳作。这种甘蔗种植园让西班牙人尝到了甜头，于是后来在美洲大面积开垦，在获利巨大的同时，也常使用最残忍的暴力。

16 世纪 40 年代，在现代玻利维亚波托西（Potosí）这个地方，西班牙商人发现了一座银矿。起初，银矿的经营者使用从印加人那里学来的传统强制劳役的办法开采，但这样开采的死亡率太高，所以不久便开始从非洲进口奴隶。先是由骡队把银子运到墨西哥的阿卡普尔科港（Acapulco），而后在那里把银子铸成银比索（silver pesos），这就是世界上最早的全球货币。许多银比索漂过大西洋流向欧洲，从而拉动了当地经济，因为西班牙政府用银比索来偿还欠荷兰或德国的债务。此外，还有一些银比索乘马尼拉大帆船横跨太平洋，来到西班牙控制下的马尼拉。在此，西班牙商人和官员用银比索来交换中国商人供应的丝绸、瓷器及其他商品，而后这些商品又被贩运到美洲和欧洲，获得了巨额利润。这就是经典套利交易（arbitrage trading）。商人们总是在最便宜的地方购买商品，而后在最贵的地方销售出去，所以从中获得巨大利润，而在世界最早的全球市场，生产成本与销售价格之间的差距可能非常大。当时中国的经济正值繁荣，且对白银珍爱有加，中国经济对白银的巨大需求使其价格几乎攀升至欧洲的两倍，而美洲因为有奴隶从事白银开采又使其成本异常低廉。相比之下，高档丝绸在中国司空见惯，但在欧洲却极为珍贵。

只要船只能避开海难和海盗，欧洲商人及其支持者就可以在最早的全球交流网络中稳获巨大的利润，因为当时商品价格的梯阶实在是太陡了。葡萄牙人和西班牙人虽有开拓之功，但旋即在 17 世纪被荷兰人和英国人超越，后者抢占了葡萄牙人在亚洲兴建的堡垒，而后又一步步蚕食西、葡在加勒比海和北美的殖民地。

信息流沿着财富流的梯阶也在汩汩涌动，而且信息流绝不亚于财富流。约翰内斯 · 古登堡（Johannes Gutenberg）在 15 世纪中叶发明了高效印刷的新方法，更是扩大了新信息流的影响。1450—1500 年，差不多有 1 300 万册图书出版，而 1700—1750 年出版的图书更是超过了 3 亿册，[5] 这些书籍及其中存储的信息不再是稀有、昂贵的奢侈品，而成为受教育者的日常必需品。而且，正如套利利润刺激了欧洲的商业一样，巨大的新信息流也刺激了欧洲科学技术的发展。

欧洲的航海家在地上发现新大陆和岛屿，在南天上发现新星座，又遭遇不同族群、宗教、国家、植物、动物等，其中有许多甚至古书上都没有记载。大量的新信息震动了整个欧洲的教育、科学，甚至还包括宗教，因为欧洲是新信息最先流动且流动最快的地区。新信息使欧洲的学者开始质疑古代知识，甚至怀疑《圣经》中的记载。传统的起源故事也因此遭到了破坏。在 16 世纪，弗朗西斯·培根（Francis Bacon）提出，科学与哲学不应只依赖古书上的记载，而应像欧洲的航海家一样主动地寻求新知："远航与游历在我们这个时代已变得日益频繁，凭此，自然界的诸多事物变得为人所知或被发现，而这种新知和新发现对哲学是一种新启蒙。"[6] 约瑟夫·格兰威尔（Joseph Glanvill）在 1661 年也曾写道："美洲还尽是秘密，秘鲁尚有诸多未知，"而所有这些都有待我们去发现。[7]

正如科学革命史当代史家戴维·伍顿（David Wootton）所言，"发现的观念实乃……创制科学的前提。"[8] 要研究世界本身，而不只是前人对世界说了些什么。或如培根所言，我们要学会"征服自然，必先遵循自然"。在很大程度上，这正是现代科学技术试图操纵整个世界的精神。在 17 世纪，许多学者都有一种明显的感觉，即他们正经历一场知识、地理及商业的革命，而新知极大地增强了人类对自然界的控制力。1674 年，英国皇家学会一位会员这样写道："至于我们所做工作的性质，我们都认同这样的说法……我们绝不是要为旧居所的围墙涂上一层白粉，而是要建设一座新居。”[9] 而到了 18 世纪，欧洲启蒙时代的思想家们更是在这种新知中洞见了目的、意义和“进步”。人类当改造甚至“改善”这个世界的观念开始塑造科学、伦理学、经济学、哲学、商学和政治学。

人类的思想世界也在发生改变。戴维·伍顿对这种变化做了生动的描述。在莎士比亚生活的时代，即使受过良好教育的欧洲人也普遍相信魔法和巫术，相信有狼人（werewolves）和独角兽（unicorns）存在；他们相信地球静止不动，而且天体围绕着地球转；彗星预示着邪恶；而植物的形状也预示着其药用力量，因为上帝就是这样设计的。还有，他们相信《奥德赛》(*The Odyssey*)是一部真实的历史。[10] 而仅仅一个半世纪以后，在伏尔泰（Voltaire）生活的时代，受过教育的欧洲人的想法已非常相同。许多人开始收集或阅读有关实验仪器——如望远镜、显微镜和空气泵——的书籍；他们认为牛顿是有史以来最伟大的科学家；他们知道地球绕太阳公转；他们不再相信魔法、古代传说中的历史记载、有关独角兽的故事或（大多数）神迹故事；他们相信人类的知识会增进，甚至接受类似进步的观念。

新信息为新型知识提供了思想的真材实料。艾萨克·牛顿在发现万有引力定律的过程中就曾获得前人所不可能接触到的信息。比如，他可以比较钟摆的摆动在巴黎和在美洲及非洲有何不同，而此前的科学家根本不可能如此彻底地检验自己的想法，也不可能接触到如此广泛和多样化的信息网络。

> 牛顿的成就与海外贸易和探险给欧洲人带来的一般知识大幅增加密切相关。欧洲人掌握了大量信息，连带着又增强了自信，所以有勇气从中归纳出一般规律，由此对自然界的普遍规律有了

认识。这可谓是大洋知识对陆地思想家——比如艾萨克·牛顿——的馈赠。[11]

令人眼花缭乱的新财富流与信息流还有另外一重更强大的影响，就是它刺激了通常被描述为资本主义（capitalism）对资源的商业调动（mobilization）形式的问世，这种调动是由财富与信息的梯阶驱动的。传统的统治者征调财富主要靠的是强制威胁、许诺保护或诉诸宗教、法律权威。但与此同时，在所有文明中，都有商人通过商业活动调动大量财富。商业调动靠的是套利机制，即一地贱买，另一地贵卖；若要成功，商人必须有财富可投资，还要有信息，以知道该在哪里投资。最初问世的全球交流网络极多财富与信息的梯阶且异常陡立，所以欧洲的商人和企业家由此获得了巨大的商机，商人的财富连同政治影响力与日俱增，甚至到后来，就连神圣罗马帝国皇帝查理五世这样的帝王也开始从商人那里借贷。

欧洲的统治者通常比传统的统治者——如中国明朝的皇帝——更热衷于和商人打交道，因为大多数欧洲国家资源有限，而且彼此间战争不断，所以统治者经常感到缺钱。统治者从商人那里借钱，自然也就乐于支持商业。这样，欧洲商人与统治者之间就形成了一种密切的共生关系：统治者保护和支持商业，而作为回报，他们也有权从商业财富中征税和获利。这就是最初也是最简单形式的资本主义，对这一创新，欧洲的经济学家从亚当·斯密到卡尔·马克思都颇为赞赏。

欧洲各国政府与企业家之间的合作关系有多种形式。俄国的伏特加酒贸易就是一个很好的例子。[12] 16世纪的俄国即已出现蒸馏技术。恐怖的伊凡（Ivan the Terrible，这一称谓是说他残酷虐待公国的贵族）统治下的政府官员几乎马上就意识到：若能阻止农民在家里蒸馏（这倒不难，因为蒸馏需要精密的技术和大量设备），政府就可以赚很多钱，因为这样，农民便不得不从别处购买这种生活的必需品。酒之所以很快成为农民的生活必需品，是因为它能迅速改变人的神智，农民常用酒来庆祝大的宗教节日、家庭节日，以及婚礼和葬礼。但把伏特加酒带到散落在各地的数千个村庄却是一项艰巨的任务，最适合承担此任的显然是商人。因此，俄国政府与商人合作，建起了利润丰厚的伏特加酒贸易，以至到了 19 世纪，伏特加酒的贸易所得能够支付俄国军队的大部分军费，要知道，当时的俄国军队是世界上规模最大的。俄国政府和社会为了从伏特加酒贸易中获取收入，实际上同时缴纳了大量的熵税（entropy tax），因为这一做法最终导致了俄国人特别喜欢酗酒。

虽然资本主义造成了新的不平等，但经济学家们却对其赞美有加，因为它同时创造了财富、激发了创新。早期许多经济学家都非常清楚，由资本家交易和创造的财富本质上是对压缩阳光或通过生物圈的能流的某种操控，所以很多人认同劳动价值论，因为劳动本身也是一种能量。他们还明确地认识到，资本主义制度特别擅长鼓励人们在操控能源方面实现创新。这是因为商人不同于传统的统治者，他们几乎不可能赤裸裸地通过武力来调动财富（当然如果有机会，他们也很乐于为之）。但大多数情况下，商人使用的是狡诈（guile），而非武力。也就是说，商人一定要能够找到新的信息，即有关新商品、新市场的信息，只有这样才能有效交易并降低成本。最重要的是，如果他们想超越对手，就必须创新、必须找到新方法来调动和掌控能流和资源流。正因如此，在哥伦布首次横渡大西洋之后的几个世纪里，欧洲日益发达的资本主义社会变得更加富有，同时也更富于创新。

有些国家的政府——比如荷兰或威尼斯——则直接由商人统治，所以特别重视商业。英国人从荷兰人那里学到了很多，甚至在 17 世纪末曾一度拥戴荷兰人做英国国王，即威廉三世（William III）。英国政府斥巨资建立了强大的海军，用以保护其在加勒比海、北美以及后来在印度的构筑了防御工事的贸易基地和殖民地。有了海军的保护，英国政府和商人均大获其利。比如，英国人先把军火卖给非洲统治者以换取奴隶，然后在骇人听闻的条件下把奴隶贩卖到美洲。到了美洲，他们拿奴隶换取蔗糖、烟草和其他种植园产品，这些产品的价格都特别低廉，因为这里有廉价的奴隶做劳力。也就是说，一方面可以在种植园贱买，而另一方面却可以在英国与欧洲日渐扩大的消费市场上贵卖。英国政府因而与荷兰政府一样，变得日益依靠来自贸易的税收，包括海关收入。因此，英国政府才能够在 1694 年成立英格兰银行（Bank of England），面向英国商人、企业家和地主实施低息贷款。到了 18 世纪，英格兰银行的低息贷款还鼓励农业创新，帮助修建了运河，兴建了四通八达的马车客运体系。伦敦遂成为世界上最大的城市之一，而英国的商业更是蓬勃发展。

新的财富流、信息流与新式的科学知识刺激了农业、采矿业、造船及航海业、运河建设以及其他许多领域的创新，尤其是在西欧。1500 年后，财富与权力开始迅速转移；原本闭塞的欧洲一隅和大西洋地区也迅速发展成为一个新的枢纽，即财富、信息与权力全球流动的第一个中心。

化石燃料：一种重大创新

一方面，整个世界已呈全球一体之势，而另一方面，日渐富有且权倾一时的企业家阶层又得到地方统治者的大力支持，这种状况极大地刺激了商业活动和创新，尤其是在大西洋地区。但正如上述，有些创新比其他创新更具革命性。所以毫不奇怪的是，鉴于欧洲不断增长的财富、企业活力和信息流，终将改造现代世界的重大系列创新在这里问世了，而不是在旧有的枢纽地带，即从地中海到伊斯兰世界再到中国，横跨整个欧亚大陆的中心地区。

最富意义的重大创新通常是指那种能够释放新能流的创新，比如核聚变或光合作用。农耕可谓一种重大创新，因为它使农民从新近的光合作用中分得更大份额的能流，而这种为人掌控的加大了的能流驱动了整个农业时代的剧变。但来自农耕的能流相对有限，因为农耕只能获取最近从阳光那里捕获的能量。燃烧一块儿木头、吃个胡萝卜，或让马拉犁，这类举动实际上利用的只是过去 12 个月或至多最近几十年从阳光那里捕获的能流。早在 18 世纪末，西欧已有经济学家指出，欧洲社会利用这种能流已达至极限。其计算方法非常简单：驱动人类社会的能流来自耕地与林地，此外还有一小部分来自风和雨。因此，经济要增长就必须找到更多的耕地和林地。至 1800 年，似乎所有可耕地都已种上了庄稼。现代经济学的创始人亚当·斯密曾指出，人类社会将很快用尽所有可用的能量，此后，经济增长会出现停滞，人们的工资收入连同总人口都会下降，因为农业社会已达至既有能流的极限。此前所有的生物在填满自身的生态位后都曾有过这种极限的经历。[13] 有些社会，比如荷兰和英国，似乎已经接近了上述极限。在荷兰，农民们不得不填海造田，而英国则必须面对供暖、住房和造船用木材的日益短缺。阿尔弗雷德·克罗斯比曾指出，至亚当·斯密生活的时代，“人类使用太阳能已触顶极限”。[14]

寻找新能源的压力最终会促成我们上面提到的重大创新，我们现在把这种重大创新称为化石燃料革命（fossil-fuels revolution）。这一重大创新使人类能够利用远超农耕的巨大能流，即深藏在化石燃料中的能量，这可不是最近几十年才积聚起来的能量，而是自3.6亿年前的石炭纪便开始累积的能量。实际上，埋藏在煤层、石油层和天然气层中的是数亿年的太阳光，只是现在呈固态、液态和气态而已。化石燃料中究竟蕴藏着多大的能量呢？我们可以这样想象一下：一辆满载乘客的汽车，现在要你顶在头顶并且非常快地在路上跑上几个小时，然后提醒自己，这样费力的事情其实只需几加仑的汽油，因为里面蕴藏的能量就足够了（实际上这一过程中还有很多能量被浪费掉了）。如同人类再一次发现了大量的黄金储备，化石燃料革命诱发的能源富矿使人类史的演进再度陷入疯狂和混乱之中，有些个人、国家甚至整个地区因之获得了巨额财富，而有些却被摧毁，总之是一个创造与毁灭同时进行的过程。查尔斯·狄更斯（Charles Dickens）、弗里德里希·恩格斯（Friedrich Engels）等目光犀利的人士早已看清有多少人为这一疯狂剧变付出了多么惨重的代价。但历史发展就是这样，要从疯狂中才能诞生一个全新的世界。

变革始于技术上的突破，而后煤炭方能转化为廉价的机械能，成为工厂、机车、轮船和涡轮机的驱动力。许多社会早已知晓煤的存在，但煤却很难开采和运输，而且异常肮脏，还散发着臭味。因此，农业社会中大多数人更愿意从木材中获取热能。不过在一些地区，木材却很稀缺。在英国，随着人口增长，城市急剧扩张（尤其是伦敦），商业也开始繁荣，但在能源方面却出现了供不应求的局面。英国是世界上第一个感受到能源短缺的国家之一。但与大多数国家不同，英国还有退路。英国有巨大的煤储量，而且煤储层非常接近地表，大部分靠近河流或海岸，所以很容易通过海运或河运输送到包括伦敦在内的主要城市。因此，英国的生产商和家庭用户开始转向用煤。17世纪英国的啤酒商、砖匠和面包师都已经在使用煤，但伦敦人很快就开始抱怨燃煤给整个城市带来的臭气熏天。1700 年，煤炭已供给英国社会 50% 的能量，而到了 1750 年，英国煤炭供给的能量已相当于 400 万公顷林地所能提供的能量，差不多是英格兰和威尔士加起来总面积的 15%。[15] 英国人对煤炭的高度依赖更鼓励了煤炭的开采商、运输商和销售商，后者拼命生产更多的煤炭，并同时降低生产成本。

但这里还有一个问题。随着英国社会对煤炭需求量的增加，煤矿工人不得不挖掘更深的矿井，但这样的话矿井很快就充满了水，因此要获得更多的煤炭，就必须建造高效的泵来抽水。在英国，人们要解决这一技术问题的动力比任何地方都要大，因此，设计廉价、高效的泵成为企业家和发明家的主要目标。而此时的新科学与广泛应用的机械技术已有很好的结合，所以为解决上述问题提供了必要的知识背景。17 世纪的科学家们已逐渐了解了大气压的工作原理，到 18 世纪初，这一原理被应用到纽科门蒸汽机（Newcomen steam engines）上，并被用来从矿井中抽水。[16] 但纽科门蒸汽机效率不高，要消耗大量的煤炭，所以它只在矿井中才有商业价值，毕竟这里的煤炭很便宜。此时的投资者、发明家和工程师都明白，如能改进水泵必然给他们带来巨大利润，并彻底改造英国家庭和工业企业的煤炭供应。

最终解决这一技术问题的工程师詹姆斯・瓦特是苏格兰的一位仪器制造商，他与当时的工程师、科学家和商人都有密切联系。1765 年的一个星期天下午，瓦特正在户外散步时突然想出了改进纽科门蒸汽机的方法，即给发动机再添加一个汽缸，这样第二个气缸就会起到冷凝器的作用并从而提高效率。但要建造改进版的蒸汽机却还需要尖端的科学技术，并能设计、制造能耐高压的精密工程活塞。这项任务的要求高而且还颇为昂贵。不过就在此时，瓦特的主要支持者马修・博尔顿感觉这是一个难得的机会，并为瓦特的研究投入了大量资金。博尔顿深知，若能建造一种成本合理的机器，能够把煤炭的能量转化成机械能，则必将给建造者带来巨大利润。1769 年，瓦特的设计获得了第一项专利；当时的技术竞争非常激烈，以至在博尔顿向驻伦敦的俄罗斯大使吹嘘瓦特的模型后不久，瓦特居然从俄罗斯政府那里得到了一份待遇颇高的工作邀请。瓦特曾认真地考虑接受这一邀请，但博尔顿最终说服他留了下来。1776 年，瓦特蒸汽机成功问世。

詹姆斯·瓦特设计制造的蒸汽机使人类第一次尝到了巨大能流的甜头，此后仅仅两个世纪，整个人类社会就因此而被彻底改造。就像最初启动化学反应的活化能一样，来自化石燃料的能量激活了支撑人类社会的能量脉冲，从而开启了一种全球范围的链式反应。不到 25 年，在英国就有 500 台新机器已投入使用，而到 19 世纪 30 年代，燃煤蒸汽机已成为英国工业的主要动力来源。英国的能源消费由是猛增。到 1850 年，英格兰和威尔士消费的能量已是意大利的 9 倍，英国的企业家和工厂享有巨大的原动力。蒸汽机车可以产生 20 万瓦的能量（是的，这一能量单位以詹姆士·瓦特的名字命名），约合两匹马拉犁所能提供能量的 200 倍，而马拉犁是农业时代最重要的原动力之一。而且此时更多的能源也日趋廉价。英国的工业由此开始起飞。煤正在产生尽可能多的能量，这些能量相当于从覆盖整个英格兰和威尔士地区的林地中提取的 150%。也就是说如果把整个英格兰和威尔士都改造成林地并以此提供能量，那么此时来自煤炭的能量已相当于前者的 1.5 倍。[17]

早期工业化进程

英国是第一个从化石燃料的能源富矿获益的国家，因而生产力水平得到大幅提升。至 19 世纪中叶，英国的国内生产总值（GDP）已占全球的 1/5，而其化石燃料排放量更达到全球的一半左右。所以毫不奇怪的是，全球大气的二氧化碳浓度从 19 世纪中叶开始上升。早在 1896 年，瑞典化学家斯凡特·阿伦尼乌斯（Svante Arrhenius）就认识到二氧化碳是一种温室气体，而当二氧化碳的排放量达到一定程度时就可以改变全球气候。

但人们开始恐惧全球变暖还是未来的事情。（阿伦尼乌斯实际上认为全球变暖是件好事，因为这样就可以延缓新冰期的到来。）与此同时，其他国家的企业家和政府都渴望分享这种海量的廉价能源，并试图乞求、借用或窃取这一新技术。因此，欧洲与新近独立的美国很快就开始制造蒸汽机，而蒸汽机技术的迅速传播又刺激了新一波的技术突破，如蒸汽机车和轮船，每一种技术突破都会进一步降低运输成本并推动相关创新，特别是在铁路车辆、船体和轨道用钢铁的制造方面。企业家、工程师和科学家还尝试发现新方法，把来自蒸汽机的廉价能源应用于建筑业和纺织业。

创新改进常有许多强大的反馈回路。改进了的蒸汽机就能使人下到更深的矿井，从而降低采煤的成本，因此，全球采煤量在 1800—1900 年增加了 55 倍。更便宜的煤炭使蒸汽机变得更经济，而轮船和机车则大幅削减了海陆运输牲畜、煤炭、农产品和人员的成本，由此刺激了全球贸易。铁路增加了对钢铁的需求，钢铁生产的创新使人类得以首度大批量生产锡罐之类的廉价日用商品，这样就增加了一种存放和储存食品的新方法。有时还会出现一些意想不到的边际效应。比如，利用蒸汽纺织增加了对原棉的需求，从而刺激了美国、中亚和埃及的棉花种植。纺织品的工业生产增加了对人造染料和漂白剂等辅助产品的需求，从而启动了现代化学工业，其中许多产品来自煤炭。

廉价能源鼓动了诸多新技术领域的试验和投资，其中最重要的一项新技术是电力。19 世纪 20 年代，迈克尔·法拉第（Michael Faraday）认识到，在电磁场中移动金属线圈可以产生电流。至 19 世纪 60 年代，随着由蒸汽机驱动的发电机的发明，大规模发电也已变成现实。电力和电动机，正如最早原核生物的质子泵和三磷酸腺苷分子一样，为人类提供了有效分配电力的新方法。而一旦能量转化为电力，就可以非常便捷地输送到工厂和个体住户。灯泡把夜晚变成白天，改变了家庭生活节奏和工厂作息，城市、公路和港口在夜晚也开始亮起来。电力还彻底改造了通信。19 世纪初，陆路发送信息最快的依然是换马驿站的方式。1837 年发明的电报，一下子使人类实现了以光速通信。到了 19 世纪末，电话和收音机更使人类实现了瞬时远端通信，长距离通话已基本同步自如。

新技术彻底改变了战争的性质和武器装备。铁路和轮船能比以往任何时候都更快捷地移动着军队和武器。1866 年，阿尔弗雷德·诺贝尔（Alfred Nobel）发明了比以往更强大的新炸药。伴随步枪和机枪的不断改进，爆炸物同时增加了每个士兵的杀戮能力。由大工业中走出的武器装备早在美国内战期间就已显示出强大的破坏力，足可谓人类史上第一场真正的化石燃料战争；装备有蒸汽动力和现代武器的铁甲舰船同样彻底改变了海战，使英国在鸦片战争（Opium Wars）中一举战胜了中华帝国的海军。19 世纪末，在工业革命的财富、技术和能流的支持下，一度落后的欧洲国家开始在所谓帝国主义时期征服世界上的大部分地区。

虽有多重的反馈循环，但最终仍不免要追溯至新的廉价的能源，这一点足以说明工业革命的非凡活力及其给最早工业化地区带来的迅速增长的财富和力量。廉价能源刺激了一个又一个国家在制造业和工业的多个领域投资创新。最终，来自煤炭的廉价能源还将促动另一波创新，使人类转而调用另一种新式化石燃料——石油。

石油，如同煤炭一样，也是人们很熟悉的。只要有石油渗漏到地面，人们都会把它提取出来，并用来制造沥青、药品，甚至燃烧武器。[18] 19 世纪中叶，人们开始把煤油（kerosene）——石油中提炼出的一种燃油——用于照明，作为鲸油的替代品，因为此时鲸油的价格出现上涨，而且鲸也被过度捕捞。只不过这时的矿物油供应还相当有限。当时还有人怀疑深层地下是否有大量石油可供开采，以及是否值得进口中国的钻探技术来开发，当时的中国确有一种专门设计的用来开采岩盐（rock salt）的设施。事实上，人们早已知道开采岩盐的过程中有时会发现石油。1857 年，埃德温·德雷克（Edwin Drake）在美国宾夕法尼亚州贫穷的泰特斯维尔村（Titusville）第一次认真地尝试钻探石油。1859 年 8 月 27 日，就在资金最终耗尽之前，德雷克的钻探队钻到了石油。消息一出，众多勘探者迫不及待地买下了泰特斯维尔村附近的土地，仅在 15 个月内，这附近就耸立起 75 个石油钻台。有位游客曾这样记载："他们就权益和股份讨价还价，他们买卖钻井地并报告钻井的深度、状况或油井的产量，等等等等。今日离开的人会告诉其他人，说他们亲眼看到一眼井每天能产出 50 桶纯油……这样口耳相传，第二天来这里的人就更多了。……从未见过有蜜蜂会像这里的人潮般涌动，蜂拥的嗡嗡声震耳欲聋。"[19] 1861 年，钻探人员钻到了第一口喷油井（gusher）——即仅靠自身压力就能不断向上喷油的油井，甚至因此还引发了一场致命的大爆炸，因为同时喷出来的天然气无意间被点燃了。此时的石油产量已增加到每天 3 000 桶。

许多人靠石油发了大财，但埃德温·德雷克却没有；他于 1880 年在贫困中死去，虽然他发起了一场改变了整个人类史轨迹的化石燃料革命，关于这场革命详见下一章。

第 11 章

人类世：节点八

我们已超越全新世。我们已进入了人类世。

——保罗·克鲁岑（Paul Crutzen），在 2000 年召开的会议上的发言

作为食物采集者的人群与信息采集者相比，再次表现出发展的不协调。能够利用电子媒介采集信息的人，其角色正如旧石器时代的先祖一样，都属于游牧。

——马歇尔·麦克卢汉（Marshall McLuhan）：《理解媒介》

进入 20 世纪，人类开始改造自身周围的环境、人类社会，甚至还包括人类自身。人类可能并无意这样，但由人类引发的变革却异常迅速且规模巨大，以至于人类本身俨然已成为一种新的类地质营力。正因如此，有许多学者主张：行星地球业已进入一个新的地质时代，即人类世时代，或称“人类主导的时代”（era of humans）。这在整个生物圈 40 亿年的历史上还是第一次，即某个单一物种业已成为诱发变革的主导力量。仅仅一两个世纪的时间，人类便凭借化石燃料革命提供

的巨大能流及与之相伴的翻天覆地的锐意创新，俨然承担起地球主宰者的身份，虽然我们真的还不知如何驾驭这行星飞船，不知该按动哪个按钮，也不知该在哪里着陆。这对整个人类、整个生物圈都还是一个全新的领域。

人类史的大加速期

如果暂不问细节而仅从总体看，那么迄今为止的人类世时代似乎就像一部三幕剧，而未来更多的变化还在酝酿中。

第一幕始于 19 世纪中叶，化石燃料技术开始改造整个世界。大西洋地区的少数国家获得了巨额财富和权力并挥舞着可怕的新式武器。由此，在最早使用化石燃料的大国和其他国家之间产生了一道巨大的鸿沟。这一权力和财富上的鸿沟持续了一个多世纪，直到 20 世纪末才开始逐渐缩小。

上述差异造就了 19 世纪末至 20 世纪初充满不平等的帝国世界。几乎转眼之间，先前农业时代一直处于世界边缘地带的大西洋诸国开始主导甚至统治世界大部，包括非洲大部分地区，而此前，这里曾是印度和中国等亚洲大帝国统治的地域。在新的大西洋枢纽地区之外，化石燃料技术的最初影响主要是破坏性的，因为新技术最先落入了外国侵略者的军事包裹之中。世界史上第一艘蒸汽动力铁甲舰“复仇者号”（*Nemesis*）装备有 17 门大炮，且能在浅水区快速航行，正是它在 1839—1842 年的第一次鸦片战争中帮助英国占领了中国的港口。中国海军曾是世界上最强大的，但却根本无法抵御这种炮舰。

仅几十年的时间，欧洲凭借其商业和军事力量彻底颠覆了诸多古国连同后者所代表的传统生活方式。由蒸汽机驱动的纺纱机破坏了印度的手工纺织业，而印度的手纺棉布一直是农业时代的支柱产业。伴随英国对印度次大陆实施政治和军事上的控制，这种不平衡发展局面就被锁定了，因为英国政府明令不允许印度棉布进入英国市场。就连印度主要铁路的建设也使英国——而非印度——受益更大：这里大部分的铁轨和铁路车辆是英国制造的，印度庞大的铁路网主要是为了英国快速而廉价地调动军队、出口廉价的印度原材料，以及进口英国制造的货物。在美洲、非洲和亚洲，市场对蔗糖、棉花、橡胶、茶叶和其他原材料日益增长的需求也鼓励了对环境极具破坏性的种植园经济，而且这类种植园通常是由准奴隶劳动力支撑的。在非洲，更是一场机枪对梭镖长矛（assegai）的战争，因此，欧洲列强瓜分了非洲，并在那里统治达一个世纪之久。

欧洲的经济、政治和军事征服助长了一种欧洲或西方优越感，许多欧洲人由此开始将其征服视为欧洲或西方的使命，目的在于引领世界其他地区步入文明、实现现代化。对这些欧洲人来说，工业化是进步的标志，而且是欧洲人改造世界使命的一部分。这种思想首先发端于“启蒙运动”（the Enlightenment），目标是“改善”世界，即把人类世界变得更好、更富有、更文明。

人类世时代的第二幕异常暴力。这一幕始于19世纪末叶，持续至20世纪中叶。在这一幕，最早使用化石燃料的大国开始刀枪相向。先是19世纪末，美、法、德、俄、日挑战英国的工业领导地位。随着竞争的加剧，各大国均试图保护自己的市场和供应来源，并阻止竞争对手入内，国际贸易因此趋于衰落。而到了1914年，这种竞争竟演变成彻头彻尾的战争。此后的30年，整个世界陷入极具破坏性的全球战争，其间调动了所有的新技术以及现代社会日益增长的财富和人口。

世界其他地区也被卷入了这场战争。在中国和日本展开的战争与在俄国和德国的一样残酷。战争的硝烟笼罩着欧洲、非洲、亚洲和太平洋，交战各国政府竞相开发更具破坏性的武器。科学给参战人员带来了可怕的新式武器，其中有些武器开始利用潜藏在原子核内的巨大能量。1945 年 8 月 6 日，一架美国 B–29“超级空中堡垒”（Superfortress）轰炸机从太平洋上的马里亚纳群岛（Mariana Islands）起飞，在日本广岛投下了一枚原子弹。原子弹摧毁了城市的大部，同时杀死了 8 万人。（同年内，另有 7 万人死于战争和辐射。）1945 年 8 月 9 日，长崎市也遭到类似核武器的攻击。

人类世时代的第三幕包括 20 世纪下半叶和 21 世纪初。美国和苏联从两次世界大战的血腥中一跃而崛起为前所未有的全球超级大国。战后又有许多局部战争爆发，大多数都是为推翻欧洲殖民统治。但冷战时期却没有重大的国际战争爆发。时至今日，所有大国都明白：核战争不会有胜利者。但有时核战争几乎一触即发。1962 年古巴导弹危机后不久，约翰·肯尼迪（John Kennedy）总统坦言，当时，爆发全面核战争“也就是从一数到三的样子，甚至比这还要危急”。[1]

“二战”后的 40 年是人类历史上经济发展最迅速的一段时间，可谓人类史的大加速期（Great Acceleration）。

在这一时期，全球交流又得到恢复且不断升级。据一颇有影响力的权威部门估计，在“一战”前的 40 年里，国际贸易的年增长率为 3.4% 左右；1914—1950 年，这一比率下降到 0.9%；而后，1950—1973 年，又猛增到约 7.9%，虽然在此后的 1973—1998 年，增长率又稍有下跌，约为 5.1%。[2] 1948 年，有 20 个国家共同签署了《关税与贸易总协定》（GATT），旨在降低国际贸易壁垒。至此，战时技术找到了更和平的用途。石油和天然气的应用在 19 世纪的能源富矿上又锦上添花；此外，战时的核武器也演变成现在被和平利用的核能。生产力首先在最早使用化石燃料的国家出现猛增，而后不久又有其他国家跟上。与此同时，消费也出现猛增，生产商同时在国内外寻求新的市场。在较富裕的国家，这俨然是一个汽车、电视机外加郊区梦幻屋的时代，后来又有了电脑、智能手机和互联网。一个新的中产阶级亦开始浮现。此时，工业革命早已不限于最初实现工业化的少数核心地带，至21世纪初，工业技术已迅速而彻底地改变了亚洲、南美洲和非洲部分地区，其势头丝毫不亚于当初的欧洲社会。如同世界其他工业化地区一样，这些地区的财富和实力都出现大幅增长。世界再一次出现有多个权力和财富中心的局面。所以说，在第一台现代蒸汽机问世后的250年里，化石燃料技术改变了整个地球。

在人类史的大加速期，人类以史无前例的规模利用能量和资源，以至开始改造整个生物圈。正因此，许多学者都主张：人类世时代始于20世纪中叶。

改造世界：来自科技的力量

由廉价能源驱动的创新是历史变革的主要驱力。创新造成了财富与实力呈现更加陡立的梯阶，从而进一步诱发竞争并驱动创新，形成强大的反馈循环。世界各地的企业家及各国政府都在追踪可能的创新，以借此获得工业或军事上的优势，并大力投资企业、科学团体、中小学教育、大学教育、研究所等，希望由此生发并传播新技术、新技能。

20世纪初的战争迫使人们展开了创新竞赛。第一次世界大战期间，德国出现天然肥料短缺，以弗里茨·哈伯（Fritz Haber）和卡尔·博什（Carl Bosch）为首的德国科学家们遂研发出从空气中吸取氮气的技术来制造人造肥料。氮不易反应，所以很难吸取。其实在数十亿年前，原核生物早就解决了这一问题，但哈伯与博什可谓是最早成功解决大气固氮问题的多细胞生物体。哈伯–博什制造法要用大量能量来解决氮不易化学结合的问题，因此只有在化石燃料的世界中才可行。但人造氮肥的问世极大程度地改造了农业，提高了全世界可耕地的生产率，这样才使得世界有可能多养活几十亿人。究其实质，这等于将化石燃料能源转化成了食物。

石油是一种液态化石燃料，最初在 19 世纪末叶是被用于照明，以取代鲸油。19 世纪六七十年代，最早的内燃机问世，从而把石油转化为机械力。内燃机不同于蒸汽发动机，后者的热源在发动机运动部的外面，而在前者，来自化石燃料的热能直接驱动活塞、转子或涡轮叶片。内燃机在 20 世纪下半叶迅速普及，最主要的原因是战时急需机动车输送士兵和装备，而且内燃机还为最早的坦克提供动力。最早的军用飞机使用的也是内燃机，有了飞机就可以从空中向敌方投掷爆炸物。战争一结束，汽车与飞机制造商迅速转向民用市场，制造出大量个人用车或飞机，乘坐汽车和飞机的人也很快多了起来。因此说，全球贸易被油轮、集装箱船和大型飞机彻底改变了。

信息是人类世技术的核心。一旦各国政府大规模投资教育与科研，一旦公司企业大力投资研发并积极传播新产品、新服务，信息技术就被彻底改造了。为破译敌方密码，战时各国政府均大力资助信息与计算的数学研究。这一研究与 20 世纪 40 年代末问世的晶体管技术相结合，为 20 世纪后半叶的科学、商业、政府、金融和日常生活的计算机化奠定了基础。同样是在“二战”中成型的火箭技术最终把人类送入了太空。战时还有多国政府曾发起大规模的核武器研发项目。美国政府的“曼哈顿计划”（Manhattan Project）研制出了最早的原子弹，包括 1945 年投向广岛和长崎的两颗。这种武器利用的是铀核分解时释放的能量。

不久以后，苏联靠参与“曼哈顿计划”的间谍泄露信息的帮助也很快开发出自己的原子弹。此后仅10年内，美国和苏联又分别制造出氢弹，释放出质子聚变时产生的超大能量，要知道，质子聚变是驱动所有恒星的动力。世界上第一枚氢弹是1952年试验成功的。

这一波创新的大部分灵感来自现代科学提升了集体知识环境并从而造就的诸多突破。阿尔伯特·爱因斯坦（Albert Einstein）在20世纪的头20年发现了相对论。相对论改进了牛顿对宇宙的理解，证明物质和能量会扭曲时空，而这种扭曲正是重力的真实根源。爱因斯坦还证明，物质可以转化成能量，这一洞见为核武器与核能的利用提供了科学基础。同一时期发展起来的量子物理学更揭示了原子核内部充满概率事件的离奇世界。假如缺少这一洞见，那么核武器、晶体管、全球定位系统和现代计算机就不可能出现。20世纪20年代，埃德温·哈勃等天文学家发现了宇宙始于大爆炸的最初证据。在生物学领域，达尔文的自然选择理论与孟德尔的遗传学说及费希尔（R. A. Fisher）改进了的统计学方法相结合，共同为现代遗传学奠定了基础。

诸如此类的新见解、新技术在人类史的大加速期极大地推动了创新和经济增长。生产力水平提高了，人类的人口增长遂呈现出比以往任何时候都要快的速度。1800年，地球上共有9亿人，而到了1900年，这一数字已增至15亿。1950年，那时我还是个孩子，地球上已有25亿人，虽然“二战”中人员伤亡惨重。在我有生之年，人类数量又增加了50亿。这样巨大的数字真的会让人感觉大脑麻木，所以值得我们花时间去领悟这究竟意味着什么。自1800年以来的200年里，人类的数量增加了60亿以上。要知道，每增加一个人，就必须有额外的能力去喂养，让其有条件穿衣、居住、就业，而且大多数人还必须接受教育。可想而知，在短短200年内要生产足够的资源来养活额外的60亿人对人类而言是个极大的挑战。

令人惊讶的是，借助现代技术、现代化石燃料和现代管理技术，人类迄今已成功应对了上述挑战。农业、制造业和运输业的生产率均大幅提高。虽然食物及其他生活必需品并不总是提供给那些最需要的人，但生产出足够的食物来养活 70 多亿人还是完全能够做到的。这里最关键的问题是能够生产出足够的人工肥料和农药，使用有化石燃料驱动的农业机械，建设成千上万座有利灌溉的水坝，以及开发出新的转基因作物。现代农业技术已开发出不少新耕地，使耕地面积从 1860 年的 5 亿公顷增加到 1960 年的近 20 亿公顷。[3] 装备有强大的柴油发动机、声呐探测设备和巨型渔网的渔船能够捕捞到捕鱼区附近的大部分生物。1950—2000 年，人类捕捞鱼类的总量从 1 900 万吨增加到 9 400 万吨，尽管过度捕捞意味着许多渔场现已面临崩溃的风险。

改进了的信息技术使得积累、存储、追踪和利用海量信息变得更加容易，而海量信息正是驱动创新、保持极其复杂的现代社会运行必不可少的要素之一。借助现代通信技术与交通运输技术，人类第一次创建了全球一体、互联互通且能随时管理和追踪通过电子存储的海量新信息的知识网络，从而在极大程度上改造了集体知识。智慧圈，即人类心智连缀在一起构成的智慧网络（sphere of mind），业已成为驱动生物圈变化的主导力量。廉价但功能强大的联网计算机使数十亿人能够接触到大量信息，甚至超过他们在前现代世界所有图书馆所能找到的信息。在计算机上，这一技术与现代统计分析的复杂数学技术完全可以实现完美结合，由此，政府、银行、公司和个人就可以追踪巨大的资源流动。与此同时，无论一个人身处世界的任何地方，都可以通过电报、电话和互联网实现即时通信。如果说彼此间的信息分享造就了人类的强大，那么联网计算机可谓把这种力量增强了无数倍。只不过有得必有失：正如文字的普及使人的记忆力下降一样，计算机与计算器的普及也导致了人类的计算能力出现下降。

截至2000年，化石燃料革命已在世界大部分地区得到普及，包括许多古老文明的核心区域。19世纪后半叶的那种国与国之间财富、实力相差悬殊的局面出现扭转，差距也开始缩小。欧洲列强由于在世界大战中遭到削弱，所以虽不情愿却不得不放弃自己的殖民地，因此，传统亚洲的核心区域、地中海东部地区、北非及美洲诸国在技术、财富和实力方面都有提升。

然而在所有这些变革的背后，却依然是来自化石燃料的廉价能源。煤炭产量在世界各地都出现大幅提升，石油和天然气的产量同时也在增加。人类在阿拉伯半岛、伊朗和苏联，甚至在众多大陆架上，也开发出了数不清的新油田。仅在中东，石油产量就从1948年的280亿桶增长到1972年的3 670亿桶，前后不过25年。天然气在大加速期也形成了自己的产业。人类消费能量的总量在19世纪翻了一番，而到了20世纪竟一下上升了10倍。人类的能源消费比起人类人口总量的增长要快得多。

改造世界：来自管理与社会的力量

人类世时代的新能流与新技术同样彻底改造了社会与政府的性质。全人类曾一度都生活在觅食群落之中，那时的政府其实不过家庭，处理的只是家庭内部关系。农耕社会方式出现以后，越来越多的人生活在规模不大的村落之中，几乎所有的人都从事农耕。在农耕社会，政府最主要的职责是从农民那里征调能量和资源。时至今日，人类中的大多数早已不再靠采集或农耕获取食物及其他生活必需品；相反，他们都靠挣工薪过活，就如同古苏美尔的制陶工一样，每个人都做着不同的专业工作。这一转变从根本上改变了政府的性质，因为现在的政府不得不卷入所有公民的日常生活之中。究其原因，根本还在于工薪雇员与农民不同，离开了政府，工薪雇员就活不下去。从事农耕的村落完全可以游离于农业文明的边界之外而怡然自得，但工薪雇员却高度依赖有政府才能正常运作的法律、市场、雇主、商场及货币。从事专业工作的工薪雇员，就如同有机体里面的神经细胞一样，根本无法独立成活。正因如此，一个充斥着工薪雇员的世界要比农民世界整合密实得多。现代政府要规范市场与货币，要保护提供就业的各行各业，创设大规模的教育体系以帮助大多数人习得文化，建设基础设施以供物品和人员适时流动，等等。要做到这一点，政府就必然吸纳大量人口加入政府并从事管理工作。

19 世纪，伴随工业化的起步，越来越多的农民成为工薪雇员，政府亦开始在越来越多的人流中调配资源，所以传统政府明显向现代型政府转变。大革命时期的法国，内部既经革命的改造，外部又遭欧洲多数国家的攻击，所以率先从全部人口中招募士兵，以实现向现代国家转向。美国的政府也是在战争时期塑造成型的，因为当时不得不动员大量人口。因为战争之故，政府需要详细备案公民人数与公民的健康状况、教育程度、技能水平、财富多寡以及效忠取向。传统政府大致可以忽视几乎所有这些问题。革命时期的法国和美国政府开始通过民主化和民族主义动员国民效忠政府，民主化有助于把更多的人口置于政府的管辖之下，而民族主义迎合了人们对国家命运共同体的渴望。通过选举，政府让越来越多的国民（按照有钱人、其他男人及女人的顺序）在政府中扮演某种角色。通过学校教育和迅猛发展的新闻媒体，政府试图触及国民的内心世界并激发新式的忠诚。民族主义试图把有着不同传统、宗教信仰甚至讲着不同语言的国民团结起来，因而有着强大的感召力。民族主义本质上是在调动传统的血亲本能，所以试图在千百万公民的内心中间建构一种庞大的、想象中的家庭感，既是家庭，儿女就须为之效忠、服务，在极端的战争危机中，甚至应为之献出自己的生命。

20 世纪前期的全面战争把政府变成了经济管理机构，因为政府要动员现代工业经济体系中所有的人员和资源。如今，我们可以大致廓清这一时段政府不断提升的经济管理角色。19 世纪末期，法国政府支出占 GDP（国内生产总值）的 15% 左右，虽然这里的数字只是法国国内生产总值的一个粗略估算。在当时，这可是不小的一个数字。同时期英国政府和美国政府的支出占 GDP 的比例不到 10%。20 世纪初的战争迫使政府加大了对经济管理积极干预的力度，到 20 世纪中叶，各国政府的经济管理角色普遍提升。至 21 世纪初，经合组织（OECD，成立于 1960 年）各成员国政府操控或管理的国家支出平均达到 GDP 的 45%，大多数较富裕国家的比率在 30%~55% 之间。[4] 有些政府，比如由共产党领导的苏联与中国，曾试图对整个国民经济实施事无巨细的全面管理。现代政府的强制力范围也远非传统政府可比，前者掌控的军队和警察都装备有现代武器。如此规模的强制力是古印度治术手册《政事论》的作者根本无法想象到的。相比现代政府的规模、管制范围、实力及掌控资源的额度，农业时代哪怕最强大的政府也不过是前者九牛之一毛。

在当今日益相互关联的世界，政治治理还呈现出更多的全球性质。20 世纪后半叶，已有许多政治架构（political structures）问世，它们均试图在全球范围内管理、建议、政治运作，虽然这种政治架构还称不上是政府，其中包括联合国（UN）、国际货币基金组织（IMF）及多家大公司和非政府组织（NGO），如红十字会，其活动范围遍及许多国家。这类机构实乃新式全球治理的萌芽，代表全球治理已经达到一个新水平，而这在几个世纪前还根本令人无法想象。

崭新的生活与存在方式

伴随科技与政治的转变，人类的生活方式，即人具体的生活经验，也同样发生了根本性的变化。

现代人类的生活方式肯定会让我们的祖先感到迷惑不解并充满恐惧。先前农户的全部生活都是围绕下述活动展开的：耕种、播种、收割、饲养牲畜、挤奶、砍柴、采集蘑菇或草药、生养孩子、烹饪食物、编织衣物等等，而且前后持续数千年，对大多数人而言都是这样。而今，大多数种田人都成了农场主或工薪雇员。他们工作的场所是规模巨大的工业化农场，且专门生产少数几种农作物，其中有些还是经过基因改造的。他们种田要使用大量化肥、杀虫剂，收割靠的是耗能巨大的收割机，运输则有拖拉机和卡车。现代农场主种庄稼不是为了吃，而是为了卖。他们还经营企业，从银行贷款，从大公司购买种子、肥料和拖拉机。

大多数人早已不再生活在村落，而是搬到城里居住。他们远离乡间的田野、溪流和树林，生活环境几乎全部是人类活动塑造的。由于工作种类、技能要求和专业知识的愈发不同，所以人们会花费更多的时间从事学习。信息——包括专业知识——才真正有用，而不再是农民具备的一般技能。现代农业及现代医药卫生事业的进步使得越来越多的人享有较高的营养和健康水平，这在一个世纪前还非常罕见。现代麻醉技术早已结束了大多数传统医疗干预时令人难以忍受的痛苦。（再不像过去那样，截肢或拔牙时只让患者喝上一口酒就算止疼了。）不过也许最令人惊叹的是，仅一个世纪的时间，上述变化已使人类的预期寿命提高了两倍多。

尽管20世纪发生了多场战争，但总体而言，人与人之间的关系在大多数情况下却变得不再充满暴力。这种改变的背后有其自身的逻辑：强制作为控制人类行为的手段在最近一两个世纪已变得不再有效（你上一次看到公开鞭笞是什么时候？），慢慢取而代之的是经济的奖惩（你可能最近要求加薪了吧！）。今天，大多数人会理所当然地认为奴隶制和家庭暴力是不对的，但重要的是我们须记得：甚至到了18世纪，奴隶贸易在世界大部分地区却仍然相当受人尊敬；人因小错便遭酷刑甚至被处死实乃司空见惯，当时很多人会把这当成一种公共娱乐；殴打或体罚学生曾被视为维持家庭及学校秩序的正常且完全可接受的方式。如今，个体间发生暴力冲突虽然也很常见，但相对于当今世界的总人口，这类事件发生的概率要比过去少得多，并且不再被认为是控制行为的可接受的方式。

在农民的世界里，大多数人居住在离谋生地点较近的地方，生活常有青黄不接的时候；对大多数人来说，富裕仅意味着有一个稳定的家、没有外债、收入足以缴税并养家糊口。当今的消费主义世界与此完全不同：受当今经济体系的驱动，尤其是在世界较富裕的地区，人们会生产出大量的物质财富，以至要维系这一经济体系就必须有全球日益增长的中产阶级实施大规模的、持续不断的消费。而今，我们大多数人习以为常的进步观念本身其实也是新的，因为在人类史的大部时期，人们总觉得，除非发生灾难，子女大致能像父母那样生活就已经很好了。

人们对家庭和子女的态度发生了深刻变化。出于最近几个世纪营养及健康保健出现较大改善，因此有更多的子女能够活到成年。然而传统农民的态度却依然是尽可能多生孩子。正是这种态度，再加上粮食增产、高生育率、死亡率下降，推动了近几个世纪人口异常迅速的增长。但随着更多家庭迁入城镇，教育及抚养子女变得更加昂贵，再加上越来越多的孩子活到成年，传统的态度最终开始改变。城市家庭生育的孩子越来越少，生育率也因此开始下降。先是死亡率下降，而后又出现生育率下降，人口统计学家将这一现象称为人口转变（demographic transition），即低生育率与低死亡率并行的新人口格局。20 世纪人口增长率开始放缓的原因正在于此，先是在较富裕的国家，然后是全世界。与此同时，人们的性别角色也发生了根本变化。妇女已不必像过去那样牺牲整个成年期去生育或抚养子女，这一转变模糊了男女角色之间的传统划分，使妇女有机会扮演其在农业时代大多被排除在外的角色。

对于今天活着的人来说，现代生活方式的这些方面是颇为熟悉的，但人们却很难理解目前业已消失的农民世界。不过更难理解的，是现代社会复杂性的惊人增长，我们生活中的每个细节都与数以百万计的其他人形成的网络密不可分，这一网络为我们提供食物和就业、医疗保健、教育、电力、汽车燃料、身上穿的衣服等等。这种相互连接的每一个链条都关乎成千上万甚至数以百万计的他人，网络的复杂程度可想而知。在机场候机的闲暇时刻，我总喜欢计算：究竟要多少人共同参与才能建造并维护一架空客 A380 飞机呢？比如只是从悉尼飞到伦敦这一航线？这种联系一旦被削弱，我们生活的世界就会以惊人的速度崩溃，这种现象在世界上有些业已崩溃的国家结构中已成为显而易见的事实。《政事论》一书的作者考底利耶可能会说这些地方的人们在“大鱼吃小鱼的池塘法则”中求生。

改造生物圈

化石燃料革命与人类史的大加速不只改造了人类社会，还同时改造了整个生物圈。人类的活动改变了生物在世界各地的分布与数量以及大洋与大气中的化学构成，重置了自然的景观与江河的布局，打破了生物圈内部古老的氮、碳、氧和磷的化学循环。

研究人员花了很长时间才认识到，对维持生物圈的稳定而言，当今人类活动的影响堪比主要生物地球化学过程（biogeochemical processes）。我们人类并未真正理解自身究竟在做些什么，只是一味地在戏弄生物圈恒温器（biospheric thermostats），虽然这种恒温器在过去40亿年间一直维持着地表温度，使其处于适合人居的范围。

碳是生命化学的核心组成部分，碳在大气、海洋和地壳中的分布决定了地表的温度，在整个地球的演化史上都是这样。如今，我们大力开掘化石燃料中的能量，实际上等于把大量的二氧化碳抽回到大气中。但直到20世纪50年代，科学家们才开始严肃认真地思考这一做法对碳循环可能造成的影响。1958年，查尔斯·基林（Charles Keeling）在夏威夷开始测量大气中的二氧化碳水平。几年以后，基林发现大气中的二氧化碳水平正在迅速上升。在化石燃料革命开始前，人类排放的二氧化碳根本不足以影响大气中的二氧化碳水平；可如今，人类活动每年向大气中排放的二氧化碳已大约为一万兆吨（megatons），如果从工业革命肇始计，人类向大气中排放的二氧化碳总量已达40万兆吨。[5] 科学家们想尽办法对过去数十万年间大气中的二氧化碳水平进行了历时性研究，由此，上述转变所造成的影响便一目了然。科学家们采用的方法之一是研究含微小气泡的冰芯（ice cores），这些气泡是历史上逐年捕获的，所以足以显示地质时间尺度上大气构成的变化。这项研究显示：从工业革命开始至今的两个世纪，大气中的二氧化碳浓度上升的幅度之大，实为过去 100 万年之所未见，达到史无前例的最高水平。

基林发现的变化真实可靠，同时震撼人心：大气中的二氧化碳浓度正在改变碳循环！二氧化碳浓度的上升就意味着气候变暖，而气候变暖则会导致更强烈的飓风、暴雨、气流变化及海平面上升，海平面上升又会造成低洼地带的城市被淹没。而且这种效应还会持续数代，因为二氧化碳一旦被排放至大气中，就会经久不散。加之，二氧化碳并非人类活动造成大气中含量增加的唯一温室气体。事实上，在过去的两个世纪里，甲烷水平上升得更快，这主要是由于人们在容易淹没的田地里大面积种植水稻以及家畜数量的大幅增加。甲烷是一种更强大的温室气体，尽管它分解得要快一些。

20 世纪末期，气候科学家借助计算机已为上述变化可能对大气造成的影响建造了日益精准的复杂模型。由这些模型可知，在未来几十年内，伴随温室气体排放造成气候变暖，融化的冰川和冰盖将会提升海平面并淹没多座沿海城市，不断增加的热能和蒸发将指向一个更加不稳定、不可预测和极端的天气模式，使农业生产变得更加困难。用不了几十年的时间，全球气候会变得与全新世相对稳定的模式迥然不同。用一位美国气候学家的话说："气候是一头愤怒的野兽，而我们正用棍子挑逗它。"[6]

氮和碳一样对生命至关重要。1890 年，人类活动对氮循环的影响还微不足道。当时，人类每年从大气中提取大约 15 兆吨氮，主要是通过农耕作业，而野生植物提取大约 100 兆吨氮，几乎是人类的 7 倍。而在 100 年后，人类与植物交换了角色。到 1990 年，人类的耕地面积出现猛增，人类通过农耕作业和化肥生产从大气中提取的氮已升至 118 兆吨，相比之下，野生植物只提取大约 89 兆吨。

人类活动对其他大型哺乳动物的影响也是深远的。1900 年，野生陆地哺乳动物大致相当于 10 兆吨的碳生物量（carbon biomass），人类约为 13 兆吨，而人蓄养的家畜——如牛、马、绵羊和山羊——则达到惊人的 35 兆吨。但到了 21 世纪，上述比率发生了重大变化。2000 年，野生陆地哺乳动物的碳生物总量已下降至约 5 兆吨，人类的碳生物量迅速增至 55 兆吨（我们已了解到人类人口的大幅增长，所以对此并不感到奇怪），而家畜的碳生物量更猛增至令人惊骇的 129 兆吨。这一指标充分表明，人类的活动在不断加大，因此夺取了生物圈内越来越多的资源，并从而挤压了其他大型动物的生存空间。

这一结论具有普遍意义。大多数对人类没有直接价值的动植物数量都在锐减，其锐减的速度之快，使我们俨然正在目睹——正如有些学者所推测的那样——另一场业已肇端的物种大灭绝。而且这场物种大灭绝的速度要比过去几百万年快上几百倍，且已接近 6 500 万年前上一次大规模物种灭绝的速度。我们人类甚至把最亲近的亲戚都驱赶至灭绝的边缘，其中包括类人猿尼安德特人，此外还有黑猩猩、大猩猩和猩猩，所有这些物种都在野外濒临灭绝。

化石燃料革命还加剧了人类在其他许多领域的影响。采矿、道路建设和城市普及动用的土壤甚至比自然侵蚀和冰川移动还要多。柴油泵从地下蓄水层（aquifers）中抽取淡水的速度也比自然水流补充的速度快 10 倍。我们还生产出大量矿物质、岩石及此前从未有过的物质形式，包括塑料（由石油制成，目前，废塑料在城市的垃圾场简直堆积如山，而且在大洋中也几乎随处可见）、纯铝、不锈钢和大量混凝土等；混凝土是一种人造岩石，而制造混凝土是碳排放的主要渠道。新物质的扩散规模之大，实为 24 亿年前富氧大气出现以来整个地球所仅见。[7]

但在人类所有的变革中，最可怕却莫过于不断升级的武器生产能力。就在几个世纪以前，人间最致命的武器还只是长矛或抛石机（rock-throwing catapults）。从中世纪晚期始，发端于中国的火药革命使人类使用上了火枪、步枪、大炮和手榴弹。而第二次世界大战则催生了众多新式武器，这些武器能够在短短几小时内使整个生物圈退化，堪比小行星撞击地球所造成的恐龙彻底灭绝。

衡量人类世的变化

新的信息流和能流已将人类、动物和植物，以及地球、海洋和大气中的化学物质编织成一个单一的主要服务于人类自身利益的体系。维持这一体系的是来自化石燃料的巨大能流。我们可利用附录中的统计数字大致估量一下此类能流在人类世的影响。

首先，这里最显眼的是最近几个世纪巨大变化的规模。在过去的 200 年里，人类的总人口（B 栏）从 9 亿上升到 60 亿以上，相当于 1 000 年内增加 260 亿人，这一增长速率比农业时代快 1 000 倍，因为农业时代平均每千年增加 2 500 万人。这样的增长率根本不可持续；事实上，近几十年来，人口增长速度一直在放缓。但尽管如此，这些数字还是能够说明化石燃料革命对人口增长的惊人影响。

快速的人口增长有赖于我们这一物种能够获取更多的能量（C 栏）。从上一季冰期末至 2 000 年前的 8 000 年间，人类能源消耗增长了约 70 倍，而在过去短短的 200 年间——1800—2000 年——人类消耗能量的总量就增加了约 22 倍，从 2 000 万千兆焦耳（20 艾焦耳）增加到 5 200 万千兆焦耳（520 艾焦耳）。这一增长速度相当于每千年增长 2 500 艾焦耳，是农业时代增长速度的 20 000 倍。

化石燃料的能源富矿，如同此前农业时代来自农耕的能源富矿一样，为人口增长缴纳了熵索要的复杂税，但前者为提高人们生活水准缴纳复杂税的数额要比农业时代多得多。这是因为，在化石燃料时代，生活水准提高的远不止人口的10%，还包括比这庞大得多的中产阶级。

来自化石燃料的大部分能源被用来养活日益增长的人类人口。在过去的两个世纪里，化石燃料支撑了新增的五六十亿人的衣食住行。但化石燃料富矿蕴含能源的总量比农耕富矿大得多，所以除了养活更多的人口之外还有剩余，还可支持其他用途。由附录中D栏可看出，在过去1 000年中，人均可用能源增长了近8倍，而在上一季冰期末至2 000年前的8 000年间，人均可用能源的增长还不到一倍。在过去的200年间，人类数量以闪电般的速度增长，但能流的增长更快。

其间，日益复杂的人类社会一定要缴纳大量的熵索要的复杂税，即大量额外的能流。这类能流基本都属于无用功，或称发散出的热能、废弃的污染物、垃圾、战争的破坏行为等。也就是说熵所做的就是降低复杂结构的复杂性。我们对熵索要复杂税的具体数额还缺少精确的统计，但这一数额肯定是不小的。除此之外，熵还会为当今全球社会的基础设施索要一定量的复杂税，包括能量和财富。在过去的200年里，最大城市的规模从大约100万人口（这一规模几乎2000年来也没有多大改变）增加到2 000多万（见F栏）。现代城市都必需大量的基础设施，包括电力、下水道系统、道路、公共交通等，而要保障2 000万人在狭小的城市地带安居乐业，还必需大量的警务和监管，这显然是个不小的挑战，而且充分说明了现代社会和技术复杂性发生了某种飞跃式的质变。熵索要的复杂税还包括众多设施的兴建与维护，比如建筑物、公共交通、火车和渡轮、下水道、道路等，此外还有垃圾回收、电网、法律法规、警务、监狱和法院，以及把世界各地的城市连成一个整体网络的轮船、飞机、火车和互联网等等。如果没有上述品类不一且均由巨大能流驱动的多个系统，现代城市的复杂结构很快就会崩溃。这些大城市还要依次通过复杂的公路、法律和电子通信等基础设施与数十万的小城镇、村庄和孤立的定居点相连。虽然我们还无力精确测量熵索要的复杂税究竟是多少，但可以肯定的是，这种复杂税占化石燃料能流的份额不会太少。

但化石燃料的能量非常之大，所以总还有剩余的能流去完成另一项任务，那就是提升整个人类的福祉。如同在农业时代，财富中总有相当大的一部分被用来奉养极少数精英，所以一如既往，我们在此也把相当比例的能源分配给精英消费。但是，鉴于当今能源和财富增长的幅度异常巨大，所以在人类史上第一次实现了全球中产阶级数十亿人口消费水平的同时上升，而且不断增长的中产阶级规模已远远超过了农业时代行将结束时的世界人口的总量。据托马斯·皮凯蒂估计，在现代欧洲国家，有 40% 的人口控制着相当比例的国民财富，其幅度在 45%~25% 之间不等。中产阶级的出现是人类史上的一个新现象。而且随着极端贫困人口的减少，还会有越来越多的人加入新的中产阶级行列。

不过，这里还存在一个悖论，那就是财富的增长也同时意味着不平等的加剧，虽然能够维持温饱的人数在不断增加，但生活在赤贫中的总人数却比人类史上任何时候都要多。托马斯·皮凯蒂估计，在大多数现代国家，最富有的 10% 的人口控制着国家财富的 25%~60%，而最底层的 50% 控制的财富却不超过总量的 15%~30%。相比“一战”前的水平，不平等现象有所减弱。但在 21 世纪初，不平等现象似乎再次上升，以当今在世的巨大人口总量并按绝对价值计算，目前处于极端贫困中的人数比历史上任何时候都要多。2005 年，全世界有超过 30 亿人（比 1900 年的世界总人口还要多）每天的生活费还不到 2.5 美元。这一群体中的大多数几乎没有从化石燃料革命中得到任何收益，他们还过着狄更斯与恩格斯曾生动描述的类似工业革命早期的那种生活：羸弱病态，生活环境肮脏龌龊，而且朝不保夕。

尽管如此，还是有越来越多的人受益于不断增长的能流和财富流，而且生活得颇为惬意。能流和财富流不但提高了数十亿人的消费水平，而且还改善了这些人的营养和健康状况。最能体现这一变化的莫过于人们的预期寿命（见E栏）。在人类史上的大多数时期，人们出生时的预期寿命还不到30岁。这倒不是因为人们不能活到六七十岁，而是因为许多孩子早早地就夭折了，还有许多成年人死于创伤和感染，而这在今天根本不足以致命。人类的预期寿命在过去的10万年间几乎没有任何改变。然而仅在过去的100年里，全世界人的预期寿命几乎翻了一番，因为人类获得了更多信息和更优质的资源，可以更好地照顾年轻人和老人，让更多人吃上饭，还能改善病人和伤者的治疗与护理。

来自化石燃料的能源富矿与来自农耕的能源富矿竟如此不同，这一点颇令人惊叹。来自化石燃料的能源富矿量特别大，所以除了可以支付人类自身繁衍、社会精英的财富需求、熵索要的垃圾税、复杂社会的基础设施之外，还有一部分可用来提高人的消费水平并改善日益增多的人口的生活水平。这是一种具有革命性的重大变革，而且主要是在刚刚过去的100年内——尤其是20世纪后半叶人类史的大加速期——发生的。

这是人类世时代善的一面（善是从人类的角度而言）。善的人类世（Good Anthropocene）是说它改善了数十亿普通人的生活，这在人类史上还是第一次。（如果你对改善还心存质疑，请试想一下没有现代麻醉技术做手术会是什么样子。）

但人类世时代还有恶的一面，亦可谓恶的人类世（Bad Anthropocene）。称其恶，是因为它威胁到善的人类世业已取得的诸多成果。首先，恶的人类世制造了巨大的贫富差异。虽然人类世创造了巨额财富，但仍有数以亿计的人生活在赤贫之中。现代世界虽然从名义上取缔了奴隶制，但全球奴隶指数（Global Slavery Index）2016 显示：目前全球仍有 4 500 万人过着奴隶一般的生活。恶的人类世不只道义上无法让人接受，而且非常危险，因为它注定在人类的核武世界制造冲突，而任何大的冲突都可能为整个人类带来不堪设想的灾难。

恶的人类世还威胁到生物多样性，甚至破坏从一万年前持续至今的稳定气候。支撑人类消费的能流及资源流异常巨大，所以致使其他物种出现贫困化，而且危及现代社会赖以为生的生态根基。从前，煤矿工人曾把金丝雀带到矿井中探测一氧化碳（carbon monoxide）；可如今，二氧化碳水平不断上升、生物多样性不断下降、冰川正在融化，所有这些都提示我们：危险正在逼近，人类亟须警惕。

我们人类作为一个物种正面临巨大挑战，这一点非常清楚。我们是否有能力光大善的人类世而同时避免恶的人类世所带来的种种危机呢？我们能否实现更公平合理地分配能量和资源，以避免灾难性的冲突呢？我们能否像最早问世的生物体一样，学会使用更温和、更细微的资源流实现上述目标呢？我们在处理全球事务时，能否找到类似精密质子泵一般的机制来驱动全身的活细胞呢？还是继续仰赖既有的巨大能流和资源流，以至最终让我们在过去 200 年中成功建立的极其复杂的人类社会轰然解体？

第四篇

未　来

第 12 章

万物的归宿？

说到预测，那简直太困难了，尤其是谈到未来。

——（据说是）约吉·贝拉（Yogi Berra）所言

很久以来，人类已经忘记了：地球交给人类的只有使用权，而不是消费的权利，更不是恣意浪费的权利。

——乔治·珀金斯·马什（Charles Perkins Marsh）：《人与自然》

未来的遐想

在本书的“绪论”中，我们见证了万物奇妙斑驳的行进队伍，其中有星星和蛇，有夸克和手机，大家都在朝遥远的超新星轰鸣处勉力前行，此外还有熵目不转睛地盯着我们，虽然眼神中略显倦怠。但我们这一行进队伍究竟要去何方呢？

可令人不解的是，现代教育体系中很少有哪一门课程会系统地给我们讲述有关未来的事情。这种忽视颇令人惊奇，因为所有有脑子的生物都会思考未来，而且人类在这一方面还优于其他物种。且不管究竟是人还是黑猩猩更善于用脑思考，但大脑对世界的认知原理都是一样的，那就是化繁为简。大脑中还会建造世界变化的模型。大脑就像股票经纪人或气候学家一样，时刻都在为未来建模。这样的话，大脑就可以提示主人未来有哪些可能的发展方向和危险。

今天，我们人类已具备神奇的技能对超大规模的未来展开遐想。我们的模型既丰富多彩又强大有说服力，因为人类有语言且已实现信息共享，这样就可以把数十亿个单独的模型合并到一起。而且我们可以根据来自数十人、数代人的反馈及新信息对模型进行补充、调整和改进。当今的世界模型涵括来自地球每一个角落的信息。我们构建模型时采用的是最精华的现代科学并在计算机网络上运行，而计算机网络可以向我们呈现数百万种可能的不同场景。“如果格陵兰岛所有的冰川都融化了，那么海平面上升是否会淹没迈阿密和达卡吗？”若在100年前，这种严肃的问题我们连问都不敢问。而在今天，计算机模型会对这类问题给出丰富而审慎的答案，答案又可以进一步指导关乎数十亿人未来的政策决策，其中许多人今天还很年轻，或者还没有出生。（是的，迈阿密和达卡会被淹没。）

或者我们还可以针对遥远的未来提出更大的问题，比如“熵会赢吗？它最终会破坏所有的结构和形式吗？”碰巧了，对于这样的问题，我们恰好有相当可靠的答案，因为在宇宙学尺度上，我们的提问只涉及相对简单的变化类型。我们又回到早期宇宙的复杂物理系统。有关宇宙未来问题的答案对我们今天的生活没有多少实际的指导意义，因为毕竟所有这一切都非常遥远。但这类问题的答案却可以为我们的现代起源故事赋型，因为它们会暗示我们万物行进的历程。这种答案蕴含着深刻的理解，甚至还有一种故事的完结感（sense of closure），虽然并不包含行动指南。

在人类生活与宇宙尺度之间，还有另一个数千年的尺度。比如问，2 000 年以后的地球会是什么样？人类又会怎么样？那时还会有玉米穗和城市吗？人类是否已到火星开辟殖民地？[1] 颇为奇妙的是，这种中间尺度的问题最难模拟。这一尺度的问题虽然有趣，但都涉及异常复杂的多个系统，比如生物圈，而且 2 000 年后，各式各样的多种可能性会变得层出不穷，以至于最强大的计算机模型都无法从中挑选出最可能发生的情形。而且困扰我们的还不只是层出不穷的可能性，因为到了最小的量子层面，宇宙本身就不再有确定性，至少量子力学是这样说的。有很多事情我们根本预想不到，恰如蝴蝶扇动翅膀就可能产生一系列连锁反应一样，预想不到的事件也足以把未来引导至多种可能的方向。所以说，虽是俗套，但偶然性确实大量存在，故此人脑和最强大的计算机模型均无力依据一些偶然细碎的事件对未来做出判断，更何况这类偶然事件层出不穷，比如某个病毒中出现微小的基因突变或附近发生了超新星爆发等；当然，我们现在已接近能够预测可能的小行星撞击地球事件（若有可能，当初的恐龙会不顾一切地要得到这种能力）。因此，在这一中观尺度，我们就步入了科幻的领地。有关未来数千年前景的科幻故事往往引人入胜、令人难忘，而且触及的问题非常重要，只是我们不能确定该认真对待哪一种未来前景。

人类对未来的求索

对我们人类来说，未来 100 年真的非常重要。如今，万事万物都好像加快了节奏，以至我们会不时感觉正在慢慢逼近某种即将发生的大变故，所以说我们在未来几十年具体做些什么在数千年的尺度上将产生重大影响，对人类自身以及整个生物圈都是如此。不管怎么说，我们现在正操控着整个生物圈的命运，可能做得很好，也可能做得很糟。

人类所有的神话故事实际上都在告诫世人如何去面对不可预测的未来，因为神话故事有的讲述侥幸脱险，有的叙说灾难性的失败，还有的赞美成功的求索。我们如今面对的是拥有数十亿人的人类社会有可能发生崩溃的风险，此外还有数以百万计的其他生物，后者要么成为旁观者，要么成为受害者。所以说，现代人类如同既往神话中男男女女的英雄一样，正承担着一个巨大任务。简而言之，我们的任务就是避免发生崩溃，并为人类自身及生物圈找寻一个适于生存的生态位，因为我们非常清楚：毁掉了生物圈，我们人类也活不成。

只不过，最美妙的神话故事从不打保票。崩溃真的随时有可能发生，而我们人类也有可能在这一精密的全球机器上出现误操作，我们曾见证善的人类世带来巨大福祉，但也可能随时失去它。尤其是现在，如果操纵同一列动车的不同司机都试图往不同的方向开，抑或司机们都忘了关注键盘上已经闪亮的红灯，那么崩溃就非常有可能发生。如果动车本身不给力或生产力水平出现大幅下跌，那我们不可能再有能力养活现有的 70 亿人。到那时，就会出现社会动乱、战争、饥荒，还会伴随着疾病肆意蔓延，就会陷入《政事论》中所谓的“大鱼吃小鱼的池塘法则”。假如经历了这样一个时段而人类社会最终又平静下来，那么少数幸存者会重新回到农业时代的能源物质匮乏之中，或许其中有极少数还能吃饱肚子。但假如我们严重损毁了整个地球的气候系统，那么连农业在世界大部分地区也可能变得不再可能，因为农耕取决于全新世带来的稳定气候。

但又有谁知道呢？也许正如某些科幻作品所描述的那样，有些劫后余生的人还会重建一个类似我们这样的世界，他们还可能参考一下惨痛的记忆、业已烧焦的书稿，以及城市、工厂、机械和微型芯片残留下的些许残片。或问，诚如有些人所说，我们人类可能企及的复杂度是否原本就有一个极限呢？我们目前是否已经到了自己无法操控的复杂水平呢？是否所有具备集体知识能力的物种最终都会撞到复杂性极限的屋顶呢？至此，该物种建立起的社会也就崩溃了。是否正是这个原因，我们才未能找到任何具备集体知识能力的其他物种呢？在希腊神话中，神惩罚了科林斯国王西西弗斯，因为他太过狡黠、野心过大。也许是受到熵的启示，神让西西弗斯滚石上山，又无可奈何眼见石头滚下山去，如此往复不停。

这诚然是一幅惨淡的前景，但我们却不能因此而不加理会。宇宙真的对我们人类的命运漠不关心，因为宇宙只是一个巨大的能量海洋，类似人类的一波海浪不过转瞬即逝、微不足道的现象而已。约瑟夫·坎贝尔曾有这样的感悟，“（所有最美妙的神话故事）都有残酷的一面，但同时又会安慰我们说：我们肉眼所见其实都不过某种永恒力量的反射而已，这种永恒的存在根本不会感到任何痛苦。因此，这种神话故事虽残酷无情，却又并不令人感到恐惧——充满了一种不为人所知的超然的喜悦，只有那些自以为是的小人物在时间的涌流中挣扎生灭。”[2] 现代科学也捕捉到了宇宙那可怕的冷漠，具体表现为热力学第一和第二定律。

但我们人类，像所有生物一样，都有自身设定的目标；所以宇宙虽冷漠，我们还是会踏上实现目标的漫长旅程。所有人类文化的故事讲述的都是这类充满危险的旅程，旅程自然并不总是成功，但有时竟成功了。旅途中，历险者有时会陷入迷茫，有时会饱经磨难，有时被意想不到的突发事件打断，有时奇迹般地来了帮手——神明或朋友什么的，而且常有幸运的突破，但最终，所有神话故事中的惊险旅程都可能成功或的的确确地获得了成功。警觉性、决心和希望——这些是历险者必备的最重要的美德，因为错过机会或过早放弃或悲观失望必定失败。传统神话故事都告诫我们，这些正是人类所必需的品格，尤其当我们面对不可预知的未来的时候，前路危险重重，但也机遇多多。

由上述我们对善的人类世与恶的人类世的讨论，我们不难得知当今人类该努力实现的目标究竟是什么。首先，我们要全力避免人类社会发生崩溃。如果我们能成功做到这一点，那接下来还有两个目标：确保善的人类世的成果为全人类所共享，并确保生物圈继续繁荣，因为如果生物圈发生崩溃，任何探索都不可能成功。我们所面对的挑战是如何实现上述目标，虽然应对这一挑战常被解读为不同的发展方向，有时指向放纵，有时指向克制。

上述讨论其实并非只是豪言壮语。联合国2015年发布的《变革我们的世界：2030年可持续发展议程》（后文简称《议程》）的“序言”是这样说的：

> 所有国家和所有利益攸关方将携手合作，共同执行这一计划。我们决心让人类摆脱贫困和匮乏，让地球治愈创伤并得到保护。我们决心大胆采取迫切需要的变革步骤，让世界走上可持续且具有恢复力的道路。在踏上这一共同征途时，我们保证，绝不让任何一个人掉队。

“序言”接着又指出：

> 人类
>
> 我们决心消除一切形式和表现的贫困与饥饿，让所有人平等和有尊严地在一个健康的环境中充分发挥自己的潜能。

地球

我们决心遏止地球的退化，包括以可持续的方式进行消费和生产，管理地球的自然资源，在气候变化问题上立即采取行动，使地球能够满足今后世代的需求。

繁荣

我们决心让所有的人都过上繁荣和充实的生活，在与自然和谐相处的同时实现经济、社会和技术进步。

《议程》接着列举了今后 15 年实现可持续发展的 17 个目标和 169 个具体目标，前提是一切要向善的方向发展。

对此，人们很容易抱怀疑态度，甚至有人对此冷嘲热讽，其实所有这些都无可厚非。但就我个人而言——我是 20 世纪中叶出生的，那时人们对上述恶的人类世几乎一无所知，联合国——这一代表地球上大多数国家的组织——能以宣言的形式发布上述《议程》，真的是很了不起的。

上述可持续发展目标发布后不久，另一份具有里程碑意义的文件又发布了，即有关气候变化的《巴黎协定》。这份文件是 2015 年 12 月 12 日在一个由 195 个国家参加的联合国会议上通过的，并于 2016 年 11 月 4 日生效，因为当时已有足够多的成员国正式签署了这份协议。《巴黎协定》的目标是：

（1）把全球平均气温升幅控制在工业化前水平以上低于 2℃之内，并努力将气温升幅限制在工业化前水平以上 1.5℃之内，同时认识到这将大大减少气候变化的风险和影响；

（2）提高适应气候变化不利影响的能力并以不威胁粮食生产的

方式增强气候抗御力和温室气体低排放发展；

（3）使资金流动符合温室气体低排放和气候适应型发展的路径。

这两份文件之间的紧张关系恰恰凸显了寻求更美好世界的诸多困难，因为我们确实不很清楚：假如不能大幅削减化石燃料的使用，那么上述减排目标是否能够阻止二氧化碳的排放。减排与可持续增长能达成协调一致吗？也许吧，但条件是可再生能源的产量增长足够快。但假如相关各方对重新分配财富做出更大承诺并愿意接受较缓慢的经济增长率，那上述任务肯定会减轻。

我们的现代起源故事为此提供了一个颇有价值的类比，即化学活化能的类比。活化能的作用是初始启动重要的化学反应，而一旦启动，后续的化学反应实际只需要很少的能量。在此，也许我们可以把化石燃料当作启动当今世界所需的活化能。现在，既然这一光彩夺目的新世界已经启动，我们能否只用少许且越来越少的能流维持其运转呢？就像活性细胞中的酶那样，只用微小的能量，甚至以电子或质子的数量计，就能维持细胞的运转呢？我们能否模仿大型动物的呼吸系统，轻柔微弱，也不具破坏性，恰如人类社会之于火？

把化石燃料理解为人类社会的活化能对当今世界还有另一重启迪。最近几个世纪的波澜动荡可谓典型的创造性毁灭时期，就如同引力能最初塑造星系的狂飙激荡一样。可一旦创造过程的狂飙激荡趋于完结，我们便可期待一种新的更稳定的动态架构问世，如同一颗新星在宇宙中业已占据了一席之地。就像太阳成形之后，我们人类社会也许同样会进入一个动态的稳定期，因为我们又跨越了一个新的节点并创建了一个新的能够维系善的人类世的世界社会。也许无限增长的想法本身就是完全错误的，也许最近几个世纪极具破坏性的波澜动荡只是暂时现象，因为，毕竟所有人生活在稳定的社会文化框架内是人类史大部分时段及大多数人类社会的常态。正因如此，现代诸多原住民群落的文化中都还保留着这样的理解：这世界大且不变，活着的人只是古老大世界的暂时守护者，人可变，但世界不变，这样才有丰富多彩的人生。

有未来而不需持续增长，这样的观点虽然现在已不很时髦，却曾是有哲学头脑的经济学家们热衷讨论的话题。在 18 世纪，许多经济学家，包括亚当·斯密，都担心未来不会再有增长，认为此时进步就终止了。但约翰·斯图尔特·密尔（John Stuart Mill，又译穆勒）却主张这样的未来值得期待，并认为这样的未来与工业革命期间疯狂地向大自然索取财富形成鲜明对比。1848 年，密尔曾这样写道："我承认，我并不迷恋许多人的生活理想，即主张人生的常态就是不断挣扎以求向上，认为现行社会生活中人与人之间的彼此践踏、压榨、推挤和踩踏是人类社会最理想的生活状态，而非工业进步过程中一段最令人不堪的病态阶段。"[3]

相反，密尔主张："就人类的本性而言，最理想的状态是，没有一个穷人，也没有人想比别人更富有，因而谁都不必担心别人抢先而自己落在后面。"当然，在密尔看来，许多深陷贫困的国家还有增长经济的必要，但对较富裕的国家而言，最重要的是要实现更公平地分配财富。在人的生活必需品得到满足之后，剩下的唯一任务是如何活得更充实，而不是获取更多物质财富。

> 资本和人口处于静止状态并不是说人类进步也进入了静止状态，因为人类在心理文化及道德与社会进步方面还有很大余地，还有很多事可做；一旦人的心灵不再沉迷于抢先得利，就可以花大力气去改进生活的艺术，人类生活很可能就这样被改进了。

他警告说，对这样的一个静止状态，我们还需审慎抉择、友善探讨，而不是将其径直强加到不甚情愿的人类头上："我真诚希望，为子孙计，他们会满足于生活在这种静止状态，而不必等到将来大自然强迫整个人类接受这种状态。"

事实上，还有许多人已经认识到经济增长与美好生活不是一回事儿。1930年，英国经济学家约翰·梅纳德·凯恩斯（John Maynard Keynes）在一篇题为"我们孙辈的经济可能性"（*Economic Possibilities for Our Grandchildren*）的文章中指出，用不了一个世纪，人类的生产力将足以保证每个人都能得到生活必需品。到那时，他希望人们不再那么拼命地工作，而去更多地反思自我的生活方式。而在1968年3月，就在罗伯特·肯尼迪（Robert Kennedy）遭暗杀之前，这位已故政治家还曾谴责过仅以国民生产总值永无休止的增长为追求的经济体的种种局限：

> 有关国民生产总值的统计包括空气污染、香烟广告以及救护车到动辄死人的公路上救死扶伤。……还包括破坏红杉树以及在毫无秩序的扩张中损毁自然奇迹。……然而，国民生产总值的统计却不包括我们子女的健康、他们所接受教育的质量或他们在游戏中才能享受到的欢乐，还不包括我们的诗歌中是否有美……我们的公开辩论是否有智慧，以及我们的公职人员是否有诚信。……总之，它衡量一切，但除了那些对生命有价值的东西。

我们现在对生物圈有了更多更深入的理解，由此我们不难懂得为何要善待生物圈。生物圈究竟在何种程度上能够自我修复？对此，我们还不甚了解。生物圈本身可能也有临界点，超过了临界点，其损毁的速度会迅速加剧，并由此引发一系列危险的正反馈循环。比如，覆盖大部分格陵兰岛的冰川会反射阳光，可一旦冰川融化，那里的地面就会变暗并开始吸收而不是反射热能，这就增加了大气中保留的热量，造成冰川更大规模的融化，降低了地球的反射率又会进一步加剧气候变暖。这一机制警示我们：必须要努力搞懂生物圈的极限。

斯德哥尔摩应变中心（Stockholm Resilience Centre）多年来一直致力研究“行星边界”（planetary boundaries）问题，以确定哪些是人类绝不能跨越的界限，否则会严重危害我们共同的未来。[4] 该中心现已确认 9 个关键边界，而其中有 2 个更是至关重要，即气候变化与生物多样性下降，因为如若二者之一遭严重破坏，整个生物圈就会超出自我修复的极限。[5] 当然，监测全球范围内的变化并为之建模目前还只能是粗线条的，还不甚精确。所以哪怕我们跨越上述边界，也还没有人会拉响警报。但该中心的研究人员还是谨慎地得出结论，称我们肯定已经跨越了生物多样性的行星边界，而且正在接近气候变化的边界。此外，我们已然跨越影响磷和氮流动的关键边界，而且在土地使用——尤其是森林毁损——方面也接近了边界。所以说，我们人类亲手建造的全球动车的控制面板上多个警示红灯已然闪亮！

尽管有各种各样的挑战，但假如我们人类最终成功应对且已步入“成熟的人类世”（mature Anthropocene），那么这个“成熟的人类世”会是什么样子呢？[6] 当然，那时的世界也不可能完美。但重要的是，我们要学着一边建构一边想象这样一个世界。这世界有太多难以估量的事物，所以我们还不能给出类似建筑师的草图，但这一世界的主要特征还是可以描述的，既要做到弘扬善的人类世的福祉，又能规避恶的人类世的危险。

人口增长肯定会放缓，直到达至零增长，甚至开始下降。在全世界大部分地区，人口增长率已经呈下降趋势，而且在某些地区，绝对人口数量已然在减少。当然，要加速这一进程，还有许多步骤，包括提高贫困家庭的卫生保健，为贫困国家的妇女和女童改善教育。许多经济学家都曾警告，放缓人口增长会造成诸多危险，但从生物圈的视角视之，人口持续增长断然会造成发展的不可持续。在成熟的人类世，消除贫困主要靠改善社会福利体系并限制财富的过度集中。相对而言，极端贫困的问题在世界绝大部分地区已经渐趋式微。最终，经济增长也将不再是政府的主要发展目标，而更多的普通人亦将更看重生活和闲暇的质量而不是收入增长。有了政府的支持，越来越多的人将退出你死我活的疯狂竞争（rat race），而如何满足这些人的需求将拉动服务业而不是物质生产部门的经济增长。届时，知识将取代物质产品而成为财富与福利的源泉，所以教育和科学对未来的政府将变得更加重要。人们的观念也会发生改变，即关于好生活及政府目标的观念。

在21世纪晚些时候，世界经济将摆脱化石燃料。可再生能源（renewable energy）的产量已然出现快速增长的势头，所以绝非不切实际的目标，虽然要真正推进可再生能源还需各国政府更积极的干预。如此，再加上采取措施减少大气中二氧化碳的排放，这样改造过的全球能源体系就有可能把全球平均气温升幅控制在工业化前水平以上低于2℃之内。提高能源和材料的使用效率最终将减少能源消费的总量，而对现有材料的再循环利用亦将减少新矿物和资源的消耗，使后者降至几乎为零。

创新与转变消费模式将构成更大规模的农业转变的一部分，其目标是减少农业对资源的需求并提高效率。科学创新在此必将发挥巨大作用。政府将大量投资有关保护生物多样性、湿地和脆弱地区——如珊瑚礁或苔原环境——的创新项目。

正如密尔所言，稳定的世界绝不意味着静止不动。事实上，世界稳定了，人们才有更多的机会尝试各种新式艺术，拓展并提升社会生活，寻求新的与自然界多交融、少驱使的协作方式。届时，现代社会将从古老社会的优良传统中受益颇多，尤其是那些历经数千年且与周围的大自然持久保持稳定关系的古老社会。在这样的世界上，即使人均资源消费没有增加，但大多数人的生活质量都会有所提高，这样的期待有什么不合理的吗？

跨越这一新节点的诸多金凤花条件已经出现，其中包括现代科学惊人的知识财富、人们对生物圈运行原理日渐深入的理解，以及越来越多的人认识到：我们人类只有一个地球家园，因此有着共同的命运。我们还需有关人类美好未来的栩栩如生的意象来激励人们马上行动起来，因为希望终究是建设美好世界至关重要的美德，当然还有警觉性（在此我们有精准敏锐的科学）和决心（政治在此起着至关重要的作用）。

笔者在 2017 年撰写本书时，我们这个时代最缺少的美德是决心。颇令人惊诧的是，全世界有多国政府只是口头上说要加入笔者上述的探险历程，强有力的全球共识还难以达成。许多人至今还以为，上述多个闪亮的警示红灯只是按错了键而已，而根源在于所谓科学本身就有问题。只有极少数人具备长计远虑的思考能力，所以能够严肃认真地想象不久的未来。而绝大多数人——尤其是极度贫困的人——仅专注于自我的个人需求和目标。大多数政治家和企业家也只是关注迫在眉睫的问题。各国政府鉴于其民族国家性质，总要与他国展开竞争，也就是说政府的盘算多是各自国家的财富和实力，而不是整个世界的需要。大多数政府选拔或选举官员的程序也多与短期目标挂钩。很少有哪国政府制定未来 20 或 30 年坚定且又现实的目标，而这样的时间框架恰好就决定了人类寻求美好未来世界是否会有结果。最后，在资本主义世界，大多数企业只受利润的驱使，而以现有的模式追求盈利往往迥异于可持续性发展的方向和目标。

有关人类未来的探寻既然重要，那么，为此有多大概率会形成全球共识呢？在笔者看来，最有希望的迹象之一是人们达成科学共识有时非常迅速，上述联合国可持续发展《议程》及《巴黎协定》等文件的签署就充分反映了这一点。若在30年前，这种声明的签署是无法想象的。我们很有可能正在接近一个经济转折点，在此，对人类共同未来的探寻本身既有利可图，又与正在演变中的全球资本主义（evolving global capitalism）不相抵牾。果然是这样的话，现代资本主义蕴含的巨大创新与商业潜能以及仰赖资本主义制度所创造出的财富的政府就有可能协力支持对人类共同未来的探寻，就像当初的资本主义政府协力支持工业革命一样。但在今天，鉴于世界本身已变得更加复杂，政府的行为将部分取决于能够认真对待上述探寻的选民是否存在，而后者是否存在又在很大程度上取决于他们对这种探寻的理解和令人信服的描述。

如果我们成功实现了向更可持续的世界——某种意义上的节点九——过渡，那么整个人类史将明显呈现为一段复杂性不断提升的单一节点，顶点是人类实现对整个生物圈的有意识的管控。我们之所以把人类史分成多个时段，只是因为我们太接近人类史。整体视之，人类史节点始于集体知识。正如引力聚合物质云团刻画出早期的宇宙一样，集体知识创造了愈发密集、复杂的人类社会，而后又加速了历史变革，催生了多种新活力，总的趋势是赋予人类对生物圈更多更大的掌控力。加速的历史变革本可以无限期地持续下去，直到有一天发生灾难性的大爆炸（catastrophic explosion）——类似人间的超新星大爆发。但如果我们成功过渡到可持续发展的世界，那么回首往昔，我们人类就好像创造出了一种新式的、更加稳定的复杂存在，正如核聚变反推收缩的引力创生新的更稳定的恒星结构一样。到那时我们会发现，原来节点六至节点九实际上创生了一种新式的地球大气，还配置了新式恒温器及新式的内嵌于智慧圈——人类心智连缀在一起构成的智慧网络——

的更有意识的管控体系。我们该怎么称呼这一节点呢？称之为人类革命（Human Revolution）吗？

超越人类：千年憧憬与宇宙未来

最后，让我们乐观地想象一下人类成功地探寻到未来世界会是什么样子吧。我们成功地跨越了节点九，大多数人在稳定的全球社会中繁衍生息，此时人与生物圈业已建立起更加可持续的共生关系。如此，人类在地球上还可以继续生存数千年，甚至数十万年。

那以后呢？有关下一步的推测会把我们带到一个可怕的、不可预知的世界，但或许是某种乌托邦式的中观未来世界。在这一尺度，我们的预测模型纯属猜测。其准确的概率就像 19 世纪人们想象的贵族生活画面一样：他们穿着格子衫，在月球上骑车漫游。因此，我们所能做的只是依据现有趋势对未来做一番可能的想象。

那时会出现能够部分取代民族国家并最终消除核战争威胁的世界政府吗？人类是否通过核聚变找到永不枯竭的能源了呢？果真如此的话，那我们是否会非常小心地使用它，以不至对生物圈造成破坏，并将其作为奠定全人类美好生活根基的工具呢？或许到那时，我们人类又发现并掌控了更充沛的能流，又创造出复杂度难以想象的新文明了呢！苏联宇宙学家尼古拉·卡尔达肖夫（Nikolai Kardashev）曾提出，假如真的有其他文明存在并具备集体知识能力，那这些文明肯定早就学会了如何捕获其自身所在星球全部可用的能量，有些可能已经学会了如何管控其所在恒星体系中的全部能量，还有些则可能已经学会从整个星系中获取能量。

我们的后代会迁移到地球以外吗？他们会继而开采小行星，或在月球或火星上殖民吗？或在——如果我们的视野足够长远的话——附近恒星体系适于生命存在的某颗行星上殖民吗？我们会设计出新的生命形式，新的、更节能的粮食作物，或能治疗疾病或抑制癌细胞的微生物吗？我们会制造出能进入人的身体并修复破损器官的微型机器——纳米外科医生吗？或建造出无须人监督、能够按照电子设计师的方案自行施工的建筑物吗？我们会制造出比人类还要聪明的机器吗？如果是这样，那我们如何确保人能掌控机器呢？

我们会制造出新人类吗？各式各样的微观或宏观增强技术会让我们具备超能力，让我们活得更长、更健康，并最终把我们变成某种不同于今的超人类（trans-human）吗？新技术是否能让人实现瞬时并持续交流观念、思想、情感和图像，并从而造成一种单一且巨大的全球大脑（global mind）呢？智慧圈会不会部分脱离人类，而变成薄薄一层统一的盘旋于生物圈之上的精神存在呢？历经上述所有怪诞的经历之后，我们又如何判定（今人所理解的）人类史是否业已终结？因为这一物种早已不再是当初界定的智人了。

新科学是否会改造我们对自我和宇宙的认知，从而把我们今日讲述的起源故事彻底颠覆？把今日的与哪怕是100年前的起源故事进行比较，我们便很容易理解，这样的事情可能很快发生，而且会多次发生。

当然，未知的未知数还是存在的，而且说不准在瞬间就可以把未来切换到另外的轨道。我们人类的科学技术可能已足以看清向地球袭来的小行星并采取措施加以阻拦。但此外还有其他不可预测的灾难，比如……遭遇其他生命形态。如果真的遭遇，我们能通过显微镜（或经生物增强的眼睛）来观察它们吗？还是它们会用巨大的镊子把我们夹起来放到巨大的培养皿通过显微镜观察我们呢？

现在我们把目光转向更大尺度的未来，再次审视相对简单的存在，比如行星、恒星、星系和宇宙本身。相比上述，笔者真的要松一口气呢。

在此，我们可以追踪构造板块的运动，并由此大致推测一亿年后大陆所处的位置。从目前看来，那时的大陆各板块会重新聚到一起，形成一个新超级大陆，甚至有人为它起好了名字，叫作“美亚大陆”（Amasia），因为届时亚洲与美洲将合并到一起。地球的终极命运将取决于太阳的演化。我们的太阳大约还能存活 90 亿年。但如果太阳也像其他恒星一样演化，那么用不了几十亿年，太阳也将开始膨胀并最终变成一颗红巨星。那时的地球将处于太阳的外层，而且会不断升温，地球将不再适合大型生命存在，可能在很长一段时间，唯一的幸存者只有原始细菌，就像黄石公园温泉里生存的原始细菌一样。最终，连原始细菌也将消失，因为那时的地球将不再适合任何生命存在，甚至地球也将被吞噬，最终在日益不稳定且不可预测的红巨星的外层被蒸发。此时行星地球以及地球上的生物就终结了，除非那些生物能逃到太阳系以外或其他恒星。至于太阳本身，在经历很长一段时间的红巨星之后，其最外层的物质会自行脱落并最终变成白矮星，由是迁移到赫罗图的底端，此后在那里的寒冷和寂寞中可能要待上数千亿年。

在太阳开始流浪之际，我们的银河系也将与邻近的仙女座星云发生碰撞。不过碰撞事件本身会很安静，就像两朵云撞到了一起。但在各自星系内部却会有一段时间的大混乱，因为里面的恒星会以不可预知的方式相互拖拽。合并后的新银河系 / 仙女座星云将显得更凌乱一些，再不是从前那两个美丽的螺旋形星系了。

那整个宇宙最终会怎样呢？如今，大多数宇宙学家对这一问题的答案都颇为自信，因为决定宇宙未来的变量其实并不多，其中最关键的是宇宙膨胀的速度有多快以及宇宙中包含的物质 / 能量有多少。曾经有一度，人们普遍认为宇宙中物质的引力最终会抑制宇宙膨胀并使之逆转，再次将宇宙缩小至原始原子，而后又发生大爆炸、大膨胀，从而创造出一个新宇宙，如此循环不已。但自 20 世纪 90 年代末以来，人们却发现宇宙膨胀的速度正在加快，这似乎预示着某种暗能量的存在，这种暗能量非常强大，足以克服宇宙中所有物质和能量的引力。也就是说，宇宙会永远膨胀下去，而且越来越快。

当我们谈论宇宙的遥远未来时，便开始意识到：其实我们迄今所讲的故事还只是个序篇。万事万物的未来还长远得很，而且前路可能还会遭遇不少艰难。我们人类恰好生活在宇宙史的开端，宇宙的故事才刚刚开始。我们的宇宙仍然很年轻且充满活力，它还要活很久，要制造很多复杂的新事物。

但在遥远的将来，在我们都去世无数年之后，故事将变得更加黑暗，无论是从字面上还是从隐喻上讲都是这样。宇宙会加速膨胀，遥远的星系也会像飞船一样从时空的地平线上消失，最终，银河系中任何可能残留的人或物都会感到异常孤独。[7] 恒星还将继续形成和燃烧，直到未来的 10^{15} 年以后，那时的宇宙将比现在年长一万倍。只不过到那时，宇宙真的已老态龙钟，因为最后的恒星也将停止燃烧，最后一丝微光也将熄灭。我们的银河系将变成一块墓地，到处是恒星和行星冷却后的残骸。

但墓地里仍会有些东西在移动。黑洞还会吞噬恒星和行星的残骸。待吞噬完成之后，黑洞之间又会发起你死我活的战斗，直到最后，只剩下少许巨大的、臃肿的黑洞。这样的黑洞会存在多久目前还无法想象，也许长达 10^{100} 年，黑洞会慢慢析出能量，逐渐缩小、消退并最终蒸发。由此，我们才恍然彻悟：原来宇宙中貌似永恒的一切其实不过如过眼云烟般短暂。也许我们所谓的时空其实只不过某种形式而已，恰似更大的多重宇宙（multiverse）中的少许微波。熵最终会破坏所有结构和秩序。

至少在我们这个宇宙是这样。不过，也许宇宙不止我们这一个，故事还会继续。

致 谢

书写这样一本小书，我要感谢的人实在是太多了，以至根本无法一一致谢，是他（她）们时常给我以教益、阅读书稿、提醒我相关的重要书籍和作者、评议我的讲稿，还有些人做讲座，我也曾悉心聆听。我们人类就像生活在思想观念的海洋中，有些思想观念漂浮到身旁，我们随手就抓住了，并将其与其他思想观念相联系，有时还稍做加工，甚至会曲解原意以为己用，也许在此期间还会发现新关联。有些思想观念完全可以追溯至具体的倡导者，甚至具体到某一次特别的交谈，但更多思想观念却长久地停留在我的大脑中，且时有发酵，有时竟长达数年，然后在我大脑的另外一个部位以某种新形式出现，而此时却再无标签提示我这些思想观念来自何处了。所以，对于这本书中的许多思想观念，我真的不知道该感谢哪位先贤了。在此，我所能做的，只能是笼统地说一声：谢谢你们！我所有的同事们、朋友们，还要感谢我们共同经历的丰富多彩的集体知识过程，正是这种经历使我的大脑中充满了有关当今世界的瑰丽多姿、近乎无穷的思想观念。大历史本身即是一个集体事业，是众多心灵碰撞并协同致力后方能涌现的特殊产物。

有些人我确实能够当面致谢，毕竟大历史及准大历史近年来汇聚了一些有志推进这一领域教学科研的学者，虽然规模还不是很大，但却志同道合、锐意进取。其中包括大历史先驱，如天体物理学家埃里克·蔡森（Eric Chaisson）、社会学家约翰·古德斯布洛姆（Johan Goudsblom），以及所有帮助建立起国际大历史协会并为其成长助力的同道学人（按姓氏首字母先后顺序排列）：沃尔特·阿尔瓦雷兹（Walter Alvarez）、莫伊甘·贝赫曼德（Mojgan Behmand）（以及她在多明尼克大学的诸位同事）、克雷格与帕梅拉·本杰明（Craig and Pamela Benjamin）夫妇、辛西娅·布朗（Cynthia Brown）、列奥尼德·格里宁（Leonid Grinin）、洛威尔·古斯塔夫森（Lowell Gustafson）、安德烈·科罗塔耶夫（Andrey Korotayev）、露西·拉菲特（Lucy Laffitte）、乔纳森·马克雷（Jonathan Markley）、约翰·米尔斯（John Mears，约翰与我差不多在同一时间独立开设大历史教学）、亚历山德罗·蒙塔纳里（Alessandro Montanari）、埃斯特·奎黛克斯（Esther Quaedackers）、巴里·罗德里格（Barry Rodrigue）、弗雷德·斯皮尔（Fred Spier）、乔·沃罗斯（Joe Voros）、孙岳等，此外还有很多人都曾为大历史故事的建构共同致力。笔者曾与克雷格·本杰明和辛西娅·布朗共同编著大历史第一本高校教科书，合作友善、成果颇丰。但非常令人悲痛的是，辛西娅女士竟在 2017 年 10 月 15 日不幸去世；作为大历史先驱之一，她一定会为所有大历史同道所怀念。多年来，大历史还得到诸多世界史同人的支持，其中包括费利普·费尔南多–阿梅斯托（Felipe Fernández-Armesto）、鲍勃·贝恩（Bob Bain）、特里·伯克（Terry Burke）、罗斯·邓恩（Ross Dunn）、帕特·曼宁（Pat Manning）、梅里·威斯纳–汉克斯（Merry Wiesner-Hanks）等。有两位了不起的世界史学家更以其巨大声望为大历史这一新领域助威，他们是威廉·H. 麦克尼尔（William H. McNeill）和杰里·本特利（Jerry Bentley），前者视大历史为世界史顺理成章的下一个阶段，后者曾邀我撰述大历史与世界史之间的关系。

美国大学教育课程制作公司（The Teaching Company）邀我录制了大历史课程的系列讲座，而比尔·盖茨就是在听了系列讲座之后决定大力赞助大历史教育，在他的支持下，我们很快创立了高中历史免费在线教学大纲，他还邀请我在 2011 年做了大历史 TED 演讲。盖茨的支持很快成就了大历史项目（Big History Project），先有创意未来咨询公司（Intentional Futures）迈克尔·迪克斯（Michael Dix）与其同事的卓越领导，后有安迪·库克（Andy Cook）及鲍勃·莱根（Bob Regan）领导的团队领航。参与创建大历史项目的还有数百位教师、数百所学校和无数学子，他们带着难能可贵的勇气和执着，热切地尝试着大历史教学。与此同时，世界经济论坛（World Economic Forum）还邀我去那里宣讲大历史这一全球项目。在达沃斯，我有幸结识了两位诺贝尔奖获得者，一位是美国前副总统艾尔·戈尔（Al Gore），另一位是澳大利亚天体物理学家布莱恩·施密特（Brian Schmidt）。另外，我还特别荣幸地拜访了蒙哥湖地区并受到穆提穆提族长老玛丽·帕彬（Mary Pappin）的接见，而玛丽长老及其家人对蒙哥先祖化石回归故里曾做出重大贡献。

我一生大部分的教职生涯都是在位于悉尼的麦考瑞大学（Macquarie University）度过的。自 1989 年我初次尝试讲授大历史以来，麦考瑞大学始终给予了热情的支持，还有大学里来自多个系所的同事们。我要特别感谢的是布鲁斯·道登（Bruce Dowton）及其同事，他们对成立麦考瑞大学大历史研究所给予了极大支持。该研究所现由安德鲁·麦肯纳（Andrew McKenna）、特雷西·沙利文（Tracy Sullivan）及大卫·贝克尔（David Baker，据我所知，大卫是获得大历史方向博士学位的第一人）主持。多年来，我所在的现代史系的多位同事对这种新颖的历史思维给予了大力支持，而有些同事还和我一同讲授过大历史。我要感谢所有这些同事，尤其是玛尼·休斯-沃灵顿（Marnie Hughes-Warrington）、彼得·艾德维尔（Peter Edwell）和肖恩·罗斯（Shawn Ross）。我还要感谢听过我大历史课的学生们，是他（她）们与我一同经历了大历史的风风雨雨，可最终总是能回到最简单、最深刻的问题上。此外，我在圣迭戈州立大学（San Diego State University）还有幸度过8年愉快的教学时光，那里的史学家同事除了支持以外，还给我提出了不少精辟的见解，让我认识到怎样讲授大历史才更适合美国多元化的学术群体，这里的研究生更是专业有素，总能出色地完成大历史助教的任务。

来自多个学科领域的多位专家还曾对大历史叙述提出多种新见解，或对该课程提出指正，这其中包括：劳伦斯·克劳斯（Lawrence Krauss）、查尔斯·林尼韦弗（Charles Lineweaver）、斯图尔特·考夫曼（Stuart Kauffman）、安·麦格拉斯（Ann McGrath）、伊恩·麦卡尔曼（Iain McCalman）、威尔·斯蒂芬（Will Steffen）、简·扎拉斯维奇（Jan Zalasiewicz）等等。在本书撰写过程中，我从利特尔 & 布朗出版社与企鹅出版集团的编辑那里得到极大支持和丰富反馈，其中包括特雷西·比哈尔（Tracy Behar）、查理·康拉德（Charlie Conrad）和劳拉·斯迪克尼（Laura Stickney）。我要感谢文案编辑特雷西·洛（Tracy Roe）精益求精的细致工作。此外，我对约翰·布罗克曼（John Brockman）可谓感激不尽，是他从一开始就特别支持本书的撰写。

有几位好友还热情地阅读了本书的原稿并提出建议，他（她）们是：克雷格·本杰明、辛西娅·布朗、尼克·杜马尼斯（Nick Doumanis）、康妮·艾尔伍德（Connie Elwood）、露西·拉菲特、安·麦格拉斯、鲍勃·莱根、特雷西·沙利文和伊恩·威尔金森（Ian Wilkinson）。

对我的家庭来说，这些年大历史俨然已成为一个家庭产业。查尔蒂（Chardi）、艾米莉（Emily）和乔舒亚（Joshua）都曾认真阅读过本书的书稿，而且他（她）们还提出了不少新建议、新想法。正是查尔蒂提出：大历史真的就像一部现代创世神话，我发自内心地感激她的这一洞见。所以对所有家人（包括我母亲，她还是我的第一位启蒙老师呢！）而言，我的内心充满感激，正是他（她）们对最亲近的人的善意与爱，造就了我一生的幸福。最后，我要把这本书献给我的孙子和孙女丹尼尔·理查德（Daniel Richard）和艾薇·罗斯·莫利（Evie Rose Molly），还有我教过的所有学生，因为正是他（她）们担负着建设一个更美好世界的重任。

附　录

人类史上的统计数字

全新世与人类世时代人类史数据统计 *

年代	A：元年=公元前2000年	B：人口数（单位：百万）	C：消耗能量总量（单位：百万千兆焦耳/年）（=.001艾焦耳）（=B×D）	D：人均消耗能量（千兆焦耳/人均/年）（前三行=最大估计值）	E：预期寿命（年）（前三行=最大估计值）	F：最大定居点人口数（单位：千人）（第一行=最大估计值）
全新世	−10 000	5	15	3	20	1
	−8 000					3
	−6 000					5
	−5 000	20	60	3	20	45
	−2 000	200	1 000	5	25	1 000
	−1 000	300	3 000	10	30	1 000
人类世	−200	900	20 700	23	35	1 100
	−100	1 600	43 200	27	40	1 750
	0	6 100	457 500	75	67	27 000
	10	6 900	517 500	75	69	

* A 栏至 E 栏的信息基于 Vaclav Smil, *Harvesting the Biosphere*, loc. 4528, Kindle 版；F 栏基于 Ian Morris, *Why the West Rules—for Now*, 148–149，另加入 10 000 BP 数据。

词汇表

以下是本书中使用的一些专有技术词汇。

吸收线（absorption lines）：人类用分光仪（spectroscope）分析来自恒星的光时出现的暗线，表明某些特别的元素吸收了光线中的部分能量，可用以探测遥远天体的运动轨迹，因为暗线在频谱上会发生向红端或蓝端移动的现象。

吸积（accretion）：环绕恒星运动的物质组合而成行星、卫星和小行星的过程。

活化或激活能（activation energy）：最初注入的能诱发物质反应的能量，反应的结果是产生更多能量，如同燃着火柴诱发森林大火一样。

适应性辐射（adaptive radiation）：生物快速进化和分化的时期，通常是在生物大灭绝之后。

丰裕的觅食者（affluent foragers）：定居的采集狩猎者通常居住在自然资源极丰富的地区，比如早期的纳图夫人。

农耕文明（agrarian civilizations）：往往有数以百万计的人口靠务农为生，同时还有城市、官僚机构、军队、社会等级和文字书写等。

农耕时代（agrarian era）：人类史的一个阶段，以农业技术为主导；始于最后一季冰川期结束，终于两三个世纪前。

农业（agriculture）：一系列使人类能够最大化地从植物培植和动物蓄养中获取能流与资源的技术，其手段是选取动植物加以培育并同时改造环境，目的是提高产量。

人类世或人新世（Anthropocene epoch）：离我们最近一段时间的人类史，在此期间，人类已成为生物圈变革的主导力量。有学者据此提出这一新的地质时代，此前的地质时代被称作全新世。

反物质（antimatter）：亚原子粒子的一种，所带电荷为正电子（positron），与其他亚原子粒子相反，其余性质均同；物质与反物质相遇，便会彼此湮灭，而转化成纯能量。

套利（arbitrage）：在某个市场上贱买，然后到另一市场上贵卖，以此牟利。

古细菌（archaea）：最古老的单细胞原核生物；古细菌是最主要的三种生命形式之一。同时参阅细菌与真核细胞。

太古宙（Archean eon）：地球史的四个主要时段划分之一，从 40 亿年前至 25 亿年前。

天文标准烛光（astronomical standard candle）：指类似造父变星或 1A 型超新星之类的某个天体，其与地球之间的距离可以测定，遂成为测距其他天体的标准。

原子（atom）：普通物质中最小的粒子，由质子、中子和电子组成。由原子直接构成的物质仅占整个宇宙中物质总量的 5%。同时参阅能量与暗能量。

三磷酸腺苷（ATP，全称 adenosine triphosphate）：一种生物细胞用以输送能量的分子。

细菌（bacteria）：属真细菌类（Eubacteria）的单细胞原核生物，是三种主要生命形式的一种。同时参阅古细菌及真核生物。

大爆炸宇宙论（big bang cosmology）：20 世纪 60 年代问世的一种规范理论，科学界用以解释宇宙如何从一极微小、密度及能量极高的奇点自 138.2 亿年前演化至今的历程。

生物圈（biosphere）：地球上由生命及生物组织的副产品塑造和主导的环形区域。

黑洞（black hole）：密度极高的区域，凡物均无力从其引力场中逃离，甚至包括光线；通常是巨型恒星接近寿命终结时发生塌陷所致。所有星系的中央地带都可能有黑洞存在。

寒武纪（生命）大爆发（Cambrian explosion）：大约 5.4 亿年前出现的大型生物骤然间问世的情境，这种大型生物均有坚硬的躯体。

资本主义（capitalism）：一种由商业活动及商人主导的社会体系，政府支持商业活动，是因为能够从中获取政府大部分的税收。

碳（carbon）：元素周期表中排序第六的元素，是生物组织中最根本的一种元素，因为这种元素特别容易实现与自身及其他元素的链接。

催化剂（catalyst）：一类能够促进某种化学反应的分子（通常属蛋白质），其原理是通过降低化学反应所需的活化能门槛，但其自身并不会被化学反应所改变。

造父变星（Cepheid variable）：一种亮度有规则变化的恒星，主要有两种。因为其变化的速率与本身的亮度有关，所以其与地球之间的距离就可以大致估算出来，从而成为测距其他天体的天文标准烛光。

化学渗透（chemiosmosis）：离子沿浓度梯阶下行穿过膜的行动。在细胞的整体运作中，通常是细胞膜内的三磷酸腺苷合成酶利用这一能源，以为三磷酸腺苷充电。

集体知识（collective learning）：人类独有的一种能力，凭此便可以在个体间分享知识，使得知识的准确性及容量得到极大提升，并实现了世代相传。是人类不断增强地掌控信息和生物圈能力的关键要素。

复杂或复杂性（complexity）：复杂实体比简单实体拥有更多可以移动的组成部分，这些组成部分在复杂实体内实现了更精致的链接，故而涌现出了多种新特性。

核或内核（core）：地球核心处，也是物质密度最高的区域，主要由铁和镍元素构成；是造成地球磁场的因素。

宇宙微波背景辐射（cosmic microwave background radiation，简写为CMBR）：宇宙大爆炸之后38万年最初原子形成时遗留下的辐射；至今还能被人类探测到，也是大爆炸宇宙论成型的核心证据之一。

宇宙学（cosmology）：研究宇宙及其演化的学科。

地壳（crust）：地球最靠表面的一层，主要由较轻的岩石构成，比如冷却后的花岗岩和玄武岩；这里是大多数生物生存的环境所在。

暗能量（dark energy）：一种性质和来源尚不明确的能量，但可能是宇宙加速膨胀的主要原因，其质量可能占到宇宙中物质总量的70%。

暗物质（dark matter）：一种引力能为人探测到，但来源和存在形式均不为人知的物质；其质量约占整个宇宙中物质总量的25%。

人口转变（demographic transition）：步入现代，人口死亡率下降驱动了人口增长，而加速的城市化进程又致使人口生育率降低，结果是总体人口增长趋缓；这一人口转变现象影响了现代人对待家庭和性别角色的态度，迥异于此前的农业社会。

分化或分异（differentiation）：早期地球升温、融化并依密度递减分层的过程，结果形成地核、地幔和地壳三个层次。

脱氧核糖核酸（DNA）：大多数生物中携带遗传信息的分子。

驯养或驯化（domestication）：在共同进化的过程中，对某个物种进行基因改造的过程；对农业兴起至关重要。

多普勒效应（Doppler effect）：当物体彼此趋近或远离时，其辐射的频率会发生显著变化；该原理被警方用于测速仪，还可用于探测恒星及星系趋近或远离地球的运动。

地球（Earth）：我们赖以生存的星球，地球上的多种生物很有可能是独一无二的。

电磁（力）或电磁学（electromagnetism）：能量的四种最基本存在形式之一，在小尺度上非常强大，有正负两种形式，是化学及生物学中最重要的能量形式。

电子（electron）：带负电荷的亚原子粒子；通常围绕原子核轨道运转。

元素（element）：原子物质存在的基本形式。元素以原子核中的质子数量来区分；元素依据其独特性质在周期表中被归类，大约有 92 种稳定的元素。

涌现（emergence）：参阅涌现的特性。

涌现的特性（emergent properties）：既有物质结构彼此链接后形成某种新结构，也因之具有了某种新特性。比如，恒星就是这样，恒星由原子物质构成，但却具有原子物质不曾有的特性。

能或能量（energy）：造成事物生发的潜势。在我们的这个宇宙，能以四种最基本的形式存在，即引力、电磁力、强核力和弱核力，但除此以外，能还以暗能量的形式存在。

熵（entropy）：依据热力学第二定律，宇宙的发展趋势是变得不再有型有结构。

酶（enzyme）：一种生物化学分子，起催化作用，能促进细胞中的反应，缺少了酶，细胞要生成同样的反应就必需更多的活化能或激活能输入。

真核细胞或生物（eukaryotes）：属生命三大域之一的真核生物域（Eukarya），真核细胞或生物由内置细胞器的细胞构成。最初的真核细胞由真细菌与古细菌两域的原核生物合并进化而成；所有多细胞生物都是由真核细胞生成的。同时参阅古细菌，细菌，原核生物。

肥沃新月地带（Fertile Crescent）：水草肥美的古美索不达米亚地带，人类最初的农业是在这里诞生的。

火棒耕作或刀耕火种（fire-stick farming）：旧石器时代的技术，要定期焚烧土地上的草木以提高土地的肥力，增加种植物的产量。

热力学第一定律（first law of thermodynamics）：参阅热力学。

采集狩猎（食物）或觅食（foraging）：旧石器时代最典型的技术，以从周围环境中采集资源为目的，只进行有限的加工。

化石燃料（fossil fuels）：久已埋藏并呈化石形态的有机物质，主要有煤、石油和天然气，这些有机物实为远古光合作用储备下的能源；已成为现代世界的主要能源。

自由能（free energy）：不随机流动的能量，因此可以做功（比如通过涡轮的水的能量）。

核聚变（fusion）：质子间发生猛烈碰撞，以至克服了正电荷的排斥力并被强核力连接到一起时，就会发生核聚变；核聚变会释放大量能量，因为在这一过程中某些物质变成了能量。氢弹爆炸及恒星释放的能量均来源于核聚变。

星系（galaxy）：数以百万或数十亿计的恒星被引力聚集到一起而形成星系；我们人类身处星系之一的银河系。

气体或气态（gas）：物质存在的一种状态，其中的分子或原子不是很紧密地结合在一起。

基因组（genome）：存储在每个细胞 DNA 中的信息，这些信息会调节细胞的功能，并使细胞得到精确复制。

全球化（globalization）：鉴于交流网络规模的不断扩大，至公元1500年后，终于扩展到全世界规模。

金凤花条件（Goldilocks conditions）：很罕见的特殊前提和环境，“恰好”容许某种新式复杂性出现。

引力（gravity）：能量的四种最基本存在形式之一，引力虽很弱，但在大尺度上发生作用，并通过质量或能量将所有存在物聚在一起。爱因斯坦证明，引力通过扭曲时空的几何分布来做功。

温室气体（greenhouse gases）：诸如二氧化碳、甲烷等气体，能够吸收并保留来自阳光的能量；若温室气体的量很大，便足以使地球表面的温度升高。

冥古宙（Hadean eon）：地球史的四个主要时段划分之一，从46亿年前地球最初形成延续至40亿年前。

半衰期（half-life）：放射性同位素半数发生衰变所需的时间。对放射性或同位素测定年代至关重要，不同同位素的半衰期也不同，故可用来测定不同尺度事件和物体的年代。

热能（heat energy）：驱动所有物质粒子随机摆动的动能（或运动能）；物质只有在绝对零度时才会失去全部热能。参阅温度。

氦（helium）：原子序数为2的化学元素（原子核中有两个质子）。是宇宙中储量第二丰富的元素；化学惰性。

赫罗图（Hertzsprung-Russell diagram）：比照恒星的颜色（或表面温度）绘制出的恒星本身亮度（即其放射出能量的总量）的关系图；对天文学家来说，赫罗图提供了一种颇有说服力的方法，能够依此对不同类型的恒星及恒星演化的不同方式进行分类。

全新世（Holocene epoch）：从最后一季冰期末开始的地质时代，大约始于 11 700 年前。

动态平衡（homeostasis）：一种平衡状态；生物体会感知环境变化并做出相应调整以维持自身的动态平衡。

古人类或人猿（hominins）：两足类人猿，是我们人类这一物种的祖先，其进化史始于数百万年前，当时，我们人类的祖先与黑猩猩序列分道扬镳。

智人（Homo sapiens）：属巨猿物种，本书的所有读者都属于智人。

人或人类（human）：智人的一种。

氢（hydrogen）：原子序数为 1 的化学元素（即原子核中只有一个质子）；是宇宙中储量最丰富的元素。

冰期或冰川（ice ages）：夹杂着温暖间冰期的冰期，约始于 260 万年前的更新世开端。

膨胀（inflation）：在宇宙学中，通常指宇宙大爆炸后第一秒内发生的迅速扩张。

信息（information）：决定变化如何发生的基本规则。其中有些属普遍规则，但生物体必须能够探测到**本地信息**（local information）并据此做出反应，因为本地信息是直接环境下起作用的规则。信息也可指有关事物如何运作的知识。

"食讯动物"（informavore）：靠消费信息存在的一种实体，就像食肉动物吃肉一样；所有生物在某种意义上都属于食讯动物。

同位素（isotope）：同一种元素的原子，其质子数相同，但中子数不同。

开（kelvin）：与摄氏温标类似，但其起始点为绝对零度（等于 −273.15℃）；据此，水结冰的温度为 273.15 开，或 0℃。

生命（life）：所有生物涌现出的特性。"生命"是极难准确定义的一个概念，因为据我们目前所知，只有地球上有生命存在，其特性包括能够维持动态平衡、新陈代谢、繁殖和进化。

光年（light–year）：光在一年的时限内穿过真空的距离，大约等于 9.5 万亿千米。

液体或液态（liquid）：物质存在的一种流体状态，其中原子或分子结合在一起，但能流动并相互环绕；液体呈容器的形状。

卢卡（Luca）：离我们最近的普世共同祖先；据推断，卢卡乃地球上所有生物的祖先。

地幔（mantle）：处于地壳之下地核之上的半熔化的地层，厚约 3 000 千米。

图（map）：一般指有关景观或地理区域的示意描绘，而在本书中，图常采取某种隐喻的用法，指对整个宇宙时空及其历程的分层描绘，目的在于廓清人在宇宙演化过程中的位置。

物质（matter）：占据空间的宇宙物理“实存”（stuff）。爱因斯坦证明物质由压缩的能量构成，且可转化成能量（比如在质子聚变过程中）。

巨型动物群落（megafauna）：大型哺乳动物；其中有许多在旧石器时代末已灭绝，尤其是在人类迁徙至澳大拉西亚、西伯利亚和美洲后不久。

新陈代谢（metabolism）：生物有机体从环境中汲取并使用能流的能力。

后生生物（metazoans）：多细胞生物；亦指大型生命体。

陨石或流星（meteorite）：落到地球上的天体碎片；大多数陨石自太阳系成形以来几乎没有变化，因此能够提供有关太阳系形成与演化的信息。

米兰科维奇循环或周期（Milankovitch cycles）：地球轨道和倾斜度发

生变化会影响其从太阳接收的能量；这种变化有助于解释更新世期间出现的冰川时代循环。

分子（molecule）：由几个原子通过化学键结合在一起。

月亮或月球（moon）：环绕地球运行的行星体，是在地球形成后不久与另一行星体碰撞而形成的。

多重宇宙说（multiverse）：一种推测，认为可能存在多个宇宙，且其基本定律和能量形式很可能与我们的这个宇宙稍有不同。

纳图夫人（Natufians）：考古学语汇，指大约 14 500—11 500 年前生活在地中海东岸新月沃土地带的“丰裕的觅食者”。

自然选择或物竞天择（natural selection）：查尔斯·达尔文最主要的观点之一，认为个体生物的生存、繁殖或溃败完全取决于其是否很好地适应环境；这一机制是进化的基本动力。

中子（neutron）：一种亚原子粒子，通常在原子核内部，类似质子但不带电荷。

原子核（nucleus）：原子的致密核，主要由中子和质子组成。

序或结构（order, or structure）：物质与能量的非随机或图案化排列。

起源故事（origin story）：依据某一特定群体所具备的最准确的知识对全部时空演进所做的叙述。起源故事被植入所有主要的宗教及教育传统，因为它提供了一种强有力的理解方式，帮人认清自身在时空中所处的位置。

氧（oxygen）：一种化学元素，原子序数 8，化学性质活泼。

旧石器时代（Paleolithic period）：人类史的时代，从我们人类这一物种大约 20 万年前问世开始，一直到大约 1.1 万年前最后一季冰期结束及农耕生活方式发端。

盘古大陆（Pangea）：大约 3 亿—2 亿年前曾存在过的超大陆。

范式（paradigm）：某一学科领域被研究人员广泛接受的观念，这一观念往往能够使该领域的全部信息得到整合。比如，（天文学中的）大爆炸宇宙论、（地质学中的）板块构造学说、（生物学中的）自然选择。这一概念的提出是基于科学史家托马斯·库恩（T. S. Kuhn）的相关研究。

视差（parallax）法：当观察者移动时，物体相对于其背景也会出现显著移动；测量者和天文学家利用这一原理计算地球与遥远星体或附近恒星的距离。

元素周期表（periodic table）：最初由德米特里·门捷列夫（Dmitry Mendeleyev）设计出的化学元素列表，即将具有相似特征的元素分组。

显生宙（Phanerozoic eon）：地球史的四个主要时段划分之一，从 5.4 亿年前至今，是大型生物或“大型生命体”问世的时代。

相变（phase change）：一种状态的变化，比如从气态转变成液态或固态。

光子（photon）：一种无质量的电磁能粒子，在真空中以光速移动，也具有波动性质。

光合作用（photosynthesis）：植物或类植物从阳光捕获能量以支持自身代谢的过程。

行星（planet）：环绕化学元素较丰富的恒星而渐趋形成的一种天体。

等离子体（plasma）：物质存在的一种状态，由于温度过高，亚原子粒子不能结合在一起形成原子。

板块构造学说（plate tectonics）：20 世纪 60 年代问世的主导范式思想，用以解释受地核热能的驱动，地幔中的对流如何造成地表板块的运动。

更新世（Pleistocene epoch）：约 260 万—11 700 年前的地质时期，以冰期为主。

原核细胞或原核生物（prokaryotes）：无核的单细胞生物，属于真细菌和古细菌类；地球上最早的生命形式是原核生物。参阅原核细胞或原核生物。

元古宙（Proterozoic eon）：地球史的四个主要时段划分之一，从25亿—5.4亿年前。

质子（proton）：原子核中带正电荷的亚原子粒子；质子的数量决定了元素的原子数。

量子物理学（quantum physics）：在亚原子水平上对现象的研究，其中粒子的确切位置或运动已不可能确定，因此物理定律必须被表述为概率。

夸克（quark）：一种亚原子粒子，质子和中子乃由强核力经夸克制造而成。

放射或辐射能（radioactivity）：许多原子核自发分解的趋势，并在此过程中释放亚原子粒子。

放射性或同位素测定年代（radiometric dating）：20世纪中叶基于放射性同位素有规律的衰变而发展起来的年代测定技术；若无此技术，本书的年代表就不可能建立。

红巨星（red giant）：一种趋于生命尽头的恒星，比如猎户星座中的参宿四，曾经膨胀的过程，而后表面渐趋冷却，故显现出红色。

红移（redshift）：吸收线向光谱的红端移动，表明天体正远离地球。红移是宇宙膨胀的一个重要证据。

宗教（religion）：高度制度化了的精神传统，几乎所有宗教都嵌入了某种形式的起源故事。

呼吸（respiration）：动物吸入氧气的行为；另指在细胞中利用氧释放糖类物质中存储的能量。

核糖核酸（RNA）：存在于所有细胞中的DNA近亲，既能携带遗传信息又能从事代谢工作。

科学（science）：自 17 世纪科学革命以来发展出的对世界及宇宙的严谨、基于证据的研究，已成为现代人接受的传统。

热力学第二定律（second law of thermodynamics）：参阅热力学定律。

定居生活方式（sedentism）：非游牧的一种生活方式，其中个人与家庭大多数时候生活在永久居住地的家附近。通常与农业有关，但有时也与丰裕的觅食者有一定关联。

太阳风（solar wind）：从太阳发出的带电亚原子粒子的流动。

固态（solid）：物质存在的一种状态，其中原子和分子非常紧密地结合在一起，以至于不能轻易改变其位置。

时空（space–time）：爱因斯坦认为，我们最好把空间和时间理解为某种单一的一般框架的一部分，他称之为时空。

分光仪（spectroscope）：把光分解成不同频率的仪器；用来测定天体的化学成分。

恒星（star）：正在塌陷中的球形体核心处发生核聚变反应时形成的天体，恒星由引力聚合而成星系。

强核力（strong nuclear force）：能量的四种最基本存在形式之一，在亚原子层面发生作用，主要是把夸克绑缚成质子和中子，并使原子核紧密成型。

亚原子粒子（subatomic particles）：原子的组成粒子，如质子、中子和电子。

太阳（sun）：离我们人类最近的恒星，是驱动生物圈的大部分能量的来源。

超新星（supernova）：体积庞大的恒星在生命的尽头发生的大爆炸；超新星会产生大量新的化学元素。

共生（symbiosis）：任何两个物种之间的相互依赖关系，其关系非常密切，以至会影响彼此进化的模式。人与驯化的动植物即是一种形式的共生关系。

温度（temperature）：科学用语，指测量物体中原子的平均动能（或动能）。

热力学（thermodynamics）：有关能流与变化如何生成的学问。热力学第一定律称，宇宙中的全部能量是固定或"守恒"的；第二定律称，能趋于愈发随机或混乱，因此，宇宙的长期发展趋势是随机性或熵的增加。参阅熵。

复杂性不断提升的节点（thresholds of increasing complexity）：某种新的更复杂的存在出现时的过渡时刻，该存在具有新涌现或突变的性质。因此，本书中的起源故事围绕伴随复杂性不断提升的八个节点展开。

营养层次或水平（trophic level）：食物链中所居的位置，能量经光合作用被植物吸收，植物被食草动物噬食，食草动物被食肉动物噬食，如此直至人类社会中的精英；在每一层面都有大量的能被白白浪费掉，所以层次愈高，其个体数量就愈少。

1A 型超新星（type 1a supernova）：一种类型的超新星，因其亮度已为人所知，故可作为天文标准烛光以衡量其他天体的亮度。

宇宙（universe）：经大爆炸形成的万事万物的总称，也是我们人类有证据确认的所有存在。

弱核力（weak nuclear force）：能量的四种最基本存在形式之一，在亚原子尺度上发生作用，负责多种形式的核衰变。

白矮星（white dwarf）：质量极密的已死亡的恒星，其外层已脱落，还要经过数十亿年才能最终冷却下来。

功（work）：在热力学理论中，功指造成非随机变化的能力。

世界地带（world zones）：世界上有人居住的较大的区域（包括亚非欧大陆、澳大拉西亚、美洲、太平洋地区等），这些区域在1500年以前几乎彼此完全隔绝，因此，这些区域衍生出了彼此截然不同的生活方式。

推荐阅读书目

文末注释中的书目针对某些话题特别有用，而且出版日期相对更为晚近，致使某些出版较早的经典被排除在外，比如韦尔斯的《世界史纲》（*Outline of History*）、卡尔·萨根的《宇宙》（*Cosmos*）等。因此，这里推荐的书目主要是帮助读者用广角镜审视过去，读者完全可以当作是大历史及现代创世神话的入门读物，这些著述涵盖了大历史的主要议题。

书目与篇章

Alvarez, Walter. *A Most Improbable Journey: A Big History of Our Planet and Ourselves.* New York: W. W. Norton, 2016. 作者系地质学家，曾发现小行星撞击地球并造成恐龙灭绝的故事，他从自身的研究入手讲述大历史。

Brown, Cynthia Stokes. *Big History: From the Big Bang to the Present.* 2nd ed. New York: New Press, 2012. 一种大历史叙事。

Bryson, Bill. *A Short History of Nearly Everything.* New York: Doubleday, 2003. 讲述宇宙演化的科学史，视角独特且通俗易懂。

Chaisson, Eric. *Cosmic Evolution: The Rise of Complexity in Nature.* Cambridge, MA: Harvard University Press, 2001. 阐述能流密度与不断提升的复杂性之间的关系。

Christian, David. *Maps of Time: An Introduction to Big History.* 2nd ed. Berkeley: University of California Press, 2011. 最初于2004年出版，是最早的大历史叙事之一。

———. *This Fleeting World: A Short History of Humanity*. Great Barrington, MA: Berkshire Publishing, 2008. 一部简明人类史。

———. "What Is Big History?" *Journal of Big History* 1, no. 1 (2017): 4–19, https://journalofbighistory.org/index.php/jbh.

Christian, David, Cynthia Stokes Brown, and Craig Benjamin. *Big History: Between Nothing and Everything.* New York: McGraw-Hill, 2014. 供大学生使用的大

历史教科书。

Macquarie University Big History Institute. *Big History.* London: DK Books, 2016. 彩图版大历史著作。

Rodrigue, Barry, Leonid Grinin, and Andrey Korotayev, eds. *From Big Bang to Galactic Civilizations: A Big History Anthology,* Vol. 1: *Our Place in the Universe.* Delhi: Primus Books, 2015. 大历史论文集。

Spier, Fred. *Big History and the Future of Humanity.* 2nd ed. Malden, MA: Wiley-Blackwell, 2015. 作者雄心勃勃，试图归纳出大历史的主要理论框架。

有关大历史的其他资源

比尔 · 盖茨资助设立了大历史项目（Big History Project），旨在推动中学阶段的大历史教学并免费提供网上的大历史教学大纲。大历史现在有自己的学术组织机构（国际大历史协会），麦考瑞大学也成立了自己的大历史研究所，目的均在于推进大历史的教学科研。

笔者有关大历史的 TED 讲座是 2011 年录制播放的，旨在用极简练的篇幅介绍大历史的来龙去脉，其链接网址为：https://www.ted.com/talks/david_christian_big_history。

注　释

除了确有争议的话题之外，本书试图将尾注的篇幅缩至极简。

前言

1. William H. McNeill, “Mythistory, or Truth, Myth, History, and Historians,” *American Historical Review* 91, no. 1 (Feb., 1986): 7.
2. H. G. Wells, *Outline of History: Being a Plain History of Life and Mankind*, 3rd ed. (New York: Macmillan, 1921), vi.
3. 著名生物学家 E.O. 威尔逊曾雄辩地指出，现代学术多个学科确有联结融通的必要性，详见 E. O. Wilson, *Consilience: The Unity of Knowledge* (London: Abacus, 1998)。中文版见爱德华 · 威尔逊：《知识大融通——21 世纪的科学与人文》，梁锦鋆译，牟中原、傅佩荣校，北京：中信出版社，2016 年第一版。
4. 我最初使用“大历史”一词是在“The Case for ‘Big History,’ ” *Journal of World History* 2, no. 2 (Fall 1991): 223–38 一文中。

绪论

1. 有关这些发现的历史，以及考古学家和如今仍在蒙哥湖附近居住的居民对发现的不同解读，可参阅纪录片 Andrew Pike and Ann McGrath, *Message from Mungo* (Ronin Films, 2014)。
2. 有关澳大利亚内陆发现的精彩著述，可参阅 Mike Smith, *The Archaeology of Australia's Deserts* (Cambridge: Cambridge University Press, 2013)。
3. *The Power of Myth,* episode 2, Bill Moyer and Joseph Campbell, 1988, http://billmoyers.com/content/ep-2-joseph-campbell-and-the-power-of-myth-the-message-of-the-myth/.

4. Alvarez, *A Most Improbable Journey,* 33.
5. Fritjof Capra and Pier Luigi Luisi, *The Systems View of Life: A Unifying Vision* (Cambridge: Cambridge University Press, 2014), 280.
6. 金凤花原理（Goldilocks principle）这一概念是斯皮尔最先详细阐述的，可参阅 Spier, *Big History,* 63–68 及后文。

第 1 章 最初时刻：节点一

1. Richard S. Westfall, *The Life of Isaac Newton* (Cambridge: Cambridge University Press, 1993), 259. 牛顿后来改变了有关宇宙乃上帝“感官”（sensorium）的想法，但最终还是认定上帝“真的是无所不在”。
2. Bertrand Russell, “Why I Am Not a Christian,” lecture given at Battersea Town Hall, London, March 1927.
3. 转引自 Christian, *Maps of Time,* 17。
4. Deborah Bird Rose, *Nourishing Terrains: Australian Aboriginal Views of Landscape and Wilderness* (Canberra: Australian Heritage Commission, 1996), 23.
5. Joseph Campbell, *The Hero with a Thousand Faces,* 2nd ed. (Princeton, NJ: Princeton University Press, 1968), 261.
6. Stephen Hawking, *A Brief History of Time: From the Big Bang to Black Holes* (London, Bantam, 1988), 151.
7. 感谢艾丽丝·伯翰（Elise Bohan）提示我来自 Terry Pratchett, *Lords and Ladies* (London: Victor Gollancz, 1992) 的引文。
8. 有关范式的论述，最经典的是 Thomas Kuhn, *The Structure of Scientific Revolutions,* 2nd ed. (Chicago: University of Chicago Press, 1970)。
9. Peter Atkins, *Chemistry: A Very Short Introduction* (Oxford: Oxford University Press, 2015), loc. 722, Kindle.
10. Lawrence Krauss, *A Universe from Nothing: Why There Is Something Rather than Nothing* (New York: Simon and Schuster, 2012).
11. Erwin Schrödinger, *What Is Life? And Mind and Matter* (Cambridge: Cambridge University Press, 1967), 73.
12. Campbell, *The Hero with a Thousand Faces,* 25–26.
13. Peter M. Hoffmann, *Life's Ratchet: How Molecular Machines Extract Order from Chaos* (New York: Basic Books, 2012), loc. 179, Kindle.
14. 有关这一观念更多的内容，可参阅 Krauss, *A Universe from Nothing*。

第 2 章 星与星系：节点二和三

1. “从分子的视角看，一物增重是说分子中的原子均向同一方向移动。……所谓做功是说利用周边原子均匀的移动使能量发生了迁移。”参见 Peter Atkins, *Four Laws That Drive the Universe* (Oxford: Oxford University Press, 2007), 32。
2. 参阅 Chaisson, *Cosmic Evolution,* and Spier, *Big History*。
3. Andrew King, *Stars: A Very Short Introduction* (Oxford: Oxford University Press, 2012), 49.
4. King, *Stars,* 59.
5. 同上 , 66。

第 3 章 分子与卫星：节点四

1. Peter Atkins, *Chemistry: A Very Short Introduction* (Oxford: Oxford University Press, 2015), loc. 788, Kindle.
2. Robert M. Hazen, “Evolution of Minerals,” *Scientific American* (March 2010): 61.
3. John Chambers and Jacqueline Mitton, *From Dust to Life: The Origin and Evolution of Our Solar System* (Princeton, NJ: Princeton University Press, 2014), 7.
4. Doug Macdougall, *Why Geology Matters: Decoding the Past, Anticipating the Future* (Berkeley: University of California Press, 2011), 4.
5. Doug Macdougall, *Nature's Clocks: How Scientists Measure the Age of Almost Everything* (Berkeley: University of California Press, 2008), 58–60.
6. Tim Lenton, *Earth Systems Science: A Very Short Introduction* (Oxford: Oxford University Press, 2016), loc. 1297, Kindle.

第 4 章 生命：节点五

1. 此处的隐喻和计算结果均出自 Peter Hoffmann, *Life's Ratchet: How Molecular Machines Extract Order from Chaos* (New York: Basic Books, 2012), loc. 238, Kindle。
2. John Holland, *Complexity: A Very Short Introduction* (Oxford: Oxford University Press, 2014), 8. 复杂适应系统中总有“一些不固定的元素。这些常被称作能动者的元素能学会与其他能动者打交道或根据其他元素的行为做出适当反应。”
3. Seth Lloyd, *Programming the Universe* (New York: Knopf, 2006), 44.
4. Gregory Bateson, cited in Luciano Floridi, *Information: A Very Short Introduction* (Oxford: Oxford University Press, 2010), loc. 295, Kindle.
5. Daniel C. Dennett, *Kinds of Minds: Towards an Understanding of Consciousness* (London: Weidenfeld and Nicolson, 1996), 82.
6. David S. Goodsell, *The Machinery of Life,* 2nd ed. (New York: Springer Verlag, 2009), loc. 700, Kindle.

7. “程序造成了结构，就等于该结构中的潜在信息增加了，实际上等于熵量降低（微状态数量减少）。”引自 Anne-Marie Grisogono, “(How) Did Information Emerge?,” in *From Matter to Life: Information and Causality,* ed. Sara Imari Walker, Paul C. W. Davies, and George F. R. Ellis (Cambridge: Cambridge University Press, 2017), chapter 4, Kindle.
8. Hoffmann, *Life's Ratchet,* loc. 3058, Kindle.
9. Charles Darwin, *The Origin of Species* (New York: Penguin, 1985), 130–31.
10. 有关达尔文这一观念的震撼力，可参阅 Daniel Dennett, *Darwin's Dangerous Idea: Evolution and the Meaning of Life* (London: Allen Lane, 1995) 一书中的精彩描述。
11. Jeffrey Bennett and Seth Shostak, *Life in the Universe,* 3rd ed. (Boston: Addison-Wesley, 2011) 一书第七章对化学反应中的金凤花条件有详细讨论。
12. Daniel C. Dennett, *From Bacteria to Bach: The Evolution of Minds* (New York: Penguin, 2017), 48.
13. *Science* 356, no. 6334 (April 14, 2017): 132.
14. Robert M. Hazen, “Evolution of Minerals,” *Scientific American* (March 2010): 58.
15. Peter Ward and Joe Kirschvink, *A New History of Life: The Radical New Discoveries About the Origins and Evolution of Life on Earth* (London: Bloomsbury Press, 2016), 65–66.
16. Allen P. Nutman et al., “Rapid Emergence of Life Shown by Discovery of 3,700-Million-Year-Old Microbial Structures,” *Nature* 537 (September 22, 2016): 535–38, doi:10.1038/nature19355.
17. Nadia Drake, “This May Be the Oldest Known Sign of Life on Earth,” *National Geographic,* March 1, 2017, http://news.nationalgeographic.com/2017/03/oldest-life-earth-iron-fossils-canada-vents-science/?WT.mc_id=20170606_Eng_bhptw&WT.tsrc=BHPTwitter&linkId=38417333.
18. Madeline C. Weiss et al., “The Physiology and Habitat of the Last Universal Common Ancestor,” *Nature Microbiology* 1, article no. 16116 (2016), doi:10.1038/nmicrobiol.2016.116.
19. Nick Lane, *Life Ascending: The Ten Great Inventions of Evolution* (New York: W. W. Norton, 2009), loc. 421, Kindle.
20. 特伦斯·迪肯称之为自体细胞（autocell）；参阅 Grisogono, “(How) Did Information Emerge?”

第 5 章　微小的生命体与生物圈

1. 有关生物圈观念，参阅 Vaclav Smil, *The Earth's Biosphere: Evolution, Dynamics, and Change* (Cambridge: MIT Press, 2002)；另可参阅弗拉基米尔·维尔纳

茨基早期著作 *The Biosphere* (Göttingen, Germany: Copernicus, 1998)，该书由琳恩·马古利斯作序。有关生物圈历史的综述，可参阅 Mark Williams et al., “The Anthropocene Biosphere,” *Anthropocene Review* (2015): 1–24, doi: 10.1177/2053019615591020。

2. Christian, Brown, and Benjamin, *Big History,* 46.
3. Andrew Wulf, *The Invention of Nature: The Adventures of Alexander von Humboldt, the Lost Hero of Science* (London: John Murray, 2015), loc. 2368, Kindle.
4. Jeffrey Bennett and Seth Shostak, *Life in the Universe,* 3rd ed. (Boston: Addison-Wesley, 2011), 130.
5. Robert M. Hazen, “Evolution of Minerals,” *Scientific American* (March 2010): 63.
6. Bennett and Shostak, *Life in the Universe,* 134.
7. David Grinspoon, *Earth in Human Hands: Shaping Our Planet's Future* (New York: Grand Central Publishing, 2016), 204.
8. 有关此类机制的讨论，可参阅同上书，44 页及后文 .
9. Peter Ward and Joe Kirschvink, *A New History of Life: The Radical New Discoveries About the Origins and Evolution of Life on Earth* (London: Bloomsbury Press, 2016), 64.
10. Dennis Bray, *Wetware: A Computer in Every Living Cell* (New Haven, CT: Yale University Press, 2009), loc. 1084, Kindle.
11. 这里的描述借鉴了 Gerhard Roth, *The Long Evolution of Brains and Minds* (New York: Springer, 2013), 70。
12. 参阅 Andrew Knoll, *Life on a Young Planet: The First Three Billion Years of Evolution on Earth* (Princeton, NJ: Princeton University Press, 2003), 20；该书对原核细胞代谢系统的惊人多样性有出色描述。有关最初生物获取能流的情况，可参阅 Olivia P. Judson, “The Energy Expansions of Evolution,” *Nature: Ecology and Evolution* 28 (April 2017): 1–9。
13. Tim Lenton, *Earth Systems Science: A Very Short Introduction* (Oxford: Oxford University Press, 2016), 18.
14. 同上，loc. 1344, Kindle。
15. Robert M. Hazen, “Evolution of Minerals,” *Scientific American* (March 2010): 63.
16. Lenton, *Earth Systems Science,* loc. 1418, Kindle.
17. Donald E. Canfield, *Oxygen: A Four Billion Year History* (Princeton, NJ: Princeton University Press, 2014), loc. 893, Kindle.
18. Lenton, *Earth Systems Science,* loc. 1438, Kindle.
19. Roth, *The Long Evolution of Brains and Minds,* 73–75.

第 6 章 大型生命体与生物圈

1. Michael J. Benton, *The History of Life: A Very Short Introduction* (Oxford: Oxford University Press, 2008), loc. 766, Kindle, 并参阅 Dennis Bray, *Wetware: A Computer in Every Living Cell* (New Haven, CT: Yale University Press, 2009), loc. 2008 and following, Kindle。
2. Siddhartha Mukherjee, *The Gene: An Intimate History* (New York: Scribner, 2016), loc. 5797, Kindle.
3. Sean B. Carroll, *Endless Forms Most Beautiful: The New Science of Evo Devo and the Making of the Animal Kingdom* (London: Weidenfeld and Nicolson, 2011), 71 and following.
4. 下文讨论主要基于 Peter Ward and Joe Kirschvink, *A New History of Life: The Radical New Discoveries About the Origins and Evolution of Life on Earth* (London: Bloomsbury Press, 2016), chapter 7。
5. Doug Macdougall, *Why Geology Matters: Decoding the Past, Anticipating the Future* (Berkeley: University of California Press, 2011), 132.
6. Ward and Kirschvink, *A New History of Life,* 119.
7. 同上，124。
8. Niles Eldredge and S. J. Gould, "Punctuated Equilibria: An Alternative to Phyletic Gradualism," in *Models in Paleobiology*, ed. T. J. M. Schopf (San Francisco: Freeman Cooper, 1972), 82–115.
9. 有关伯吉斯页岩，可参阅 Stephen Jay Gould, *Wonderful Life: The Burgess Shale and the Nature of History* (London: Hutchinson, 1989)，该书非常精彩，虽然也不无争议。
10. 这一概念在 Ward and Kirschvink, *A New History of Life,* 222 一书中曾有使用。
11. Tim Lenton, *Earth Systems Science: A Very Short Introduction* (Oxford: Oxford University Press, 2016), 44.
12. 同上，48: "显生宙期间出现二氧化碳浓度大幅变化的情况，原因是植物迁移到陆地生活。这一过程约始于 4.7 亿年前，至 3.7 亿年前伴随最初的森林出现而大幅提升。据估计，在石炭纪和二叠纪，由此产生的硅酸盐风化加速使大气中二氧化碳浓度降低了一个数量级，并造成地球出现多季冰期。"
13. 同上，72。
14. 同上，24，阐述碳埋藏量与大气中氧含量之间的关系。Robert M. Hazen, "Evolution of Minerals," *Scientific American* (March 2010): 58, 认为在 4 亿年前，地球曾新增 4,000 余种不同的矿物质。
15. Gerhard Roth, *The Long Evolution of Brains and Minds* (New York: Springer, 2013), 229.
16. Daniel Cossins, "Why Do We Seek Knowledge?," *New Scientist* (April 1, 2017): 33.

17. 神经科学家安东尼奥·达马西奥（Antonio Damasio）在其专著 *Self Comes to Mind: Constructing the Conscious Mind* (Calgary, Canada: Cornerstone Digital, 2011) 一书中提出，人类对外在世界的觉察内嵌于大脑中不断生成的有关现实的信息图谱，包括身体的感知、视觉和情感图谱。
18. Dylan Evans, *Emotion: A Very Short Introduction* (Oxford: Oxford University Press, 2001), loc. 334, Kindle.
19. Roth, *The Long Evolution of Brains and Minds,* 15–16.
20. 同上，162–63。
21. 此处的讨论严格遵循地质学家沃尔特·阿尔瓦雷兹的相关论述，他曾证明小行星撞击地球造成恐龙的灭绝，可参阅其专著 *T. Rex and the Crater of Doom* (New York: Vintage, 1998)。
22. *Science News,* https://www.sciencenews.org/article/devastation-detectives-try-solve-dinosaur-disappearance.
23. Stephen Brusatte and Zhe-Xi Luo, "Ascent of the Mammals," *Scientific American* (June 2016): 20–27.
24. Ward and Kirschvink, *A New History of Life,* 315.
25. 同上，316。

第 7 章　人类：节点六

1. David Grinspoon, *Earth in Human Hands: Shaping Our Planet's Future* (New York: Grand Central Publishing, 2016) 一书对此有精彩论述。
2. Robin Dunbar, *The Human Story: A New History of Mankind's Evolution* (London: Faber and Faber, 2004), 71.
3. Gerhard Roth, *The Long Evolution of Brains and Minds* (New York: Springer, 2013), 226.
4. 这是流传已久的笑话。笔者偶然在 Daniel Dennett, *Consciousness Explained* (London: Penguin, 1991), 177 一书中发现了这个笑话。据丹尼特称，哥伦比亚裔美国神经学家鲁道夫·林纳思（Rodolfo Llinás）曾以此比喻拿到终身教职的教授。
5. 有关这里的最后一个观念，可参阅 Michael S. A. Graziano, *Consciousness and the Social Brain* (Oxford: Oxford University Press, 2013)。
6. 弗朗斯·德瓦尔（Frans de Waal）及珍妮·古道尔（Jane Goodall）曾深入研究黑猩猩群体的政治行为；有关最近对狒狒群体的研究成果，可参阅 Dorothy L. Cheney and Robert M. Seyfarth, *Baboon Metaphysics: The Evolution of a Social Mind* (Chicago: University of Chicago Press, 2007)。
7. 参阅 Christopher Seddon, *Humans: From the Beginning* (New York: Glanville Books, 2014), 42–45。

8. 有关情商，参阅同上书，225 及下文；另可参阅 Roth, *The Long Evolution of Brains and Minds,* 232。
9. Roth, *The Long Evolution of Brains and Minds,* 228.
10. 有关脑量大小与群体规模相互对应的研究，可参阅 John Gowlett, Clive Gamble, and Robin Dunbar, "Human Evolution and the Archaeology of the Social Brain," *Current Anthropology* 53, no. 6 (December 2012): 695–96。
11. *New Scientist* (April 29, 2017): 10.
12. Robin Dunbar, *Human Evolution* (New York: Penguin, 2014), 163.
13. Gowlett, Gamble, and Dunbar, "Human Evolution," 695–96.
14. Michael Tomasello, *The Cultural Origins of Human Cognition* (Cambridge, MA: Harvard University Press, 1999), loc. 39, Kindle.
15. James R. Hurford, *The Origins of Language: A Slim Guide* (Oxford: Oxford University Press, 2014), 68; Cheney and Seyfarth, *Baboon Metaphysics*, loc. 2408, Kindle，书中有言："有关非人灵长目动物教育子女的证据……可用一个词来概括：非常罕见。"
16. Tomasello, *The Cultural Origins of Human Cognition*, loc. 5, Kindle。书中有言："精确的社会传播……可起到棘齿作用，防止了倒退，从而使新发明的人工制品或实践行为被大致精确地保留下来，直至后来出现进一步的改善或改进。"托马塞洛称之为"合作学习"（collaborative learning）。
17. Steven Pinker, *The Sense of Style: The Thinking Person's Guide to Writing in the Twenty-First Century* (New York: Penguin, 2015), 110.
18. 这一观点来自 Roth, *The Long Evolution of Brains and Minds,* 264 的建议；有关人类独有的记住多个语词的能力，可参阅 Hurford, *The Origins of Language,* 119。
19. 可参阅 Terrence Deacon, *The Symbolic Species: The Co-Evolution of Language and the Brain* (New York: W. W. Norton, 1998), and Michael Tomasello, *Why We Cooperate* (Cambridge: MIT Press, 2009)。有关语言进化的近期综述，可参阅 W. Tecumseh Fitch, *The Evolution of Language* (Cambridge: Cambridge University Press, 2010), and Peter J. Richerson and Robert Boyd, "Why Possibly Language Evolved," *Biolinguistics* 4, nos. 2/3 (2010): 289–306。Alex Mesoudi, *Cultural Evolution: How Darwinian Theory Can Explain Human Culture and Synthesize the Social Sciences*(Chicago: University of Chicago Press, 2011) 一书从达尔文主义视角对近来有关文化变革的研究做了很好的综述。
20. Eric R. Kandel, *In Search of Memory: The Emergence of a New Science of Mind* (New York: W. W. Norton, 2006), loc. 330, Kindle.
21. William H. McNeill, "*The Rise of the West* After Twenty-Five Years," *Journal of World History* l, no. 1 (1990): 2.
22. Sally McBrearty and Alison S. Brooks, "The Revolution that Wasn't: A New

Interpretation of the Origin of Modern Human Behavior," *Journal of Human Evolution* 39 (2000): 453–563.
23. 这一意象借自 Peter J. Richerson and Robert Boyd, *Not by Genes Alone: How Culture Transformed Human Evolution* (Chicago: University of Chicago Press, 2005), 139.
24. Dunbar, *Human Evolution,* 13.
25. Chris Scarre, ed., *The Human Past: World Prehistory and the Development of Human Societies* (London: Thames and Hudson, 2005), 143–45 对此有很好的综述。
26. Peter Hiscock, "Colonization and Occupation of Australasia," in *Cambridge World History,* vol. 1, ed. Merry Wiesner-Hanks (Cambridge: Cambridge University Press, 2015), 452.
27. Peter Bellwood, *First Migrants: Ancient Migration in Global Perspective* (Malden, MA: Wiley-Blackwell, 2013) 一书对这类迁徙有很到位的描述。
28. 有关早期人类扩散的模式，可参阅 Hiscock, "Colonization and Occupation of Australasia," 433–38。
29. 此处的数据来自 Christian, *Maps of Time,* 143。
30. Marshall Sahlins, "The Original Affluent Society," *Stone Age Economics* (London: Tavistock, 1972), 1–39.

第 8 章　农耕时代：节点七

1. Vaclav Smil, *Harvesting the Biosphere: What We Have Taken from Nature* (Cambridge: MIT Press, 2013).
2. Jared Diamond, *Guns, Germs, and Steel: The Fates of Human Societies* (London: Vintage, 1998) 一书的最后一章曾提出自然实验（natural experiment）的观点。
3. See http://www.theaustralian.com.au/national-affairs/indigenous/aborigines-were-building-stone-houses-9000-years-ago/news-story/30ef4873a7c8aaa2b80d01a12680df77.
4. 有关人类史上性别角色不断改变的近期综述，可参阅 Merry E. Wiesner-Hanks, *Gender in History: Global Perspectives,* 2nd ed. (Malden, MA: Wiley-Blackwell, 2011)。
5. Marc Cohen, *The Food Crisis in Prehistory* (New Haven, CT: Yale University Press, 1977), 65 提出："在全世界范围，有多个群体在前后不过几千年的同一时段被迫接受了农耕生活方式。"
6. Chris Scarre, ed., *The Human Past: World Prehistory and the Development of Human Societies* (London: Thames and Hudson, 2005),214–15.
7. Bruce Pascoe, *Dark Emu: Black Seeds: Agriculture or Accident?* (Broome,

Australia: Magabala Books, 2014)，该书介绍了澳大利亚原住民的多种耕作技术，比如在 loc. 456, Kindle 还介绍了镰刀的使用方法。

8. 这是 Jared Diamond, *Guns, Germs, and Steel* 一书中的核心观点。
9. Peter Bellwood, *First Migrants: Ancient Migration in Global Perspective* (Malden, MA: Wiley-Blackwell, 2013), 124.
10. Smil, *Harvesting the Biosphere,* loc. 2075, Kindle.
11. Merry Wiesner-Hanks, ed., *Cambridge World History,* vol. 2 (Cambridge: Cambridge University Press, 2015), 221, 224–28.
12. Robin Dunbar, *Human Evolution* (New York: Penguin, 2014), 77.

第 9 章　农业文明

1. Richard Lee, “What Hunters Do for a Living, or, How to Make Out on Scarce Resources,” in *Man the Hunter,* ed. R. Lee and I. DeVore (Chicago: Aldine, 1968).
2. Chris Scarre, ed., *The Human Past: World Prehistory and the Development of Human Societies* (London: Thames and Hudson, 2005), 403.
3. 转引自 Alfred J. Andrea and James H. Overfield, *The Human Record: Sources of Global History,* vol. 1, 4th ed. (Boston: Wadsworth, 2008), 23–24。
4. 转引自 Robert C. Tucker, ed., *The Marx-Engels Reader,* 2nd ed. (New York: W. W. Norton, 1978), 608。
5. Hans J. Nissen, “Urbanization and the Techniques of Communication: The Mesopotamian City of Uruk During the Fourth Millennium bce,” in *Cambridge World History,* vol. 3, Merry Wiesner-Hanks, ed. (Cambridge: Cambridge University Press, 2015), 115– 16.
6. Mark McClish and Patrick Olivelle, eds., *The Arthasastra: Selections from the Classic Indian Work on Statecraft* (Indianapolis: Hackett Publishing, 2012), sections 1.4.13–15, Kindle.
7. 同上书，sections 1.4.1–1.4.4, 1.5.1。
8. 同上书，section 2.36.3。
9. 同上书，section 2.35.4。
10. Thomas Piketty, *Capital in the Twenty-First Century,* trans. Arthur Goldhammer (Cambridge, MA: Harvard University Press, 2014), 270, and see page 258, table 7.2.

第 10 章　处于当今世界的边缘

1. Grace Karskens, *The Colony: A History of Early Sydney* (New South Wales: Allen and Unwin, 2009), loc. 756–79, Kindle.

2. John Richards, *The Unending Frontier: Environmental History of the Early Modern World* (Berkeley: University of California Press, 2006) 一书对全球范围疯狂猎取新资源的情况有出色的描写。
3. Alfred W. Crosby, *Ecological Imperialism: The Biological Expansion of Europe, 900–1900* (Cambridge: Cambridge University Press, 1986).
4. Felipe Fernández-Armesto, *Pathfinders: A Global History of Exploration* (New York: W. W. Norton, 2007), 161 and following.
5. David Wootton, *The Invention of Science: A New History of the Scientific Revolution* (New York: Penguin, 2015), 68.
6. 转引自 Steven J. Harris, "Long-Distance Corporations, Big Sciences, and the Geography of Knowledge," *Configurations* 6 (1998): 269。
7. Wootton, *The Invention of Science,* 37.
8. 同上书，54。
9. 同上书，35。
10. 同上书，5–6，8–9。
11. Margaret Jacob and Larry Stewart, *Practical Matter; Newton's Science in the Service of Industry and Empire, 1687–1851* (Cambridge, MA: Harvard University Press, 2004), 16.
12. David Christian, *"Living Water": Vodka and Russian Society on the Eve of Emancipation* (Oxford: Oxford University Press, 1990).
13. E. A. Wrigley, *Energy and the English Industrial Revolution* (Cambridge: Cambridge University Press, 2011), loc. 298–306, Kindle. 马尔萨斯、杰文斯、李嘉图和密尔都认为自然界为经济增长设定了限界，相关讨论，可参阅 Donald Worster, *Shrinking the Earth: The Rise and Decline of American Abundance* (Oxford: Oxford University Press, 2016), 44 – 49。
14. Alfred W. Crosby, *Children of the Sun: A History of Humanity's Unappeasable Appetite for Energy* (New York: W. W. Norton, 2006), 60.
15. Wrigley, *Energy and the English Industrial Revolution,* loc. 2112, Kindle.
16. 有关纽科门发动机的历史及其与工业革命的联系，可参阅 Wootton, *The Invention of Science,* chapter 14。
17. Wrigley, *Energy and the English Industrial Revolution,* loc. 2112, Kindle.
18. Daniel Yergin, *The Prize: The Epic Quest for Oil, Money, and Power* (New York: Free Press, 1991), 第一章。
19. 同上书，16。

第 11 章　人类世：节点八

1. Graham Allison and Philip Zelikow, *Essence of Decision: Explaining the Cuban*

Missile Crisis, 2nd ed. (New York: Longman, 1999), 271.

2. Angus Maddison, *The World Economy: A Millennial Perspective* (Paris: Organisation for Economic Co-Operation and Development, 2001), 127.
3. Tim Lenton, *Earth Systems Science: A Very Short Introduction* (Oxford: Oxford University Press, 2016), 82.
4. Ha-Joon Chang, *Economics: The User's Guide* (New York: Pelican, 2014), 429, 该书采纳了世界银行的数据。
5. Lenton, *Earth Systems Science,* 82, 96 – 97.
6. 这里的科学家是指沃利 · 布洛克尔（Wally Broecker），转引自 David Christian, "Anthropocene Epoch," in *The Berkshire Encyclopedia of Sustainability,* Vol. 10: *The Future of Sustainability*, ed. Ray Anderson et al. (Barrington, MA: Berkshire Publishing, 2012), 22。
7. Jan Zalasiewicz and Colin Waters, "The Anthropocene," in *The Oxford Research Encyclopedia, Environmental Science* (Oxford: Oxford University Press, 2015), 4–5.

第 12 章 万物的归宿?

1. 吉姆 · 斯坦利 · 罗宾逊（Kim Stanley Robinson）的火星三部曲，即 *Red Mars* (1993), *Green Mars* (1994), *Blue Mars* (1996)。虽不过是有关殖民火星的科幻小说，但构思精巧，描写生动，颇值得一读。
2. Joseph Campbell, *The Hero with a Thousand Faces,* 2nd ed. (Princeton, NJ: Princeton University Press, 1968), 46.
3. J. S. Mill, "Of the 'Stationary State,' " in *The Principles of Political Economy*, Google Books, http://www.efm.bris.ac.uk/het/mill/book4/bk4ch06.
4. Johan Rockström, et al., "A Safe Operating Space for Humanity," *Nature* 461 (September 24, 2009): 472–75; 该文的更新版为 Will Steffen et al., "Planetary Boundaries: Guiding Human Development on a Changing Planet," *Science* (January 2015): 1–15。
5. Steffen et al., "Planetary Boundaries," 1.
6. David Grinspoon, *Earth in Human Hands: Shaping Our Planet's Future* (New York: Grand Central Publishing, 2016) 一书对较为成熟的"人类世"概念有详述，本书借鉴了 Paul Raskin, *Journey to Earthland: The Great Transition to Planetary Civilization* (Boston: Tellus Institute, 2016) 一书中的颇多说法。
7. 本书借鉴了 Sean Carroll, *The Big Picture: On the Origins of Life, Meaning, and the Universe Itself* (New York: Dutton, 2016) 一书中的相关细节，详见 loc. 878, Kindle。

译后记

从中信出版社拿到克里斯蒂安的新作，到2018年10月15日完成初译稿，前后历时半年多，但集中全力翻译，还是从9月1日开学之日起。此前忙于各种事务，其中包括7月到美国参加国际大历史协会第四届大会忙碌的准备工作——因为我要发言的题目是“大历史之‘爱’”（Is There Such a Thing as “Love” in Big History?），是此前大历史中从未有过的课题，所以苦思冥想，以至拖得这么晚（10月底是合同交稿期限），却不想一旦真正投入，竟一发不可收拾，一气呵成。毕竟，这本小书清新流畅、深入浅出、宏微兼顾、发人深省，处处洋溢着大历史创始人大卫·克里斯蒂安最新的哲思，对笔者有足够的诱惑力。其间，克氏曾两度来信（还有数度是交流对文本的理解），表示“希望你喜欢翻译此书”；真的很纳闷：他怎么会担心我不喜欢翻译此书呢？我真的很喜欢翻译这本小书，虽然也真的很累，累并快乐着！

我问克里斯蒂安：这本书与《时间地图》（大卫·克里斯蒂安：《时间地图：大历史，130亿年前至今》，晏可佳等译，中信出版社，2017年）有哪些不同呢？克氏在给笔者的邮件中这样耐心解释道：

> 首先，这本书是《时间地图》出版13年后写成的，所以包含许多新想法，比如有关信息、集体知识及能的作用，而且此书对生

物圈的历史有更多的叙述。这本书对我在Edge谈话*中提到的多个想法做了更深入的阐发。而且我觉得本书的论证要比《时间地图》整合得更好。这本书也不同于我与辛西娅和克雷格共同编写的大历史教科书**，本书是要读者一气呵成地通读，而教科书则是辅助教学，便利学生一章一节地学习。其次，本书所要服务的读者对象也不同。我在撰写本书时，心里想象的读者是受过良好教育的聪颖人士，让他（她）们在闲暇之余多一本兴致盎然的读物。我还希望本书能够令读者对当今世界的诸多重大问题有所领悟，尤其是最后一章对未来的展望，还是蛮乐观的。正因为本书要服务更大的读者群体（我很希望本书能够成为畅销书！），所以在撰写时刻意减少了引文和脚注，追求既严肃学术又趣味易读。《时间地图》一书当然也努力想做到这一点，但从我的学生及其他读者的反应看，还是部头大了些且有些难懂。所以，我真诚希望学生和读者会觉得本书更通俗易懂。

尽管如此，本书中的基本论点与前述文字并无多大差异，而且本书依然围绕着此前提到的诸多“节点”（跟上述教科书相同）展开，虽然我知道弗雷德（即弗雷德·斯皮尔）不大喜欢“节点”观念。但对读者而言，“节点”的引入还是相当便于理解的。

大历史学者——尤其是克里斯蒂安——喜欢把大历史称作“时间地图”（笔者觉得更恰当的称谓应作“物与力的时空图”，只是这一称谓不那么吸引人，且佶屈难懂）。之所以称“图”（或“地图”或“图

---

* 即约翰·布罗克曼与大卫·克里斯蒂安谈话录，原文见 John Brockman, “A Conversation with David Christian,” Edge, May 21, 2015, http://edge.org/conversation/david_christian-we-need-a-modern-origin-story-a-big-history

** David Christian, Craig Benjamin, and Cynthia Brown, Big History: *Between Nothing and Everything* (New York: McGraw-Hill, 2013). 该书已有中文版，见［美］大卫·克里斯蒂安、辛西娅·布朗、克雷格·本杰明:《大历史：虚无与万物之间》，刘耀辉译，北京：北京联合出版公司，2016年第一版。

景”不等），其实有一层追求科学、客观的内涵，即大历史如同交通图一样，你可以看图决定要去哪儿，但图本身并不会告诉你该去哪儿（It therefore does not include automatically what we ought to do.）。

不过克里斯蒂安的大历史还有另外一个挥之不去的“意象”，即“现代创世神话”，在本书中则是“起源故事：万物大历史”。但称大历史为“现代创世神话”却不可避免地在人的内心激发起“显然是前哥白尼”的情感和思绪，即人类共通的情感和思绪，* 所以就有了笔者上述有关大历史之“爱”的探问。

至于本书的书名，笔者曾试图将其翻译成《原道》，但克里斯蒂安却不认同，理由是：撰写大历史的目的之一就是要超越民族国家的传统叙事，是要从全人类出发并为全人类计，而使用中国传统的“道”有碍这一目标的实现。而笔者认为，要超越不同文明的传统却正要立足传统并由此交流互动，共同为超越的叙事做出贡献。当然译者最终要服从著者，这是翻译行当的本分，所以就成了《起源：万物大历史》。但无论如何，笔者还是真诚希望，克氏基于自然科学和跨学科知识大融合的大历史叙事对当下人类命运共同体的建构有所启迪。

在翻译此书的过程中，笔者还请我指导的 MTI（翻译硕士）方向的研究生陈一祎同学翻译了第八章并录入了本书的英文索引，目的是以实战历练翻译的技能和素养，当然之后笔者对本章译稿进行了全面梳理和改写，希望年轻一代学子早日成长为成熟、执着、敬业的译者。

孙岳

2018 年 11 月 2 日于北京

---

* Robert N. Bellah, *Religion in Human Evolution: From the Paleolithic to the Axial Age* (Cambridge, MA: The Belknap Press of Harvard University Press, 2011), p. 45.

见识丛书

科学 历史 思想

01《时间地图：大历史，130亿年前至今》 ［美］大卫·克里斯蒂安
02《太阳底下的新鲜事：20世纪人与环境的全球互动》 ［美］约翰·R. 麦克尼尔
03《革命的年代：1789—1848》 ［英］艾瑞克·霍布斯鲍姆
04《资本的年代：1848—1875》 ［英］艾瑞克·霍布斯鲍姆
05《帝国的年代：1875—1914》 ［英］艾瑞克·霍布斯鲍姆
06《极端的年代：1914—1991》 ［英］艾瑞克·霍布斯鲍姆
07《守夜人的钟声：我们时代的危机和出路》 ［美］丽贝卡·D. 科斯塔
08《1913，一战前的世界》 ［英］查尔斯·埃默森
09《文明史：人类五千年文明的传承与交流》 ［法］费尔南·布罗代尔
10《基因传：众生之源》（平装+精装） ［美］悉达多·穆克吉
11《一万年的爆发：文明如何加速人类进化》 ［美］格雷戈里·柯克伦 ［美］亨利·哈本丁
12《审问欧洲：二战时期的合作、抵抗与报复》 ［美］伊斯特万·迪克
13《哥伦布大交换：1492年以后的生物影响和文化冲击》 ［美］艾尔弗雷德·W. 克罗斯比
14《从黎明到衰落：西方文化生活五百年，1500年至今》（平装+精装） ［美］雅克·巴尔赞
15《瘟疫与人》 ［美］威廉·麦克尼尔
16《西方的兴起：人类共同体史》 ［美］威廉·麦克尼尔
17《奥斯曼帝国的终结：战争、革命以及现代中东的诞生，1908—1923》 ［美］西恩·麦克米金
18《科学的诞生：科学革命新史》（平装） ［美］戴维·伍顿
19《内战：观念中的历史》 ［美］大卫·阿米蒂奇
20《第五次开始》 ［美］罗伯特·L. 凯利
21《人类简史：从动物到上帝》（平装+精装） ［以色列］尤瓦尔·赫拉利
22《黑暗大陆：20世纪的欧洲》 ［英］马克·马佐尔
23《现实主义者的乌托邦：如何建构一个理想世界》 ［荷］鲁特格尔·布雷格曼
24《民粹主义大爆炸：经济大衰退如何改变美国和欧洲政治》 ［美］约翰·朱迪斯
25《自私的基因（40周年增订版）》（平装+精装） ［英］理查德·道金斯

26《权力与文化：日美战争1941—1945》［美］入江昭
27《犹太文明：比较视野下的犹太历史》［以］S. N. 艾森斯塔特
28《技术垄断：文化向技术投降》［美］尼尔·波斯曼
29《从丹药到枪炮：世界史上的中国军事格局》［美］欧阳泰
30《起源：万物大历史》［美］大卫·克里斯蒂安
31《为什么不平等至关重要》［美］托马斯·斯坎伦
32《科学的隐忧》［英］杰里米·鲍伯戈
33《简明大历史》［美］大卫·克里斯蒂安 ［美］威廉·麦克尼尔 主编
34《专家之死：反智主义的盛行及其影响》［美］托马斯·M.尼科尔斯
35《大历史与人类的未来（修订版）》［荷］弗雷德·斯皮尔
36《人性中的善良天使》［美］斯蒂芬·平克
37《历史性的体制：当下主义与时间经验》［法］弗朗索瓦·阿赫托戈
38《希罗多德的镜子》［法］弗朗索瓦·阿赫托戈
39《出发去希腊》［法］弗朗索瓦·阿赫托戈
40《灯塔工的值班室》［法］弗朗索瓦·阿赫托戈
41《从航海图到世界史：海上道路改变历史》［日］宫崎正胜
42《人类的旅程：基因的奥德赛之旅》［美］斯宾塞·韦尔斯
43《西方的困局：欧洲与美国的当下危机》［德］海因里希·奥古斯特·温克勒
44《没有思想的世界：科技巨头对独立思考的威胁》［美］富兰克林·福尔
45《锥形帐篷的起源：思想如何进化》［英］乔尼·休斯
46《后基因组时代：后基因组时代的伦理、公正和知识》［美］珍妮·瑞尔丹
47《世界环境史》［美］威廉·H. 麦克尼尔 约翰·R. 麦克尼尔 等 编著
48《竞逐富强：公元1000年以来的技术、军事与社会》［美］威廉·麦克尼尔
49《大加速：1945年以来人类世的环境史》
［美］约翰·R.麦克尼尔 ［美］彼得·恩格尔克
50《不可思议的旅程：我们的星球与我们自己的大历史》［美］沃尔特·阿尔瓦雷兹
51《认知工具：文化进化心理学》［英］塞西莉亚·海耶斯
52《人工不智能：计算机如何误解世界》［美］梅瑞狄斯·布鲁萨德
53《断裂的年代：20世纪的文化与社会》［英］艾瑞克·霍布斯鲍姆
54《癌症传》（平装+精装）［美］悉达多·穆克吉
55《道德动物：进化心理学与日常生活》［美］罗伯特·赖特

……后续新品，敬请关注……